Christian F. Feest

Beseelte Welten

Kleine Bibliothek der Religionen

Herausgegeben von
Adel Theodor Khoury

Band 9

Christian F. Feest

Beseelte Welten

Die Religionen der Indianer Nordamerikas

Christian F. Feest

Beseelte Welten

Die Religionen der Indianer Nordamerikas

Herder

Freiburg · Basel · Wien

Die Deutsche Bibliothek – CIP-Einheitsaufnahme
Feest, Christian F.:
Beseelte Welten : Die Religionen der Indianer Nordamerikas / Christian F. Feest. – Freiburg im Breisgau; Basel; Wien : Herder 1998
(Kleine Bibliothek der Religionen ; Bd. 9)
ISBN 3-451-23849-7
NE: GT

Umschlaggestaltung: Finken und Bumiller, Stuttgart
Satz: Barbara Herrmann, Freiburg
Druck und Bindung: Freiburger Graphische Betriebe 1998
Gedruckt auf umweltfreundlichem, chlorfrei gebleichtem Papier
ISBN 3-451-23849-7

Inhalt

„Indianer“ und „Religion“: Die europäische Faszination

„Wenn auch über die Geschichte der Amerikanischen Urreligionen im Einzelnen viel Treffliches geschrieben worden ist, so vermißt man doch eine zusammenfassende Darstellung.“ Mit dieser Feststellung begann Johann Georg Müller, der in Basel den ersten jemals errichteten Lehrstuhl für Religionsgeschichte bekleidete, das Vorwort seiner 1855 veröffentlichten *Geschichte der Amerikanischen Urreligionen*, dem ersten Buch, das sich um eine Zusammenschau des damals bekannten Materials zu diesem Thema kümmerte. In den seither vergangenen 143 Jahren ist nun natürlich noch viel mehr Treffliches zu dieser Frage geschrieben worden, darunter erstaunlich wenige zusammenfassende Darstellungen. Für deren Mangel gibt es eine ganze Reihe von einleuchtenden Gründen.

Ein 1998 verfaßtes Buch über „die amerikanischen Urreligionen“ oder, etwas bescheidener, über „Religionen des indianischen Nordamerika“ muß zu Beginn den Leser mit zwei für den weiteren Fortgang seiner Lektüre schwerwiegenden Tatsachen vertraut machen: Erstens gibt es, streng genommen, die „Indianer Nordamerikas“ gar nicht, und zweitens besaßen die Bevölkerungen, die unter dieser mehr als fragwürdigen Sammelbezeichnung zusammengefaßt werden, kein Wort für „Religion“.

„Indianer“: Die Vielfalt der Kulturen

Daß die Bezeichnung „Indianer“ für die Bewohner des amerikanischen Doppelkontinents dem Irrtum des Kolumbus entsprang, der sich auf dem westlichen Seeweg nach Indien wähnte, ist hinlänglich bekannt. Während dieser Irrtum sich aber rasch als solcher erwies, blieb der einmal geprägte Name für die Urbevölkerung der Neuen Welt bestehen, an deren tatsächlichen Lebensumständen das Abendland nur geringes Interesse zeigte. So wurde die Vorstellung vom „Indianer“ für die Europäer zum Inbegriff des „Anderen“, zu einem Museum der Gegenbeispiele zur als richtig erachteten eigenen Kultur, aber auch zum Leitbild einer ursprünglichen Unverderbtheit, die man selbst schon lange verloren hatte. Gleich, ob edler Wilder oder Barbar, das europäische Indianerbild war und ist deutlich der eigenen Befindlichkeit verpflichtet und hat zur Wirklichkeit des indigenen Amerika nur einen unzulänglichen Bezug.

Anteil an der ungebrochenen Beliebtheit der „Indianer“ als moralischer Anstalt Europas hatte erstaunlicherweise gerade die Vielfalt der Kulturen des eingeborenen Amerika. Sie macht es möglich, daß für alles, was man beweisen oder widerlegen wollte, der über die Jahrhunderte langsam angewachsene populär-ethnographische Fundus Belege bereit hielt. So figurierten die „Indianer“ im Laufe der Zeit nicht nur als grausame Täter und schuldlose Opfer in ihrem Umgang mit dem Weißen Mann, sondern auch als Vertreter eines besonders ausgeprägten Kriegertums und als Propheten einer friedlichen Welt, als Inbegriff männlicher Führerschaft und Kronzeugen des Matriarchats, und nicht zuletzt als gottlose Heiden, aber auch als Bewahrer ewiger spiritueller Weisheiten. All die kulturelle Vielfalt, die aus diesen Gegensätzen in Ansätzen sichtbar wird, gerann in der Vorstellung der Europäer zu einem widerspruchsvollen Einheitsbrei kultureller Andersartigkeit. Letztlich ist der Irrtum zu glauben, daß es „die Indianer“ gibt, in seiner Beharrlichkeit (und in seinen Auswirkungen) viel schwerwiegender und folgenreicher als die Fehlmeinung des Christoph Kolumbus.

Oft genug wurde diese Andersartigkeit als Mangel bewertet, weil das Fehlen einer Übereinstimmung mit spezifisch europäischen Lösungsmodellen für allgemein-menschliche Fragestellungen als Fehlen angemessener Lösungen überhaupt gesehen wurde. Völker ohne Könige galten als Völker ohne Herrschaft und Politik, Völker ohne Kirchen als Völker ohne Glauben und Moral. Somit standen die Uramerikaner im Verdacht, als ausgeprägte Mängelwesen der besonderen Zuwendung der Weißen zu bedürfen.

Der Irrtum wird umso weniger verständlich, wenn man einen auch nur oberflächlichen Blick auf die Tatsachen wirft. Allein in Nordamerika, dem Gebiet, das sich von den Küsten des arktischen Eismeers bis zu den Ausläufern der mittelamerikanischen Hochkulturen erstreckt, lebten zum Zeitpunkt des ersten Kontakts mit den europäischen Entdeckern und Siedlern vor 500 Jahren hunderte von Völkern, die wenig mehr gemeinsam hatten, als die Herkunft ihrer Vorfahren aus Asien, von wo aus sie gegen Ende der letzten Eiszeit in mehreren Schüben eingewandert waren. Der sprachliche Befund stützt die Annahme der Vielfalt der Ursprünge: 57 Sprachfamilien kennt man in Nordamerika, und selbst wenn sich bislang nur vermutete (aber unbewiesene) weitergehende Sprachverwandtschaften bestätigen sollten, so muß man für Nordamerika in jedem Fall mehr solcher großer Sprachgruppen annehmen als etwa in Europa. Zugleich waren die seit der Einwanderung aus Asien verflossenen Zeiträume so groß, daß keinerlei Verwandtschaft mit Sprachen der Alten Welt nachweisbar ist.

In dieser langen Zeit einer weitgehenden Isolation vom Rest der Welt waren die einstigen Einwanderer auch derartigen Veränderungen unterworfen, daß zwischen Sprache und Lebensform so gut wie kein Zusammenhang mehr bestand. Die nordamerikanischen Kulturen entwickelten sich vielmehr in Anpassung an die Lebensräume, die über die Jahrtausende hinweg ebenfalls bedeutenden Änderungen unterworfen waren, in unterschiedliche Richtungen. Völkerbewegungen und kultureller Austausch zwischen den verschiedenen Gruppen trugen ebenfalls zum bunten und vielschichtigen Bild bei, das die eingeborenen Völker Nordamerikas zum Zeitpunkt des europäischen Kontakts darboten. Einer ersten Orientierung und zugleich einer Veranschaulichung der Bandbreite der indigenen Lebensformen dient ein Blick auf die Kulturräume des Subkontinents, in denen Kulturen einer ähnlichen historischen Anpassung an bestimmte natürliche Lebensräume zusammengefaßt werden (siehe Karte auf S. 34).

Die *Arktis*, ein Streifen polarer Tundra, der sich entlang des Nordrands des Kontinents von Grönland (das ethnographisch zu Nordamerika zählt) bis Alaska erstreckt, war das eher unwirtliche Wohngebiet der Eskimo und der ihnen verwandten Aleuten (auf der gleichnamigen Inselkette zwischen Nordostasien und Nordwestamerika). Sie zählten wohl zu den nacheiszeitlichen Einwanderern nach Amerika und stellten als Bewohner der amerikanischen wie der asiatischen Seite der Beringstraße auch einen Filter für jüngere kulturelle Einflüsse aus der Alten Welt dar. Ihr Überleben unter schwierigen äußeren Bedingungen war nur durch spezialisierte Anpassung an die natürlichen Verhältnisse möglich. Angesichts des weitgehenden Fehlens von Pflanzenwuchs mußte sich die Nahrungswirtschaft auf Jagd und Fischfang konzentrieren, wobei die Ausbeutung der Meeresfauna (insbesondere die Jagd auf Seesäuger von Robben bis zum Wal) im Vordergrund stand und jahreszeitlich durch Landjagd ergänzt wurde. Der Reichtum des Nahrungsangebots des Meeres ermöglichte vor allem im Winter ein vergleichsweise hohes Maß an Seßhaftigkeit in etwas größeren Gruppen als jenen, die zu anderen Jahreszeiten gemeinsam jagten oder fischten. Wie in allen Kulturräumen gab es selbst in der relativ einheitlichen Arktis beträchtliche regionale Unterschiede, wozu etwa die günstigeren Klimaverhältnisse in Südwestalaska oder das Fehlen großer Seesäuger (Wal, Walroß) in der kanadischen Zentralarktis beitrugen.

Auch wenn „Eskimos“ oft von „Indianern“ unterschieden werden, bestanden zwischen diesen beiden in kultureller Hinsicht keine größeren Unterschiede als zwischen den verschiedenen „indianischen“ Bevölkerungen.

Südlich an die Arktis grenzt die *Subarktis*, eine von Seenplatten durchsetzte, sehr kalte Waldzone, die sich von der Atlantikküste quer über Kanada bis zu den Rocky Mountains erstreckt. In ihrem Westen siedeln Völker, die zur Sprachfamilie der Athapasken zählen, im Osten Sprecher von Algonquin-Sprachen. Auch in der Subarktis stand die Jagd (im Norden vor allem auf das Karibu, das amerikanische Ren, im Süden auf den Elch) im Vordergrund, doch war längere Seßhaftigkeit nur dann möglich, wenn man sich dem Fischfang widmete. Hunger war ein häufiger Gast in den mit Baumrinde gedeckten Zelten, in denen die gemeinsam jagenden Familiengruppen lebten. Stämme im Sinne größerer politischer Einheiten gab es hier ebensowenig wie in der Arktis.

Im Osten Nordamerikas gehen die borealen Nadelwälder der Subarktis in die gemäßigten und subtropischen Mischwälder des *Östlichen Waldlands* über, das von der Atlantikküste bis an den Mississippi reicht. Die Algonquin-Völker und die Irokesen im nördlichen Teil dieses Gebiets und die Muskogee, verschiedene Sioux-Völker und andere im Süden legten in den Wäldern Rodungsfelder an, auf denen von den Frauen vor allem Mais, Kürbis und Bohnen angebaut wurden, während die Männer durch Jagd auf Rotwild und durch Fischfang zur Ernährung beitrugen. Überall wurden auch wildwachsende Nahrungspflanzen gesammelt; am wichtigsten war diese Tätigkeit im Grenzgebiet zur Subarktis im Gebiet der Großen Seen, wo im Frühjahr große Mengen von Ahornsaft abgezapft und im Spätsommer Samen einer als „Wildreis“ bezeichneten Grasart geerntet wurden. Die Seßhaftigkeit, die sich so entwickeln konnte (und die nur durch kürzere Jagdsaisonen unterbrochen wurde), ermöglichte die Entwicklung differenzierter politischer Organisationsformen auf der Grundlage von Verwandtschaft, die bis zur Grenze der Staatenbildung reichten. Aber auch hier zählte keiner der Stammesverbände wahrscheinlich jemals mehr als 20 bis 30 Tausend Menschen und oft deutlich weniger.

Nach Westen hin treten die Wälder an die Flüsse zurück und verschwinden schließlich zur Gänze. An ihre Stelle treten Park-, Gras- und Steppenlandschaften, die *Prärien und Plains*. Die auf den Prärien in Dörfern aus halbunterirdischen Erdhäusern ansässigen Sioux- und Caddo-Völker konnten Bodenbau nur noch entlang der Flüsse betreiben; dazu kam vor allem im Sommer die kollektive Bisonjagd als wesentlicher Beitrag zum Nahrungserwerb. Die trockenen Plains wurden in voreuropäischer Zeit offenbar nur von kleineren nomadisierenden Jägergruppen genutzt. Das änderte sich schlagartig mit der Verbreitung der von den Europäern in Amerika wieder heimisch gemachten Pferde, die eine intensive Ausbeutung dieses Gebiets durch die Jagd möglich machten. Die Attraktivität dieser Wirtschaftsform (verbunden mit der Abdrängung von Völkern aus dem Östlichen Waldland im Gefolge der europäischen Invasion Amerikas) führte im Verlauf der letzten 300 Jahre zu einem massiven Zustrom von heterogenen Gruppen aus verschiedenen Richtungen, darunter Algonquin, Athapasken und Uto-Azteken. Die Kultur dieser spezialisierten Bisonjäger, von denen manche den Bodenbau zugunsten von Jagd und Reiterkriegertum aufgegeben hatten, ist also neueren Ursprungs. Obwohl ihr mit der Ausrottung der Bisonherden im 19. Jh. schon bald die Existenzgrundlage entzogen wurde, hat sie unser Bild vom „Indianer“ als dem federgeschmückten Bewohner von Lederzelten entscheidend geprägt.

In den kleinräumigen, von Bergländern bestimmten Regionen westlich der Rocky Mountains war die ethnische und kulturelle Vielfalt auf engem Raum noch größer als im Osten. Das schmale, zerklüftete Band der *Nordwestküste* des Pazifischen Ozeans, das sich vom Gebiet der südwestlichen Eskimo in Alaska bis ins nördliche Kalifornien erstreckt, wird gegen das Landesinnere zu von den steil abfallenden Küstenbergen begrenzt. Die Wirtschaft der Völker dieser Region, darunter Sprecher von Wakash- und Salish-Sprachen sowie sprachlich isolierte Gruppen, war auf das Meer hin ausgerichtet und auf die Flüsse, von denen nur wenige einen bequemen Zugang zum Landesinneren boten. Der Fischreichtum (insbesondere Lachs, ergänzt durch Meeres- und Landjagd sowie Sammelwirtschaft) war so groß, daß er eine seßhafte Lebensweise, die Anhäufung von Reichtum, die Herausbildung sozialer Klassen und die Entstehung handwerklicher Spezialisierung ermöglichte. Holz war das bevorzugte Material für Geräte aller Art; aus ihm wurden auch die großen Plankenhäuser errichtet, in denen die politisch autonomen Verwandtschaftsgruppen lebten.

Zwischen den Küstenbergen der zentralen und südlichen Nordwestküste und den Rocky Mountains erstreckt sich das *Plateau*, eine Zone, die auf engem Raum Trockenlandschaften und Flüsse, Wälder und Steppen aufweist. Doch fehlte gleichermaßen der unmittelbare Zugang zu den Reichtümern des Meeres wie zu jenen der Bisonherden. Salish-, Sahaptin- und andere Völker lebten unspektakulär in kleinen Gruppen von Jagd, Flußfischfang und Sammelwirtschaft. Nach Süden zu weitet sich der Abstand zwischen den Ketten der amerikanischen Kordilleren zu einem abflußlosen Gebiet von halbwüstenartigem Charakter, das als *Großes Bekken* bezeichnet wird. Die Herausforderung, die diese karge Region für das Überleben ihrer uto-aztekischen Bewohner darstellte, übertraf die der Arktis, zumal es keine Nahrungsquelle gab, die seßhaftes Leben ermöglicht hätte. Kleine Gruppen von Familien in wechselnder Zusammensetzung sammelten die kurzfristig verfügbaren Grassamen, Wurzeln oder Insekten, fingen (wo es möglich war) Fische und gingen auf die Kaninchenjagd (seltener auf die Gabelbockjagd). Nur im Herbst, wenn die Pinonnüsse reiften, konnte man für einige Wochen in etwas größeren Gruppen zusammenleben.

Die indigenen Bewohner des Kulturraums *Kalifornien* waren ebenfalls nur Jäger, Sammler und Fischer. Die Nahrungsquellen, die ihnen die Natur bot, waren allerdings wesentlich reichhaltiger. Vor allem das Sammeln von Eicheln (die vor Genuß von der Gerbsäure befreit werden mußten) ermöglichte in Verbindung mit Fischfang die Entstehung kleiner, seßhafter Gemeinschaften. So vielgestaltig wie Kalifornien landschaftlich ist, war auch das Völkermosaik aus Sprechern vor allem uto-aztekischer, Penuti- und Hoka-Sprachen, mit Einsprengseln von Athapasken, entfernten Verwandten der Algonquin und sprachlich isolierten Gruppen.

Im weitesten Sinn ist der *Südwesten* Nordamerikas (einschließlich von Teilen Nordwestmexikos) die nördlich an das mesoamerikanische Hochkulturgebiet anschließende Region, von deren Zentren sie aber durch eine breite und provinzielle Peripherie getrennt war. Um Bodenbau betreiben zu können (neben Mais, Kürbis und Bohne vor allem auch Baumwolle), mußten Bewässerungsanlagen unterschiedlicher Art errichtet werden, einschließlich ausgedehnter Bewässerungskanäle. Die angestammten Bevölkerungen dieses Gebiets (insbesondere Uto-Azteken, Keres-, Tano- und Hoka-Sprecher) sind die Erben mehrerer verschiedener Kulturtraditionen, die sich im Verlauf des 1. Jt. n. Chr. entwickelt hatten. Als Nachkommen der Anasazi stellen die Pueblovölker mit ihren kompakten Siedlungen aus teils mehrgeschossigen Stein- und Lehmziegelbauten nur die allgemein bekannteste dieser Traditionen dar. Kurz vor Beginn der spanischen Kolonisation des Südwestens waren überdies vom Norden her Athapasken in das Gebiet vorgedrungen. Manche dieser Apache hatten von ihren neuen Nachbarn einen einfachen Bodenbau übernommen, den die Navajo später durch die von den Spaniern erlernte Schafzucht ergänzten.

Nicht nur für den Südwesten mit seinem Nebeneinander von alteingesessenen Bodenbauern und eingewanderten Jägern und Sammlerinnen muß nochmals deutlich betont werden, daß die Kulturen (oder Religionen) eines Kulturraums keineswegs identisch sind. Da sich die Gemeinsamkeiten auf historische Anpassungen beziehen, sind in Gebieten mit heterogener Bevölkerung – und das sind mit Ausnahme der Arktis und des Großen Beckens alle Kulturräume – die Unterschiede jenseits der gemeinsamen Überformung durch Anpassung und kulturellen Austausch enorm. Selbst innerhalb von Kulturräumen einheitlicher Bevölkerung oder von weit verbreiteten „Völkern" (wie den Ojibwa, deren Untergruppen sich über die östliche Subarktis sowie Randzonen des Östlichen Waldlands und der Plains verbreitet haben) findet man ein großes Maß an lokaler Variation. So kann man kaum sinnvoll von „der Ojibwa-Religion" oder „der Eskimo-Religion" sprechen.

So kursorisch dieser Überblick notwendigerweise sein muß, so deutlich macht er die Unsinnigkeit der Sammelbezeichnung „Indianer". Die Gemeinsamkeiten dieser Kulturen beschränken sich auf Merkmale, die die nordamerikanischen Bevölkerungen mit vorstaatlichen Gesellschaften anderer Kontinente teilen. Dazu zählt insbesondere die zentrale Bedeutung der Verwandtschaft für die soziale und politische Organisation oder das Vorherrschen geschlechtlicher Arbeitsteilung – ohne daß man deshalb die gelegentliche Bedeutung von Territorialität oder Berufsspezialisierung übersehen dürfte. Andere Gemeinsamkeiten sind gemeinsame Mängel: Das Fehlen echter Schriften etwa teilten eingeborene Nordamerikaner mit anderen Völkern außerhalb von Hochkulturen, und auch z. B. in Ozeanien waren metallurgische Kenntnisse, Herdenviehzucht und die Nutzung der technischen Drehbewegung (das Rad in all seinen Anwendungen) unbekannt. Die Behauptung, daß einige der indigenen Kulturen Nordamerikas manchen europäischen Kulturen der Entdeckungszeit ähnlicher waren als manchen anderen indigenen Kulturen, ist kaum zu widerlegen.

Im Verlauf der letzten 500 Jahre hat allerdings die gemeinsame Bedrohung der eingeborenen Völker Nordamerikas und ihre mehr oder minder einheitliche Behandlung in rechtlicher und sozialer Hinsicht durch die Kolonialmächte und ihre Nachfolgestaaten zur Entstehung eines „panindianischen“ Bewußtseins geführt. Dieser Panindianismus ist in erster Linie ein politisches Phänomen, besitzt aber auch kulturelle Aspekte, die freilich nur dort die vorherrschende Vielfalt überdecken, wo (wie z. B. in den Städten) die traditionellen Gemeinschaften nicht mehr vorhanden sind. Als panindianisch bezeichnet man auch stammesübergreifende kulturelle (bzw. religiöse) Phänomene, auch wenn sie keineswegs alle indigenen Völker betreffen.

Die Darstellung eines kulturellen Bereichs wie „Religion“ anhand von Beispielen aus dem eingeborenen Nordamerika bezieht ihren Reiz also insbesondere aus ihrem kulturvergleichenden Aspekt.

„Religion“: Zwischen Alltagswissen und Spezialistentum

„Die Indianerreligion“ kann es also nicht geben, weil es keine „Indianer“ gibt. Aber es ist auch mehr als ungewiß, ob es in den indigenen Kulturen Nordamerikas „Religion“ als einen trennbaren Bereich der Vorstellung und Lebenspraxis gegeben hat. Die christlichen Missionare taten sich jedenfalls sehr schwer, in den nordamerikanischen Sprachen geeignete Worte für „Religion“ zu finden. Sie entschieden sich häufig für Ableitungen von Bezeichnungen für religiöse Handlungen, wie „Gebet“, oder für Umschreibungen, wie „himmlische Botschaft“. Gelegentlich tauchen Begriffe auf, die sich auf das Übernatürliche als den Gegenstand der Religion beziehen, und es kam wohl nicht ohne Grund nur selten vor, daß ein Wort in der Bedeutung von „Glauben“ gebildet wurde.

Das Problem ist keineswegs einzigartig. In denselben Sprachen gibt es auch keine Worte, mit denen Begriffe wie „Kunst“ oder „Recht“ angemessen übersetzt werden könnten. Die Erklärung, diese Sprachen hätten eben keine Abstrakta gekannt, greift jedenfalls zu kurz – wie wir noch sehen werden, gab es durchaus abstrakte Begriffe. Treffender ist wohl die Erklärung, daß die Wertschätzung von Formen, die Erhaltung der Ordnung oder die Erfahrung des Übernatürlichen nicht als aus größeren Lebenszusammenhängen lösbar angesehen wurden. So wie ein Ding niemals nur eine schöne Form besaß, sondern stets auch mit einer Nutzanwendung verbunden war, war das Verhältnis zum Übernatürlichen immer zentral auf irdische Belange ausgerichtet: auf wirtschaftlichen Erfolg, Gesundheit, Wohlergehen der Gruppe, politische Macht, soziales Ansehen. Kunst war nicht auf die Welt der Galerien und Museen (die es nicht gab) beschränkt; Recht war nicht notwendigerweise eine Angelegenheit für Gerichte (die es als eigene Institutionen ebenso selten gab wie gesetzgebende Versammlungen). In gleicher Weise war die Beziehung zum Übernatürlichen in erster Linie keine Frage bestimmter Orte, Zeitpunkte oder Personen, obwohl all diese Faktoren eine Rolle spielen konnten und im Einzelfall auch spielten. Im übrigen illustriert es unser Problem, daß viele Betrachter „primitiver Kunst“ ihren zentralen Wert in ihrem religiösen Gehalt sahen, ohne den ein echtes Verständnis der fremdartigen Bildlichkeit nicht möglich sei.

So wie bildnerische Ausdrucksformen war auch der Umgang mit dem Übernatürlichen grundsätzlich eng mit anderen Aspekten des Lebens verknüpft. Dennoch unterscheiden sich die indigenen Kulturen Nordamerikas einerseits im Ausmaß, in dem religiöses Handeln aus dem Alltag herausgehoben war, und andererseits in der Intensität ihres Interesses an diesem Bereich. Im Gegensatz zu Darstellungen, nach denen das Leben „der Indianer“ von Religion durchtränkt sei, berichtete der Ethnologe Leslie Spier von den in und um den Grand Canyon in Arizona lebenden Havasupai: „Religiöse Angelegenheiten nehmen nur einen untergeordneten Platz im Leben der Havasupai ein. Der Zeremonialismus ist dürftig und das Interesse am Übernatürlichen weder ausgedehnt, noch in systematischer Form entwickelt.“

Eine vergleichende Betrachtung von Kulturen macht

deutlich, daß die begriffliche Trennbarkeit bestimmter kultureller Bereiche mit dem Ausmaß zusammenhängt, in dem eine Kultur über eine Spezialisierung von Aufgaben im Rahmen der gesellschaftlichen Arbeitsteiligkeit verfügt.

Arbeitsteiligkeit zwischen den Geschlechtern war eine Grundlage der Verfassung aller indigenen Gesellschaften. Auf der gegenseitigen Ergänzung der Leistungen der Geschlechter beruhte das Funktionieren der Familie (in welcher Form auch immer) als Grundelement der Gesellschaft, und im allgemeinen war sie eingebettet in den reziproken Austausch von Gütern und Leistungen zwischen größeren Verwandtschaftsgruppen. Unterschiede bestanden hingegen im Ausmaß, das dieser Form der Arbeitsteilung in gesamtgesellschaftlicher Sicht zukam. In der Mehrheit jener von Jagd und Sammelwirtschaft lebenden Gesellschaften, bei denen die Gruppenmitgliedschaft starken Schwankungen unterlag, war geschlechtliche Arbeitsteilung im Hinblick auf die Produktion von Nahrung und von Gebrauchsgütern die bestimmende Form. Jeder Mann ging auf die Jagd und stellte seine eigenen Waffen her, jede Frau sammelte wildwachsende Pflanzennahrung, bereitete das Essen zu und verarbeitete Leder. Auch hier gab es bessere oder glücklichere Jäger, die ihren Nahrungsüberschuß, der meist nicht konserviert werden konnte, verteilten und die im Gegenzug mit gesellschaftlichem Ansehen belohnt wurden.

Die zunehmende Stabilität der Gruppen in sozialer und wirtschaftlicher Hinsicht im Zusammenhang mit dem Ausmaß an Seßhaftigkeit erlaubte die langsame Herausbildung von Spezialistentum, auch wenn ein Großteil der Tätigkeiten weiterhin geschlechtsspezifisch und unspezialisiert ausgeübt wurde. Bei den seßhaften Pawnee der zentralen Plains ging zwar jeder Mann auf die Jagd, aber die Herstellung der Pfeile oblag einer beschränkten Zahl von Spezialisten. Bei den zentralkalifornischen Patwin waren zahlreiche Aufgaben bestimmten Personen vorbehalten, darunter die Herstellung von Pfeilspitzen aus importiertem Obsidian oder von großen, mit Federn verzierten Körben als Grabschmuck für illustre Verstorbene. Aber auch diese Fachleute übten ihr Monopolgewerbe nicht als Beruf aus, sondern lebten in erster Linie von der familiären Nahrungsproduktion, zu der sie wie jedes andere Gruppenmitglied beitrugen.

Die Auswahl dieser Spezialisten konnte auf unterschiedliche Weise erfolgen. So wie bei den Patwin die genannten Sonderaufgaben die Privilegien bestimmter Familien waren, folgte die Spezialisierung häufig der Zugehörigkeit zu Verwandtschaftsgruppen. Eine zweite Möglichkeit bestand darin, Vorrechte in der Produktion mit der Mitgliedschaft in bestimmten Bünden zu koppeln. Solche Bünde waren meist Vereinigungen, deren Mitgliedschaft nicht durch das Prinzip der Abstammung geregelt wurde, sondern durch mehr oder weniger freiwilligen Eintritt verbunden mit dem Erwerb der dem Bund gehörenden Privilegien.

Ähnliches gilt für gemeinschaftliche Funktionen und Dienstleistungen, wie politische Führerschaft oder Aufgaben in der Regelung der Beziehung zum Übernatürlichen. Auch hier nimmt die Spezialisierung im Zuge der Stabilisierung der gesellschaftlichen Verhältnisse zu, und auch hier sind Verwandtschaftsgruppen und Bünde die wichtigsten Institutionen zur Kontrolle des Zugangs zur privilegierten Position des Spezialisten. Gerade im religiösen Bereich findet man jedoch Spezialistentum bereits im Rahmen von sehr lose organisierten Gruppen. In diesem Fall spielen allerdings meist weniger Verwandtschaft oder Kauf eine Rolle bei der Privilegierung der Fachleute, sondern – ähnlich wie bei erfolgreichen Jägern – die persönliche Qualifikation. Sie wird in der Mehrzahl der Fälle durch Träume oder Visionen, die als persönliche Erfahrung des Übernatürlichen erachtet werden, legitimiert.

Diese Form des Spezialistentums stellt geradezu ein Vorbild für die Spezialisierung in anderen Bereichen dar. Manche Bünde bestimmen ihre Mitgliedschaft auf der Grundlage vergleichbarer individueller Visionserlebnisse oder machen bestimmte Trauminhalte zur Aufnahmebedingung. Nicht nur deshalb, sondern auch wegen der weiter bestehenden engen Verbindung zwischen „Religion“ und anderen Aspekten des Lebens, besitzen viele der Bünde, die als „Gilden“ über Vorrechte in der Produktion verfügen, gleichzeitig auch religiöse Aufgaben und Privilegien

Ein verwandtes Problem betrifft die Qualifikation von Religion als „Dinge des Glaubens“. Hier hat ein stark eingeschränkter abendländischer Wissensbegriff dazu beigetragen, die Grenze zwischen positivem Wissen und Glauben anders zu ziehen, als dies in den indigenen Kulturen Nordamerikas der Fall war. Auch dort gab es den Unterschied zwischen gesicherter Erkenntnis und Vermutung, der sich vielfach sogar in grammatischen Kategorien äußerte, die verschiedene Grade des Zweifels oder der Sicherheit des Wissens ausdrücken konnten. In der Regel war aber die Tatsache der Existenz des Übernatürlichen nicht nur außerhalb jeden Zweifels, die Erfahrung des Transzendenten galt häufig sogar als besonders real.

In diesem allgemeineren Sinn von Wissen waren für die indigenen Völker Nordamerikas alle Kenntnisse, die das Übernatürliche und den Umgang mit ihm betrafen, Teil des zum Überleben notwendigen Wissens. Dieses Wissen wurde im Zuge des Hereinwachsens des Kinds in die Gesellschaft erlernt und durch die persönliche und soziale Erfahrung des Erwachsenen immer wieder aufs Neue bestätigt und vertieft. Aus Sicht der Betroffenen waren diese Kenntnisse nicht weniger empirisch als anderes Wissen über die natürliche und soziale Ordnung. Eben weil das Wissen von übernatürlichen Belangen durch seinen handlungsleitenden Charakter zentral mit allen Bereichen der Lebensführung verbunden war, blieb die Unterscheidung von andern Formen der Erfahrung und des Handelns unscharf.

Es ist in diesem Sinn auch nicht immer korrekt, vom „Übernatürlichen“ zu sprechen, zumal die entsprechenden Phänomene sich (auch) innerhalb der als „natürlich“ gesehenen Lebenswelt äußerten. Aus ähnlichen Erwägungen ist auch die Alternative „Übermenschlich“ für die von uns betrachteten religiösen Kulturen nicht ohne Probleme. Man kann den Bereich, wie es der amerikanische Religionswissenschaftler Christopher Vecsey getan hat, mit den „letztendlichen Quellen der Existenz“ umschreiben. Aber erstens ist diese Formulierung etwas umständlich, und zweitens betrifft sie nur einen Aspekt des „Übernatürlichen“ – und noch dazu einen, der in der religiösen Alltagspraxis nicht immer im Mittelpunkt der Überlegungen stand.

Eine andere Lösungsvariante des begrifflichen Problems stellt der Versuch des englischen Sozialanthropologen Edmund Leach dar, die anstößige Bezeichnung „(primitive) Religion“ durch „Kosmologie“ zu ersetzen. Zwar stellt dieser Ausdruck den auch hier favorisierten systemhaften Wissensaspekt bei der Auseinandersetzung mit den „letztendlichen Quellen der Existenz“ in den Vordergrund, rückt ihn meines Erachtens aber zu nahe an (primitive) Wissen*schaft* und damit an eine deutlich unterschiedliche Form der Bewertung und konzeptuelle Abgrenzung von Wissen. Allein die Tatsache, daß in einem modernen Sinn „Kosmologie“ in erster Linie ein Vorstellungs-, aber kein Handlungssystem ist, macht die Ratsamkeit einer Differenzierung deutlich und spricht gegen eine Verwendung als Ersatz für das Wort „Religion“.

Die unterschiedliche Qualität des Übernatürlichen selbst wurde allerdings allgemein als gegeben vorausgesetzt. Die von Forschern, wie dem Religionswissenschaftler Mircea Eliade, dargelegte Universalität der Unterscheidung zwischen „sakral“ und „profan“ illustriert die Universalität der existenziellen Notwendigkeit, sich mit dem Unerklärlichen in der Welt auseinanderzusetzen und es namhaft zu machen. (Bei Gebrauch des Worts „sakral“ ist zu beachten, daß entgegen den Vorstellungen unserer Kultur das Übernatürliche nicht notwendigerweise mit ethischen Kategorien verbunden ist.) Daß dem „Übernatürlichen“ (wie wir es trotz der geäußerten Bedenken und in steter Erinnerung an die gemachten Einschränkungen auch weiterhin nennen wollen) grundsätzlich unbegreifliche Eigenschaften zugeschrieben wurden, ändert nichts daran, daß auch diese Erkenntnis als aus Überlieferung und eigener Erfahrung gespeistes Wissen angesehen werden kann.

Aus diesem Grund scheitern auch Versuche, „Magie“ als zweckgerichteten und manipulativen Umgang mit dem Übernatürlichen und „Religion“ als auf sich selbst gerichtete Handlungen der Unterwerfung unter das Übernatürliche zu unterscheiden oder als Gegensatzpaar zu erklären. Dort, wo Glauben und Wissen nicht als Gegensatz verstanden werden, ist die „technische“ Umsetzung von Annahmen und Kenntnissen über das begreiflich gemachte Unbegreifliche in der Welt wesentlicher Teil der Beziehungen zum Übernatürlichen.

Gerade die Schwierigkeiten im Umgang mit transzendenten Mächten förderten die frühzeitige Herausbildung von Spezialistentum und Sonderwissen. Tatsächlich war die Verteilung des Wissens in religiösen Fragen innerhalb einer Gesellschaft weder gleichmäßig, noch einheitlich und stets kohärent. Zwar ist Wissen grundsätzlich geordnet und systemhaft, da seine Vermittlung aber üblicherweise im Rahmen von Familie und Verwandtschaft und nicht durch zentrale Einrichtungen stattfand, konnte es leicht zu unterschiedlichen Strängen der Wissensweitergabe kommen. Auch die persönliche Deutung und Vertiefung erlernter Kenntnisse durch eigene Erfahrung förderte angesichts des Fehlens eines kodifizierten oder gar schriftlich fixierten Lehrgebäudes die individuelle Variation von Vorstellungen und Praktiken.

Das Sonderwissen der Spezialisten wurde in hohem Maß ebenfalls von Generation zu Generation überliefert, sei es im Rahmen individueller Lehrer-Schüler-Beziehungen, sei es innerhalb von Bünden oder anderen kollektiven Wissensträgern. Es war durchwegs komplexer als das Gemeinwissen und deshalb meist auch noch deutlicher systemhaft. Weil dieses Sonderwissen aber immer privilegiert war und daher grundsätzlich als esoterisches oder geheimes Wissen anzusehen ist, hatten die weitergehenden Überlegungen der Spezialisten meist wohl nur geringen Einfluß auf das Gemeinwissen und seine mögliche Kanonisierung. Leider ist der Frage der gesellschaftlichen Wissensteilung von der bisherigen Forschung nur ungenügende Aufmerksamkeit gewidmet worden. Vielfach ist nicht einmal klar, ob bestimmte Kenntnisse allgemein verbreitet oder nur Spezialisten bekannt waren.

Wenn es also auch in den Sprachen des voreuropäischen Nordamerika kein Wort für „Religion" gab, lassen sich doch sehr wohl gesellschaftlich geprägte Wissensbestände und damit verbundene Handlungsmuster erkennen, die sich auf das Verhältnis des Menschen zum Übernatürlichen bezogen. In diesem Sinn, und möglichst ohne Färbung durch die spezifischen Bedeutungen des Wortes in unserer eigenen Kultur, soll „Religion" in diesem Buch verwendet werden.

Auf der Suche nach einer heilen Welt: „Indianerreligionen" und wir

Hatte Charles Darwin noch im 19. Jh. bei seiner Charakterisierung der Feuerländer von der „Religionslosigkeit" der „Indianer" gesprochen, belehrte intensiverer Kontakt europäische Beobachter bald eines Besseren. Thomas Hariot, der Chronist des ersten englischen Kolonisationsversuchs im Küstenland von North Carolina, bemerkte 1587 in der Einleitung zu seiner kurzen Skizze der Glaubensvorstellung der dortigen Algonquin-Völker: „Sie haben schon eine Religion, welche, obwohl sie weit von der Wahrheit entfernt ist, dennoch die Hoffnung zuläßt, daß sie um so leichter und schneller reformiert werden kann." In einer vergleichbaren Präambel seiner Schilderung der Religion der Algonquin des südlichen Neuengland gelang es im Jahr 1632 Thomas Morton, den Widerspruch zwischen vorgefaßter Meinung und Wahrnehmungswirklichkeit durch Verweis auf die paradiesische Uroffenbarung auf einen gemeinsamen Nenner zu bringen: „Obwohl man diese Wilden (wie Sir William Alexander treffend bemerkt hat) ohne Religion, Recht und König vorfindet, so sind sie dennoch (historisch) nicht ohne die Kenntnis Gottes."

Die Verbindung von beschreibender Neugier und stetem Bewußtsein des christlichen Missionsauftrags, die in Hariots Text (und im weiteren Verlauf auch bei Morton) ihren Ausdruck findet, bestimmte in der Tat auch das Interesse anderer früher Beobachter an den indigenen Religionen Nordamerikas. Missionare, allen voran die französischen Jesuiten in Kanada, aber auch die pietistischen Herrnhuter Brüder, zählten trotz und zum Teil auch wegen ihres professionellen Hintergrunds zu den aufmerksamsten Berichterstattern über das religiöse Leben der Uramerikaner. Die von ihnen aufgezeichneten Informationen, die heute nach sorgfältiger Quellenkritik als wichtige Dokumente zum Zustand der jeweiligen Religion vor intensivem europäischem Einfluß gelten können, hatten für ihre Autoren in erster Linie praktische Bedeutung für ihre Arbeit, sei es als Ausgangspunkt für die angestrebte Bekehrung, sei es als Mittel zur Einwerbung von Unterstützung für die Missionen.

Das erste Werk, das sich in größerem Umfang auf systematisch-vergleichender Ebene den Kulturen (und Religionen) Amerikas zuwandte, stammt aus der Feder des Jesuiten Joseph-François Lafitau, der fünf Jahre lang in der irokesischen Mohawk-Mission in Kahnawake am St. Lawrence River tätig gewesen war. In Anlehnung an de la Créquinière, der 1704 versucht hatte, durch ein Studium der Sitten, insbesondere der Religion, eines lebenden Volks (hier: der Inder), das er als Träger einer antiken Tradition betrachtete, die alten Quellen über die Antike zu erhellen, unternahm Lafitau einen ähnlichen Vergleich zwischen den „Amerikanern“ und den Völkern des europäischen Altertums. Mit seinem Werk *Mœurs des Sauvages Ameriquains, comparées aux mœurs des premiers temps* (1724) gilt der Jesuit vielfach als Begründer einer systematisch-vergleichenden Ethnologie (mehr als ein halbes Jahrhundert, bevor das Wort „Ethnologie“ erdacht wurde). Dies war freilich nicht seine Absicht gewesen.

Lafitaus Gleichsetzung von antikem und exotischem Heidentum war ein Ausdruck der weit verbreiteten Gleichsetzung von Zeit und Raum (die wir in vergleichbarer Form auch im indigenen Nordamerika finden werden). Aus ihr nährte sich die erklärte Hoffnung, hier – am Rand der Welt – Reste, wenn auch in degenerierter Form, eines Urmonotheismus mosaischer Provenienz zu finden. Zugleich wandte sich sein Buch gegen die im 17. Jh. gängige skeptizistische Meinung, die Gesetze und kulturellen Praktiken der Völker, einschließlich ihrer Religion, beruhten auf Übereinkunft. Lafitaus Argument hingegen zielte auf den Nachweis, daß Religion als Glaube an ein höchstes Wesen, in welch verderbter Form auch immer, nicht eine Übereinkunft unter Menschen ist, sondern die instinktive, bzw. ursprünglich geoffenbarte Erkenntnis einer Wahrheit. Daß er in diesem Zusammenhang unter anderem auch die volle Menschennatur der Bewohner der Neuen Welt durch Abkunft von den Völkern aus biblischer Schöpfung, ihre vermutliche Einwanderung aus Asien über die Beringstraße und die Bedeutung von Heiratsordnungen für die Entwicklung der Gesellschaften darstellte, war nicht mehr als ein Nebenprodukt seiner Schlußfolgerungen.

Trotz der Bedeutung, die Lafitau seinen eigenen Beobachtungen zumaß, stammt ein Großteil seiner Daten aus den unterschiedlichsten Quellen über die unterschiedlichsten Völker Amerikas, die seiner Meinung nach ja alle lebende Zeugen der Urzeit waren. „Man kan[n] inzwischen füglich sagen," behauptete der Pater, „daß die Sitten der Wilden überhaupt einander ziemlich gleich seyn".

In dieser Hinsicht ging der eingangs zitierte Religionswissenschaftler Johann Georg Müller einen wichtigen Schritt in die richtige Richtung, indem er in seiner *Geschichte der Amerikanischen Urreligionen* wenigstens zwischen zwei Grundformen von Kultur und Religion im gesamten indigenen Amerika unterschied: zum einen die jägerischen Wilden mit einem gespensterhaften Geisterglauben, der sich an unzählige Einzelkörper („Fetische") anschließt, und einer ausgeprägten Traumfurcht; zum anderen die bodenbautreibenden Kulturvölker mit einer geordneten Götterwelt, die sich in den Naturgesetzen offenbart, in symbolhafter Darstellung der übernatürlichen Mächte und der Entwicklung von Priesterschaften. Auch unter den „nordamerikanischen Rothhäuten" fand Müller den Gegensatz zwischen südlichem Kultdienst mit Verehrung der Sonne, Pflanzen und Tiere und nördlichem Geisterglauben, der ihn an den sibirischen „Schamaismus" erinnerte. In der Wildheit sah Müller nicht das Ergebnis von Degeneration, sondern den älteren Zustand der Menschheit – folglich sei auch der Gottesglaube erst eine Erfindung der Kulturvölker und die Annahme eines Urmonotheismus somit nicht angebracht.

Wie weit Johann Georg Müller seiner Zeit voraus war, zeigt sich nicht nur darin, daß die nächsten zusammenfassenden Darstellungen der (nord)amerikanischen Religionen mehr als hundert Jahre auf sich warten ließen: eine knapp hundertseitige Skizze seines Namensvetters Werner Müller (1961) und der erste amerikanische Überblick in Buchform durch Ruth Underhill (1965). Auch bei Werner Müller und Underhill und zuletzt noch in *Native Religions of North America* (1987) des schwedischen Religionswissenschaftlers Åke Hultkrantz spielt der Gegensatz zwischen südlichen Bodenbauern (und Einflüssen aus den mesoamerikanischen Hochkulturen) und nördlichen Jägern (und Traditionen des sibirischen Schamanismus) eine tragende Rolle, wenngleich mit leicht verschobenen Akzenten. Es wäre auch verwegen, den doppelten Einfluß von wirtschaftlich begründeten Lebensweisen und historischen Wirkungen im Spannungsfeld zwischen sibirischen Ursprüngen und inneramerikanischen Entwicklungen in Frage zu stellen. Offen bleibt allerdings, ob dieser polare Gegensatz zur Erklärung der Vielfalt der indigenen Religionen ausreichend ist.

Johann Georg Müllers Buch ist um so bemerkenswerter, als der Verfasser noch nicht auf die Ergebnisse systematischer ethnologischer Forschung in Nordamerika zurückgreifen konnte. Deren Beginn wird meist mit dem Erscheinen von Lewis Henry Morgans Buch über die Irokesen (*League of the Ho-dé-no-sau-nee or Iroquois*, 1851) angesetzt, obwohl ihre Ursprünge drei Jahrzehnte weiter zurück reichen.

Aber erst die Professionalisierung der Ethnologie im späten 19. Jh. ließ die beschreibende Literatur zur Religion einzelner nordamerikanischer Völker ins kaum noch Überschaubare anschwellen. Die lebendigen Überlieferungen, die nun von Forschern dokumentiert wurden, aber auch die teilweise nur noch aus der Erinnerung betagter Gewährsleute rekonstruierten religiösen Praktiken belegten die Vielfalt der religiösen Kulturen, aber auch ihre Veränderungen unter dem Einfluß von Christentum und der forcierten „Zivilisierungs"-Politik der amerikanischen Regierung.

Unter dem Einfluß von Franz Boas, dem deutschen Begründer der modernen amerikanischen Ethnologie, stand nun die verstehende Erklärung einzelner Religionen aus ihren spezifischen kulturellen Voraussetzungen im Mittelpunkt des Forschungsinteresses. Da teilnehmende Beobachtung bei der Erforschung von Erinnerungskulturen keinen gangbaren Weg darstellte, stützten sich Boas und seine Schüler(innen) vorzugsweise auf Texte in indigenen Sprachen, die sie selbst aufzeichneten oder von einheimischen Gewährsleuten aufzeichnen ließen. Diese Zeugnisse stellen fraglos bedeutende Dokumente einer Innenansicht indigener Religionen dar. Doch darf dabei nicht übersehen werden, daß die Verschriftlichungen sich in ihren Möglichkeiten von gelebter und mündlich tradierter Religiosität unterscheiden und die Schilderung von komplexen zeremoniellen Abläufen gegenüber der Erklärung der als bekannt vorausgesetzten Bedeutungen bevorzugen. Zugleich wurden durch ihre Fixierung einzelne Stränge der Tradition auf Kosten anderer hervorgehoben und „kanonisiert".

Daß dieses Wissen überhaupt aufgezeichnet wurde, hat es freilich in vielen Fällen vor dem vollständigen Vergessen bewahrt. Parallel zum raschen Aussterben der kleineren der bis heute noch verbliebenen rund 150 nordamerikanischen Sprachen (und der mittelfristigen Bedrohung selbst der größeren) erfolgt ein Verlust von zeremoniellem und symbolischem Wissen, das in erster Linie über die Sprache vermittelt wird. Bei der Behandlung des Themas indigener

Religionen muß man sich stets der Tatsache bewußt sein, daß viele Beobachtungen der Vergangenheit heute nicht mehr nachprüfbar sind, weil die entsprechenden Vorstellungen und Praktiken sich mittlerweile geändert haben oder bereits verschwunden sind. Obwohl indigene Religionen auch heute noch lebendig sind, ist vieles, was hier geschildert wird, eine vergangene Wirklichkeit.

Unabhängig davon wurde und wird der Zugang zu Informationen über religiöse Fragen durch die Sensibilität des Themas erschwert. Dabei geht es nicht nur um privilegiertes Wissen, das man nicht ohne weiteres mit Außenstehenden teilen will. Die wiederholten Versuche eines Verbots der Ausübung der traditionellen Religionen durch staatliche Autoritäten, die den Prozess der Übernahme der „Zivilisation" beschleunigen sollten, haben oft auch religiöses Gemeinwissen zu Geheimwissen gemacht.

Die heutige Forschung sieht sich mit zusätzlichen Problemen ganz anderer Art konfrontiert. Da wird etwa in der postmodernen Kritik die Autorität der Wissenschaft bei der Darstellung anderer Kulturen als Form des Herrschaftsdiskurses verurteilt und die Berücksichtigung der Selbstbeschreibung in einer vielstimmigen Annäherung an die Wirklichkeit eingefordert, so als hätte es niemals eine indigene Texttradition gegeben und als wären Innensicht und Außensicht kultureller Phänomene nicht schon lange als notwendigerweise einander ergänzende Betrachtungsweisen erkannt worden.

Es erheben aber auch die – im Zuge der langsamen inneren Entkolonialisierung der Nationalstaaten Kanada, USA und Mexiko zu wiedererstarktem Selbstbewußtsein gelangten – indigenen Völker (oder manche ihrer Vertreter) zunehmend Anspruch auf exklusive Selbstdarstellung oder wenigstens uneingeschränkte Kontrolle der Nutzung des eigenen kulturellen Erbes und des Zugangs zu seinen Quellen. Zahlreiche Forscher erachten es heute als Gebot der Forschungsethik, wenigstens aber als pragmatische Maßnahme zur weiteren Duldung ihrer Arbeit, diese Beschränkungen zu respektieren. Ernsthaft wird diskutiert, ob der wohl selbstverständliche Respekt vor anderen Religionen nicht überhaupt ihre weitere Untersuchung durch Außenstehende verbiete.

Auf den Stellenwert religiöser Themen in der gegenwärtigen politischen Auseinandersetzung wird vor allem im Zusammenhang mit der Frage der Landheiligkeit noch einzugehen sein. Ein sehr breit gefaßter Rückstellungsanspruch indigener Völker im Hinblick auf nicht näher definierte „heilige" Gegenstände in öffentlichen Sammlungen ist bereits amerikanische Rechtswirklichkeit.

Hand in Hand mit dem für sie überlebenswichtigen Aufschwung des Selbstwertgefühls der indigenen Völker Nordamerikas geht eine verstärkte Traditionsbehauptung, einschließlich der Neubelebung alter religiöser Praktiken, sei es aus noch vorhandenen Strängen der Überlieferung, sei es aus den sonst gerne als fehlerhaft und unbrauchbar qualifizierten Aufzeichnungen vergangener Forschergenerationen. Wie erfolgreich diese grundsätzlich legitimen und der Erhaltung einer kollektiven Identität dienlichen Maßnahmen sein können, ist angesichts des dramatischen und vielfach nicht mehr umkehrbaren Rückgangs indigenen Sprachgebrauchs zweifelhaft. Viele dieser gewissermaßen fundamentalistischen Tendenzen lassen sich als Reaktion auf die längst eingetretene Erosion verbindlicher gemeinsamer Werthaltungen deuten. Sie sind der Versuch, die vollzogene Umwandlung einst relativ homogener, geschlossener Gesellschaften in pluralistische Subkulturen von ihrerseits pluralistischen Nationalstaaten aufzuhalten und rückgängig zu machen.

Neben der wissenschaftlichen Befassung mit „Indianerreligionen", gleich ob katalogisierend, deutend oder vergleichend, gab es seit den frühesten Tagen der kolonialen Erschließung Amerikas ein romantisierendes Interesse an „den Indianern" als vorbildlichen Gegenbildern zu den herrschenden Verhältnissen in Europa. Besonders erfolgreich vertrat diese Linie der französische Baron Louis Armand de Lahontan, dessen Groll gegen sein Vaterland dadurch gefördert wurde, daß ihn ruchlose Machenschaften um sein Erbe brachten, während er als Kolonialoffizier in Kanada diente. Die *Nouveaux Voyages de M. le Baron de Lahontan dans l'Amérique Septentrionale* (1703) verknüpfen seine Erfahrungen unter Ottawa und Huronen des westlichen Seengebiets geschickt mit beißender Kritik an der französischen Gesellschaft. Während das gelehrte Europa „den Indianern" wegen des Fehlens von König, Vernunft und Religion die Zugangsberechtigung zum Klub der Zivilisation versagte, zeigt das Frontispiz von Lahontans Buch einen Indianer, der vorsätzlich Zepter und Gesetzbuch mit Füßen tritt („Et leges et sceptra terit"). Betreffs der Religion lobt der Autor „der Wilden Glauben" als vernunftgeleitet und dem bedingungslosen Glauben abhold, „zumal einem, wo alles ohne Erforschung geglaubet werde, die Lüge so leicht als die Wahrheit könne aufgebürdet werden".

Die Zahl der Auflagen und Übersetzungen, die das dreibändige Werk in wenigen Jahrzehnten erlebte, macht deutlich, daß sein Inhalt einem verbreiteten Bedürfnis entgegenkam. Daß das Buch im späten 20. Jahrhundert abermals verlegt wurde und mittlerweile auch gerne von indianischen Intellektuellen als Beleg der moralischen Überlegenheit des indigenen Amerika zitiert wird, zeigt die ungebrochene Attraktivität der Botschaft für Leser, die sich mit Hilfe derartiger Reisebeschreibungen und exotischer Romane in eine fremde Welt der ungebundenen Freiheit hineinträumen. Auch die ethnologischen Kukuckseier, die Carlos Castaneda mit seinen fiktiven Lehren des Drogenvisionärs Don Juan der Welt beschert hat, bezeugen durch ihren allen Entlarvungen standhaltenden Erfolg, daß es genügend enttäuschte Kinder des Abendlands gibt, die sich gerne von „den Indianern" zu selbstgewählten Zielen bekehren lassen.

Es wäre kurzsichtig, die wissenschaftliche Erforschung nordamerikanischer Religionen als immun gegen die Einflüsse zu sehen, die von der Befindlichkeit der Forscher im Wechselspiel der konkurrierenden „Indianerbilder" herrühren. Das gilt nicht nur für Lafitau als dem Ahnherrn dieses

Forschungszweigs. Ein besonders markantes Beispiel ist Werner Müller, dessen enorm kenntnisreiche Schriften über „Indianerreligionen“ (veröffentlicht zwischen 1954 und 1982) wesentlich von einer romantischen und antirationalistischen Einstellung geprägt waren. Ihm erschienen die „Indianer“ als bewundernswerte Repräsentanten eines vorsokratischen Erschauens der Welt, die noch nicht auf dem Irrweg des Logos zu Abstraktion und kategorialem Denken gelangt waren. So waren sie für Müller (wie für Lafitau) Kronzeugen archaischer Denk- und Lebensformen, aber auch Vorbild für den Ausweg aus einer philosophischen Sackgasse. Seine größten Erfolge feierte Werner Müller daher auch seit den späten siebziger Jahren, als die deutsche Gegenkulturbewegung die „Indianer“ als Rammbock gegen die ungeliebte Zivilisation einzusetzen versuchte.

Während also indigene Gruppen und weitgehend selbsternannte Sprecher „indianischer“ Interessen bemüht sind, traditionelle Religionen vor dem begehrlichen Zugriff des Weißen Mannes zu schützen, ist eben diese Begehrlichkeit so groß wie kaum jemals zuvor. Anders als zu Zeiten des Baron de Lahontan stehen die „Indianer“ indes nicht mehr als Vorbilder der Vernunft in Nachfrage, sondern sind zum Gütesiegel einer archaischen Irrationalität geworden. Was Amtskirchen und bürokratisches Gesundheitswesen den nach innerem und äußerem Heil suchenden Zivilisationsmüden nicht zu bieten vermögen, erhofft man in möglichst „schamanistischen“ Ritualen ambulanter Medizinmänner zu finden, die zahlungsfähigen Kunden in Europa gerne alles bieten, was von ihnen erwartet wird. Man mag es je nach Gemütslage bedauern oder belächeln, daß die Mehrheit dieser Reiseschamanen im eigenen Lande meist nichts gilt.

Der in Deutschland lange Jahre sehr erfolgreiche und mittlerweile begütert verstorbene Ojibwa Sun Bear lebte fern seiner Stammesbrüder auf einer Privatkommune in Oregon und bot neben anderen eigenen Schriften auch einen Leitfaden zur indianischen Astrologie an. In ihm kam sinnigerweise das Sternzeichen des Pferds vor, ein zwar eng mit den Reiterkriegern der Plains (zu denen die Ojibwa nicht zählten) verbundenes, nichtsdestoweniger aber erst von den Europäern in Amerika eingeführtes Tier. Muß man vermuten, das die Käufer von Sun Bears Büchlein überwiegend im Sternzeichen des Schafs geboren sind?

Ein anderer, der sich Swiftdeer nannte und vor allem irischer Abstammung war, kam jahrelang auf Einladung eines Wiener Religionsphilosophen zu Geschäftsbesuchen in die Alte Welt. Daß er, um einen bekannten Vergleich James Thurbers zu bemühen, einem Medizinmann so ähnlich sah wie der Metro-Goldwyn-Mayer-Löwe dem Präsidenten der Vereinigten Staaten, war seinem Erfolg keineswegs abträglich. Seine gut besuchten Vortragsveranstaltungen, mit denen er neben teuren Wochendseminaren das untere Preissegment abdeckte, strotzten vor blankem Unfug; das traurige Schauspiel wäre von jedem traditionell empfindenden Mitglied einer indigenen Gruppe als grob blasphemisch empfunden worden. So hatten Lahontans Indianer doch recht mit der Warnung, daß „einem, wo alles ohne Erforschung geglaubet werde, die Lüge so leicht als die Wahrheit könne aufgebürdet werden".

Das gilt ohne Abstriche auch für andere Formen der modernen Ausbeutung „indianischer Spiritualität" (ein in den letzten 20 Jahren aufgekommener Begriff, der das zu sehr mit dem Christentum assoziierte Wort „Religion" zu umschiffen versucht). Prominentestes Beispiel ist die mit der Idee von „Mutter Erde" verknüpfte Vorbildrolle der „Indianer" im Umweltschutz, in der gerne fiktive Prophezeihungen und Mahnungen im Tonfall indianischer Weisheit vermarktet werden. So stammt die berühmte „ökologische" Rede des Häuptling Seattle (manchmal auch als Brief an den Präsidenten der USA abgedruckt), die durch den World Wildlife Fund und andere einschlägige Organisationen weltweit verbreitet wurde, keineswegs von dem greisen Duwamish-Häuptling, der 1855 einen Vertrag mit der Regierung der Vereinigten Staaten unterzeichnete. Sie ist vielmehr 1970/71 als Skript für einen Film über Umweltzerstörung in

Amerika im Auftrag der Southern Baptist Convention von Ted Perry, einem Professor für Englisch an der University of Texas, verfaßt worden. Der neue Mythos verbreitete sich um so leichter, als die Baptisten Perrys Autorschaft im Filmvorspann verschwiegen – vermutlich, weil die Glaubwürdigkeit eines Indianerhäuptlings (besonders in Umweltfragen) die eines Professors immer noch deutlich übersteigt.

Insgesamt erweist sich also der unkritische Umgang mit Fragen indigener Religionen Nordamerikas gerade angesichts des großen Interesses als wahres Minenfeld. Das weitgehende Fehlen verläßlicher Übersichten über die Formen des Umgangs mit dem Übernatürlichen ist zwar nicht unverständlich, überläßt das öffentliche Interesse aber der ungehemmten Ausbeutung.

Grundsätzlich hege auch ich, wie schon Johann Georg Müller im Jahr nach der angeblichen Rede des Häuptlings Seattle, die Hoffnung, daß „vielleicht ... hier auch der gebildete Leser ... sein Streben nach unterhaltsamer Belehrung durch eine übersichtliche Gruppierung und Beleuchtung unterstützt" finden möge. Dem Unterfangen sind allerdings sowohl durch die verfügbaren Quellen wie durch den Umfang dieses Buchs sehr enge Grenzen gesetzt.

Im Text erwähnte Völker Nordamerikas

Kulturräume Nordamerikas

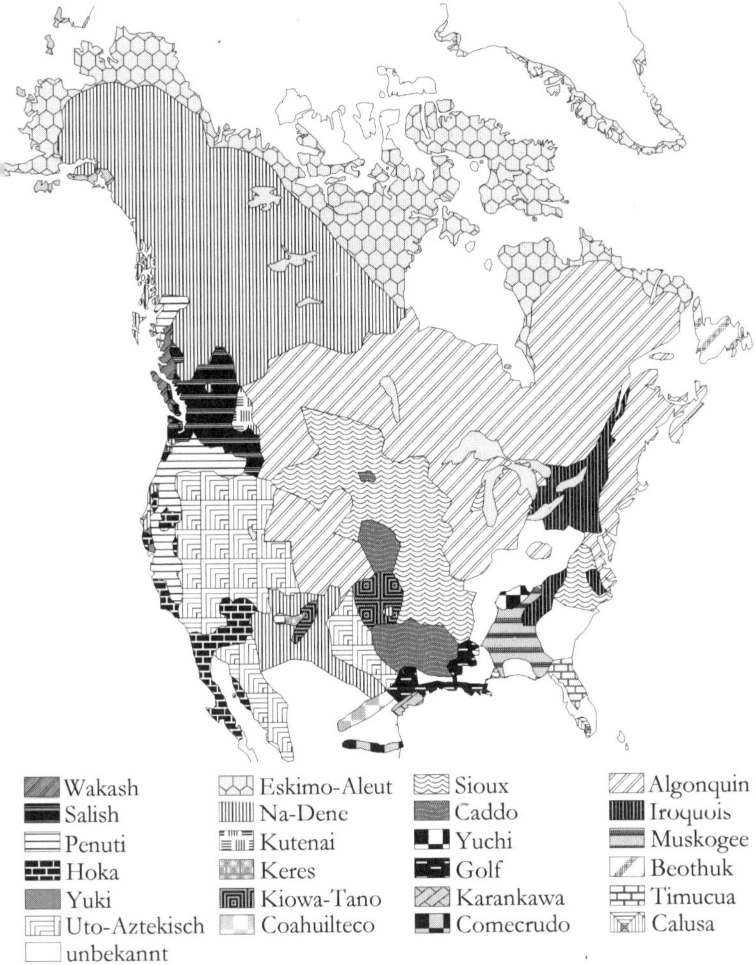

Sprachfamilien

1
Weltordnungen

Auch wenn Religionen nicht lediglich „Kosmologien" sind, so kommt diesen als Beschreibung des Schauplatzes der Begegnung zwischen dem Menschen und dem Übernatürlichen besondere Bedeutung für das Verständnis von Religionen zu. Hier geht es vorerst nur um die Vorstellungen von der Gestalt und Ordnung der Welt und nicht um ihre Entstehung, die nicht überall als wesentlich für ein Verständnis des gegenwärtigen Umgangs mit dem Transzendenten erachtet wurde. Dabei schließt sich an eine Diskussion der räumlichen und zeitlichen Dimensionen des Kosmos eine Darstellung des Verhältnisses des Menschen zu der ihn umgebenden Welt.

Raum und Zeit

In seinem Buch *God is Red* (1973) hat Vine Deloria, Jr., einer der bedeutendsten indianischen Intellektuellen der Gegenwart, den Versuch unternommen, die Religionen des indigenen Amerika in ihren Gemeinsamkeiten zu charakterisieren. Deloria, ein Yankton von der Standing Rock Reservation in South Dakota, entstammt einer Familie von episkopalischen Kirchenmännern und erhielt selbst eine theologische Ausbildung, bevor er sich zunehmend von der Kirch ab- und der panindianischen Politik und Publizistik zuwandte. Vor diesem Hintergrund ist er bemüht, die Unterschiede zwischen „indianischen" Religionen und dem Christentum (und anderen Weltreligionen) zu verdeutlichen, und zugleich aus den spezifischen Eigenheiten der nordamerikanischen Religionen ein Argument zugunsten indianischer Landrechtsforderungen zu entwickeln.

Den zentralen Unterschied zwischen weißer und roter Religion erblickt Deloria darin, daß das Christentum das Verhältnis der Menschen zum Transzendenten in einer als historisch aufgefaßten Zeit verwurzelt sieht, während die nordamerikanischen Religionen dieses Verhältnis grundsätzlich „verorten“. So wie die anderen Weltreligionen muß das Christentum schon wegen seines universellen Geltungsanspruchs die Gebundenheit an einen Ort oder ein Volk aufgeben (und unterscheidet sich dadurch etwa auch vom mosaischen Glauben des Alten Testaments). Es stellt den Menschen in eine Heilsgeschichte, die sich von der historischen Offenbarung von Glaubenswahrheiten (durch Christus) linear auf eine apokalyptische Endzeit zu bewegt und auf sie ausgerichtet ist. Aus der Notwendigkeit, die einmal geoffenbarten Wahrheiten zu bewahren, ergibt sich der Zwang zum *Glauben*, da sie sich dem Menschen nicht andauernd durch persönliche Erfahrung erschließen. In dieser Abkoppelung vom Ort, der im Auftrag mündet, sich die Erde Untertan zu machen, sieht Deloria die Wurzeln des Defizits christlicher Zivilisationen im Zusammenhang mit dem Verhältnis zur Natur. (Die begeisterte Aufnahme der dem Häuptling Seattle postum in den Mund gelegten Öko-Leviten durch christliche Kirchen und ihre Kritiker illustriert treffend Delorias Argument: „Fast ein fünftes Evangelium“ nannte ein anglikanischer Prälat die Rede, und fast zehn Jahre nach Deloria beschloß Eugen Drewermann seine Schuldzuweisung für die Umweltzerstörung an das Christentum mit eben diesem Text.)

Anders „die indianischen Religionen“: Sie beruhen, so Deloria, auf der engen Verbindung des Menschen mit dem Land, in dem das Übernatürliche sich täglich aufs Neue manifestiert. Diese Ortsgebundenheit äußert sich nicht nur im Vorhandensein einer sakralen Geographie und in der Verehrung heiliger Plätze, sondern auch in dem Verzicht auf Allgemeingültigkeit: Anderswo mußte man mit anderen Mächten umgehen, anderswo galt ein anderer Mythos. Immer wieder haben sich im Zuge des Kulturkontakts indigene

Zuhörer artig die biblische Schöpfungsgeschichte angehört und danach den weißen Erzählern ihren eigenen Ursprung erklärt: So mag es bei euch zugegangen sein, aber bei uns war es anders. Es war also kein Missionseifer vorhanden, wie unter ungestörten Bedingungen auch keine große Neigung zur Bekehrung zum Christentum.

Die Zeit, meint Deloria weiter, spiele in den nordamerikanischen Religionen eine nur untergeordnete Rolle. Tatsächlich lagen Ereignisse wie die Schöpfung zwar im Dunkel der mythischen Vergangenheit, waren aber vielfach so wenig wichtig, daß sie oft kein Thema der religiösen Überlieferung darstellten. Nicht die Kulturheroen, die nach der Schöpfung die Welt in ihren heutigen Zustand gebracht haben, wurden verehrt, sondern ihr lebendiges Erbe. Die Mythen sind Legitimation für die spezifischen Beziehungen zu übernatürlichen Mächten und keine Handlungsanweisungen für das Leben. Tabuverletzungen, die den Ärger der transzendenten Wesen erregten, wurden nicht später im Jenseits abgerechnet, sondern zogen unmittelbare Strafe nach sich.

Der von Deloria konstruierte Gegensatz ist vor allem als Kontrastmittel zwischen „Weltreligionen" und „anderen Religionen" nützlich und aufschlußreich. Aber er beruht auf einer Polarität zwischen Extremen, die in der Wirklichkeit in dieser reinen Form kaum eine Entsprechung finden. Auch die Weltreligionen kennen Ortsheiligkeit, wenngleich sie sich häufiger auf Orte historischer Setzung als solche natürlich vorgegebener Bedingungen bezieht. Und auch den „anderen Religionen" ist heilige Zeit nicht nur aus zyklischen Abläufen der Festkreise im Jahresrhythmus bekannt, ebensowenig wie ihnen in ihrer amorphen Gesamtheit Prophetismus und zukunftsorientiertes Verhalten im Zusammenhang mit dem Übernatürlichen prinzipiell fremd sind.

Aber Delorias Ziel war es eigentlich auch nicht, die Vielfalt indigener Religionstraditionen zu analysieren. Jenseits seiner Kritik am Christentum ging es ihm um die Feststellung eines indigenen Prioritätsanspruchs auf die Entwicklung einer zögernd auch von der Mehrheitsgesellschaft für notwendig erachteten Umweltethik – ein Beitrag zu den Grundwerten der modernen Gesellschaft durch eine diskriminierte Minderheit, der man in der Vergangenheit oft einen Mangel an zivilisierten Werthaltungen vorgeworfen hat. Als Hüter der „Mutter Erde“ (dazu später mehr) waren „die Indianer“ tatsächlich mit dem Beginn der ökologischen Bewegung in den sechziger Jahren erstmals zu Vorbildern einer neuen Umweltethik geworden, deren religiösen Ursprung selbst kritisch-ironische Bezeichnungen wie „Öko-Heilige“ andeuteten.

Darüber hinaus bot Delorias Charakterisierung der indianischen Religion über die Heiligkeit des Landes den Ansatzpunkt für eine Strategie indianischer Landrechtsforderungen unter dem Titel der freien Religionsausübung: War die Beziehung der Menschen zum Land von zentraler Bedeutung für ihre religiöse Praxis, so stellte die Enteignung indigenen Landbesitzes einen Eingriff in die Religionsfreiheit dar. Tatsächlich hatte bereits 1970 Präsident Nixon ungeachtet kritischer Bedenken des amerikanischen Senats dem Pueblo von Taos jene 194 Quadratkilometer des Gebiets um den Blue Lake in New Mexico zurückgegeben, die dem Pueblo 1906 entzogen worden waren, obwohl sich dort etliche für die Religionsausübung wichtige heilige Schreine befanden. Wenige Jahre nach Delorias Buch unterstrichen Mitglieder des militanten *American Indian Movements* ihre Forderung nach Rückgabe der „heiligen Black Hills“ in South Dakota durch eine Besetzungsaktion, in deren Rahmen ein „spirituelles Lager“ errichtet wurde (das sich nach seiner Räumung freilich als spontane Müllhalde entpuppte und damit die Diskrepanz zwischen Anspruch und Wirklichkeit illustrierte). Unter Berufung auf die Heiligkeit des Mount Graham in Arizona kämpft seit Jahren eine Koalition aus Western Apache und Umweltschützern gegen die Errichtung eines Radioteleskops auf diesem Berg (Hauptstreitgegner ist neben der Max-Planck-Gesellschaft passenderweise der Vatikan). Die Gerichte haben sich zwar bisher in höheren Instanzen dem Argument der Landheiligkeit als

Rechtstitel nicht angeschlossen, die große Zahl derartiger Rechtsfälle zeigt jedoch, daß Delorias Überlegungen mehr als nur theoretische Bedeutung besitzen.

In mancher Hinsicht entspricht die von Deloria vorgenommene Stilisierung der nordamerikanischen Religionen ihrer Charakterisierung als „kosmozentrisch" durch den schwedischen Religionswissenschaftler Åke Hultkrantz, wobei den Gegenpol hier das „anthropozentrische" Christentum darstellt. Wo die Welt im Mittelpunkt steht, weil das Übernatürliche in und nicht außerhalb von ihr existiert, steht der Mensch nur als gleichberechtigtes Wesen neben anderen, mit denen er einen Ausgleich suchen und finden muß, und nicht als ihr Beherrscher. Auch diese Generalisierung sagt letztlich mehr über das Unbehagen mit der eigenen Gesellschaft aus, als sie uns zu einem differenzierten Bild der indigenen Religionen Nordamerikas führt.

Für Hultkrantz (wie schon für Johann Georg Müller) stehen in Nordamerika zwei kosmologische (und religiöse) Grundmuster einander gegenüber: ein jägerisches (im Kern paläolithisches), das die ersten Amerikaner aus Sibirien mitbrachten, und ein bodenbauerisches, das sich im 1. Jt. n. Chr. von Mesoamerika aus nordwärts verbreitete. Das Jägerweltbild wäre demnach durch eine Dreischichtenwelt (Mittel-, Ober- und Unterwelt), einen diese Ebenen verbindenden Weltenpfahl und die Heiligkeit der vier Weltrichtungen charakterisiert. Die Kosmologie der Bodenbauer baue auf dieser „schamanistischen" Weltsicht auf, verfeinere aber ihren Symbolismus im Hinblick auf eine größere Komplexität der wirtschaftlichen Aufgaben (und damit des Rituals). Eigentlich offenbart sich hier kein großer Gegensatz, und bei näherer Betrachtung ist die beobachtete Vielfalt wohl auch nicht einfach als Durchmischung zweier Grundmuster zu erklären.

Einen anderen Ansatz zur Klassifikation der nordamerikanischen Vorstellungen vom Kosmos lieferte der 1997 verstorbene Ethnologe Alfonso Ortiz, selbst ein Tewa aus dem Pueblo von San Juan, der zwischen zentrifugalen und zentripetalen Weltbildern unterschied. Das Weltbild der bodenbautreibenden Pueblos etwa sei zentripetal, indem alles im Hinblick auf das Zentrum definiert würde. Das Pueblo selbst ist ein Sinnbild des Kosmos, an seinen heiligen Plätzen, die von Priesterschaften betreut werden, ist das Übernatürliche gewissermaßen domestiziert. Die Puebloleute, so Ortiz, legten ihre zeremoniellen Trockenmalereien durch Aufstreuen von buntem Sand, Maismehl und Pollen von außen nach innen an, während ihre „zentrifugalen" Navajo-Nachbarn die ihren von innen nach außen aufstreuten. Auch wenn diese Deutung der Unterschiede etwas überzogen erscheinen mag, so kann kein Zweifel bestehen, daß ausgeprägt seßhafte Gruppen wie die Pueblos stabilere Zentren bilden können, an denen das kollektive Ritual die Beziehungen zur Welt repräsentiert, als Jägervölker, deren Lebensweise ein ständiges Eindringen in die sie umgebende Welt erfordert.

Die Mistassini Cree der Subarktis von Quebec sind bis in die jüngste Vergangenheit eine solche Gruppe von Jägern geblieben. Im Gegensatz zu den notwendigerweise guten geographischen Kenntnissen der sie umgebenden Jagdgebiete sind ihre kosmographischen Vorstellungen sehr einfach. Für die Mistassini Cree hat die Erde die Gestalt eines Hügels, der auf dem Wasser schwimmt. Dieses Wissen wird übrigens von Personen bezeugt, die kurz vor dem Tod stehen und in diesem Zustand das ganze Universum überblikken können. Die Cree sehen sich im Mittelpunkt dieser Weltinsel, umgeben von dem geographisch bekannten, von Tieren bewohnten Raum, an dessen äußerstem Rand ebenso wie oberhalb und unterhalb der bewohnten Welt die übernatürlichen Wesen angesiedelt sind. Dazu zählen vier Brüder, die für die Winde und damit das Wetter verantwortlich sind, aber auch die Wolken, der Donner, die Jahreszeiten und das Baumherz (der Saft der Bäume). Die Unterwasserwesen werden durch Tabakopfer besänftigt, einen auf dem Hügel lebenden bösartigen Riesen versucht man zu vertreiben oder weicht ihm aus.

Der deutlich markierte Gegensatz zwischen dem Jagdlager und der Welt „draußen“ ist der zwischen menschlichen und übernatürlichen Personen, zwischen spiritueller Verunreinigung durch die Anwesenheit des Menschen und „heiliger“ Reinheit. Die Jagd ist eine der Gelegenheiten, bei der die Jäger erfolgreich mit der Welt „draußen“ in Kontakt treten. Kinder, die eben laufen gelernt haben, werden symbolisch mit dieser Welt vertraut gemacht: In einer eigenen Zeremonie wird das Kind aus dem Zelt geführt, geht über einen mit Zweigen ausgelegten Pfad zu einem kleinen, geschmückten Baum, bei dem die kleinen Jungen mit Spielzeugwaffen „ein Tier erlegen“, während die kleinen Mädchen mit einer Axt „Holz hacken“. Sie umkreisen den Baum ebenso im Uhrzeigersinn (also in der Richtung der Sonnenbewegung) wie nach Rückkehr in das Zelt das dort brennende Feuer. Sowohl das alleinstehende Bäumchen, als auch das Feuer (und sein Rauch) gelten wegen ihrer Vertikalität als Mittler zum Übernatürlichen; die angegebene Bewegungsrichtung beim Gehen wird bei den Cree immer dann benutzt, wenn man mit dem Übernatürlichen Kontakt aufnehmen will.

Die Cree haben zwar keine Tradition bezüglich der Erschaffung der Welt, wissen aber von einer Vorbevölkerung, über die aus dem westlichen Cree-Gebiet in Manitoba und Saskatchewan bereits seit dem 19. Jh. Berichte aufgezeichnet wurden. Dieses „alte Volk“ wird auch als die „Haarherzmenschen“ bezeichnet, weil ein haariges Herz Mangel an Menschlichkeit anzeigt. Sie waren übrigens (im Gegensatz zu den Cree) auch äußerlich stark behaart, technologisch rückständig, aggressiv und so dumm, daß sie ihren Feinden die eigenen Speere gaben, mit denen sie dann ausgerottet, bzw. an einen Rand der Welt vertrieben wurden. Als die bärtigen europäischen Pelzhändler bei den Cree einlangten, hielt man sie für die vom Weltrand zurückgekehrten Haarherzmenschen und erwies ihnen Respekt. Denn trotz der Verachtung der Cree für ihre primitiven Vorgänger empfanden sie dennoch eine Sehnsucht nach der alten Zeit, „als man dem Bison noch zu Fuß nachstellte und ihn mit dem Messer in der Hand tötete“. Eine zweite Gruppe von primitivistischen Wesen – behaarte Zwerge ohne Nasen – leben als scheue und unberechenbare Nachbarn der Cree im Wald, kleiden sich in Felle, sind medizinkundig und nehmen von den Menschen gerne Tabakopfer entgegen. Ihre Fremdartigkeit ist Wurzel und Ausdruck ihrer nicht-menschlichen Fähigkeiten. Auch sie repräsentieren die Vergangenheit, die mit dem heiligen, weil vom Menschen nicht verunreinigten Rand der Welt assoziiert wird.

Diese in Nordamerika relativ häufig anzutreffende Gleichsetzung von Raum und Zeit, von Rand und Alter, entspricht – einschließlich der Mischung aus Faszination und Ablehnung für das „Primitive“ – genau jener Gleichung, durch welche die „Indianer“ als „Randvölker“ von den Europäern zu leibhaftigen Vertretern der Urmenschen oder zu Zeitzeugen der Antike gemacht wurden. Der wesentliche Unterschied besteht wohl darin, daß die Weißen den „Indianern“ keine Tabakopfer darbrachten, sie also nicht für übernatürliche Wesen hielten.

Bei den südlichen sprachverwandten Nachbarn der Cree, den Ojibwa, bestanden ähnliche Vorstellungen vom Aufbau der Welt. Der deutsche Geograph Johann Georg Kohl hörte 1855 bei den südwestlichen Ojibwa von einem Visionserlebnis, das Agabégishik („das Ende der hervorstechenden Wolke“) als Kind gehabt hatte: In dieser Vision wurde das Kind durch ein übernatürliches Wesen aufwärts und ostwärts zu einem himmlischen Wigwam geführt, der wie auf dem Gipfel eines Berges stand. Von dieser luftigen Warte aus sah das Kind „tief, tief und weit, weit vor sich ausgebreitet“ die Erde, die nicht rund war, sondern „vier Zipfel“ hatte. Über sich sah Agabégishik aus nächster Nähe den Himmel, „eine entzückende Pracht und herrlich anzuschauen.“ Wie es jenseits der „blendend glänzenden Kuppel“ weiterging, durfte das Kind nicht erfahren. Andere Erzählungen, wie die von dem jungen Mann, der von der Mondfrau in den Himmel entführt wurde, beschreiben die Welt oberhalb der Kuppel als wunderbare Prärielandschaft, in welcher der Sonnenmann und seine Mondschwester ihre regelmäßigen Pfade beschritten.

Einig waren sich die Ojibwa auch darin, daß es eine ebenfalls von übernatürlichen Wesen bewohnte Unterwelt gab. Manche Berichte sprechen aber auch von einer Untergliederung von Ober- und Unterwelt in jeweils vier (oder gar sechs) Schichten. In einer Variante ist die Unterwelt eine spiegelbildliche Gegenwelt zu jener der Menschen, die von der Sonne erleuchtet wird, nachdem sie am Abend unter den Horizont sinkt; eine andere Anschauung sieht die Unterwelt in ewiger Dunkelheit und die Himmelswelt in ewigem Licht. Es scheint, als spiegle die Hierarchie der Weltebenen die fortgeschrittene Systematisierung des Weltbilds durch die Mitglieder der Medizingesellschaft. Ein solcher Geheimbund, dessen Mitglieder selbst in vier Graden zunehmend esoterischen Wissens organisiert waren, war den Cree unbekannt.

Bei den ebenfalls algonquinsprachigen Cheyenne, die bis zum späten 17. Jh. als Bodenbauer im westlichen Seengebiet lebten, bevor sie nach Westen abwanderten und im Laufe der Zeit den Bodenbau gänzlich zugunsten der Bisonjagd aufgaben, findet sich das geschichtete Bild von der Welt in weiter veränderter Form. Auch für die Cheyenne ist die Welt der Menschen eine von den vier Himmelsrichtungen gegliederte Mittelwelt, die über der weiblich gedachten Unterwelt ruht. Diese Unterwelt umschließt Höhlen, in denen (wie bei den Ojibwa) die Seelen der Tiere leben und aus denen die Tiere in die Mittelwelt geboren werden. Die obere Grenze der Atmosphäre bildet der Nahe Himmelsraum, von wo aus den Wolken Regen, Blitze und Donner zur Erde dringen. Die Obere Welt liegt über den Wolken und unter dem Blauen Himmelsraum, dem Aufenthaltsort des männlichen Schöpfergottes und der Gestirne. Die vertikale Achse der Welt wird mithin vom Gegensatz zwischen weiblicher Materialität und männlicher Spiritualität bestimmt, wobei die einzelnen Schichten das unterschiedliche Mischungsverhältnis der beiden Eigenschaften repräsentieren. Der Schöpfungsmythos und die durch ihn erklärte Ordnung der Welt wird in jährlichen Zeremonien den Menschen durch Mitglieder des Priesterbunds gegenwärtig gemacht, dem die Organisation der Rituale obliegt.

Auch die eskimoischen Völker der Arktis stellen sich die Welt aus drei übereinander angeordneten Ebenen vor, auch wenn in Einzelheiten große Unterschiede in den Anschauungen bestehen. Für die Inuit in Westgrönland ruht die Mittelwelt aus Erde und Meer auf Pfeilern und bedeckt die Unterwelt, die über das Meer und durch Felsspalten zugänglich ist. Die Unterwelt ist warm und reich an Nahrung, während die unter dem blauen Himmelsgewölbe liegende Oberwelt kalt und karg ist; sie ist als Gipfel eines Bergs im Norden, um den sich der Himmel dreht, mit der Mittelwelt verbunden. Die ausführlichsten Nachrichten über diese anderen Welten stammen von Schamanen, die diese Plätze regelmäßig besuchen. Aber es gibt auch Erzählungen von Kajakfahrern, die weit draußen auf dem Meer an den Ort gekommen sind, wo das Himmelsgewölbe auf der Erde aufruht. Bei den Copper-Inuit des nordwestlichen Kanada hingegen ruht der Himmel auf Holzpfeiler gestützt über der Erde und eine reich mit Karibus bestückte Welt breitet sich an seiner Oberseite aus.

Die Himmelsrichtungen spielen in den Vorstellungen von der Welt für die Eskimo eine ebenso geringe Rolle wie für die Völker der pazifischen Nordwestküste. Bei den Tlingit in Alaska fehlen offenbar Bezeichnungen für die Himmelsrichtungen und zur Orientierung unterscheidet man nur zwischen „landeinwärts“ und „meerwärts“. In ihrem wenig systematisierten Bild von der Welt wird die flache Erde, die vielleicht im Wasser schwimmt, von einer Bambusstange gestützt, die von einer alten Frau bewacht wird und deren gelegentliche Bewegung Erdbeben verursacht. Am Horizont ruht der kuppelförmige Himmel auf dem Wasser auf; hier gibt es auch das Wolkenloch, durch das einst die Russen von jenseits der Wolken gekommen sind. „Jenseits der Wolken“, das ist die Welt an der Außenseite des Himmels, die unserer Welt ähnlich ist und über die widersprüchliche Meinungen vorherrschen. Manche Tlingit meinen, daß es zwei oder drei Schichten des Himmels gibt, die als Aufenthaltsorte unterschiedlicher Klassen von Verstorbenen dienen. Außer der alten Frau scheint niemand den Ort unter der Erde zu bewohnen.

Auch die Nootka auf Vancouver Island zeigen wenig Interesse an Spekulationen über andere Welten oder gar die Wesen, die dort vielleicht leben. Verschiedene Seesäuger und Fische besitzen Häuser unter Wasser, die Wälder sind voller mächtiger, teils monströser und meist gefährlicher Wesen (selbst die Seelen der Bäume sind bösartig), und hoch in den Bergen findet man Donnervögel und die begehrten übernatürlichen Bergkristalle. Zwar gibt es die „vier Häuptlinge“, zu denen man betet, aber an Stelle einer Zuständigkeit für Himmelsrichtungen oder Weltschichten repräsentieren sie eine Kombination dieser üblichen Ordnungen: Oben, Horizont, Land und Unterwasser.

Bei den Kwakiutl, den nördlichen Nachbarn der Nootka, erscheint dasselbe Konzept der Welt in etwas klarerer, wenngleich auch nicht widerspruchsfreier Form. Fünf miteinander verbundene Zonen werden unterschieden, die als Quelle übernatürlicher Gaben für den Menschen dienen: die Erde, die Oberwelt, die Welt jenseits des Meeres (Horizont), die Unterwasserwelt und die Untererdwelt. Zur Oberwelt stellt zwar auch die rote Zeder eine symbolische vertikale Verbindung dar, der übliche Zugang erfolgt aber durch den Mund des Himmels, zu dem man im Meer unter einen in den Himmel reichenden Berg tauchen muß. Auch über die Welt jenseits des Meeres mit ihrem Himmelspfahl kann man wohl in die Oberwelt gelangen; sie wird von denselben Wesen beherrscht wie die Unterwasserwelt. Die Untererdwelt schließlich zeigt sich als Totenreich (das die Nootka nicht kannten) wie ein Spiegelbild der Erde: Tag und Nacht sind vertauscht. Innerhalb der Erdwelt unterscheiden die Kwakiutl die von ihnen besiedelten Küsten von den bewaldeten Bergen des Landesinneren, die von Tieren und Mischwesen mit magischen Kräften bewohnt werden.

Das Fehlen von Himmelsrichtungen, das am besten mit der starken Orientierung zum Meer hin erklärbar ist, bleibt an der Westküste bis Nordkalifornien typisch, wo man bei den Yurok ein Weltbild findet, das in seiner Grundstruktur dem der Kwakiutl zur Gänze gleicht.

Auch die Bevölkerungen im Großen Becken, weit entfernt von jedem Meer, sehen die Erde als Fläche, die im Osten und Westen von Meeren und Klippen umgeben ist. Die Frage des Ethnographen, was denn im Norden und Süden die Begrenzung sei, lehnten die Paiute im späten 19. Jh. als unsinnig ab: es gäbe nur zwei Grenzen, „die Alten haben uns nie etwas [von anderen Grenzen] erzählt". Jenseits der Weltenden öffnet sich ein Abgrund, in den Unvorsichtige fallen können. Hier ruhen auch die Unterkanten der Nacht auf, die sich über der Erde wölbt. Was uns als Himmel erscheint, ist für die Paiute das Gesicht der Nacht.

In weiten Teilen Kaliforniens trifft man wieder auf horizontal geschichtete scheibenförmige Welten, meist drei, manchmal fünf mit der Erdenwelt in der Mitte, und auch die Vierteilung der Erde durch die Himmelsrichtungen ist vorhanden und von großer zeremonieller Bedeutung. Bei den südkalifornischen Chumash wird der Gegensatz zwischen der von einem riesigen Adler getragenen Oberwelt und der Unterwelt mit dem Gegensatz von Gut und Böse gleichgesetzt. Die Wesen der Unterwelt waren nicht nur mächtig und dem Menschen gefährlich, sie waren auch ausnehmend häßlich; die in der Oberwelt beheimateten Gestirne stellten eine wesentliche Quelle spiritueller Kräfte für die religiösen Spezialisten der Chumash dar. Eine der Aufgaben dieser Spezialisten war es, die Kräfte des Universums am rituellen Zentrum, dem Schnittpunkt der Weltrichtungsachsen, im Gleichgewicht zu halten, insbesondere zu den Zeiten der Sonnenwende oder bei Sonnen- oder Mondfinsternissen. Sie verfügten über umfangreiche astronomische Kenntnisse, die sich unter anderem in Trockenmalereien niederschlugen, die man – wären die Gestirne nicht übernatürliche Wesen – profan als Sternkarten bezeichnen könnte.

Ein markantes asymmetrisches Element erscheint im ansonsten symmetrischen Weltbild der Pueblovölker des nordamerikanischen Südwestens, das auch von ihren Navajo-Nachbarn in modifizierter Form übernommen wurde. Die flache Erde ist quadratisch, wobei die Ecken in den Zwischenhimmelsrichtungen (Nordosten, Südosten, Südwesten, Nordwesten) liegen, die als Auf- und Untergangspunkte der Sonne zur Sommer- und Wintersonnenwende wichtiger sind als die Himmelsrichtungen selbst. Über der Erde wölbt sich die harte Himmelskuppel, über der manchmal weitere Welten gedacht werden: Für die Zuni gibt es z. B. ebenso vier Ober- wie Unterwelten. Übernatürliche Wesen haben ihre Häuser in den Himmels- und Zwischenhimmelsrichtungen, aber auch in der Ober- und Unterwelt. Das asymmetrische Element rührt daher, daß die Mittelwelt lediglich das gegenwärtige Endstadium einer mythischen Entwicklung darstellt, in deren Verlauf die Vorfahren der Puebloleute gemeinsam mit den meisten übernatürlichen Wesen schrittweise von der untersten in die gegenwärtige Mittelwelt aufgestiegen sind. Kosmischer Raum wird also mit mythischer Abfolge gleichgesetzt. In der gegenwärtigen Welt findet sich das Übernatürliche an den Rändern des Kosmos, wird aber von den Menschen im Zentrum im Rahmen der Rituale repräsentiert.

Die Welt der Navajo ist ähnlich konstruiert. Die vier gewölbten Unterwelten (jede größer als die vorhergehende), die Mittelwelt und der Himmel werden an den Ecken von Pfeilern aus Schmuckmaterial (verschiedene Muschelschalen, Türkis, roter Stein) getragen. Eine Mittelachse wird durch den Halm gebildet, auf dem die Menschen in die gegenwärtige Welt aufgestiegen sind. Nur zwei Oberwelten, ähnlich der Erde, werden von den mächtigen übernatürlichen Gestirnen, Winden und Wettererscheinungen bewohnt;

mythischen Helden gelang es einst, in den Himmel aufzusteigen, Menschen scheint dies – wenigstens gegenwärtig – nicht möglich zu sein. Ob in der Zukunft ein kollektiver Aufstieg in die nächsthöhere Welt angesagt ist, ist bei den Navajo umstritten. Der stufenweise Aufstieg aus den Unterwelten stellt insofern einen Entwicklungsprozess dar, als mit den Erfahrungen in jeder der Welten eine langsame Einführung von Kultur und gesellschaftlichen Institutionen unter Anleitung übernatürlicher Wesen verbunden war. Für die Navajo war der Aufstieg aus der unterirdischen Vergangenheit ein Prozeß des Erwerbs und der Erweiterung von Wissen. Wie in den Pueblos sind die Weltrichtungen, zu denen neben Osten, Süden, Westen und Norden auch Oben und Unten (und manchmal die Mitte) zählen, mit Farben, Tieren und anderen Naturerscheinungen assoziiert.

Eine derartige Assoziation findet sich auch bei den seßhaften Pawnee der zentralen Graslandschaften Nordamerikas, allerdings im Zusammenhang mit einer gänzlich anderen Konzeption der Welt, die man sich ähnlich wie eines der runden, mit Erde gedeckten Häuser vorstellt, die man selbst bewohnt. Der Himmel wölbt sich über der durch die Weltrichtungen gegliederten Erde und wird an seinen Ecken von vier Sternen getragen; die Gestirne bilden gemeinsam mit einem Himmelsgott die Welt des Übernatürlichen. Die männlichen Wesen des östlichen Himmels stehen den weiblichen des westlichen gegenüber, aber während der Himmel insgesamt als männlich betrachtet wird, ist die Zuordnung der Erde zu einem weiblichen Prinzip nicht ausgeprägt. Die Mächte des himmlischen Erddachs schützen die Pawnee vor den Gefahren, die außerhalb lauern. Von einer Unterwelt wird nichts berichtet.

Eine gewisse Bevorzugung des Himmels findet sich auch in den vielfach nur unzureichend bekannten Weltbildern des südöstlichen Nordamerika. Die runde (seltener rechteckige) Erde schwimmt auf dem Wasser und ist manchmal durch vier Schnüre an der harten Himmelssphäre befestigt. Unter der Erde befindet sich eine Unterwelt, die weitgehend als

Umkehrung der zuletzt entstandenen irdischen Welt und als Gegensatz zur Himmelswelt gesehen wird. Sie ist von Ungeheuern bevölkert und verkörpert Unordnung und Veränderung, während die Himmelswelt mit ihren mächtigen Bewohnern, allen voran Sonne, Mond und Donner, aber auch überdimensionierte Ausgaben der irdischen Tiere, die vorhersehbare Ordnung repräsentiert. Ein ähnlicher Gegensatz bestand zwischen den Weltrichtungen, bei denen der rote Osten als Region des Lebens dem schwarzen Westen als Region des Todes ebenso gegenüber stand wie der weiße Süden (Weisheit und Solidarität) dem blauen Norden (Streit und Hexerei).

Dieser kurze und notwendigerweise kursorische Überblick macht deutlich, daß es zwar verbindende Elemente zwischen den indigenen Vorstellungen vom Kosmos, aber weder durchgehende Gemeinsamkeiten, noch einfache Gegensätze zwischen jägerischen und pflanzerischen Weltbildern gibt. Eine horizontale Schichtung der Sphären ist keine sehr ausgefallene Idee, weil sie einer universellen Erfahrung der Welt entspricht; ihre kulturspezifische Ausgestaltung ist hingegen äußerst vielfältig. Die Himmelsrichtungen als Ordnungsprinzip kommen keineswegs überall vor; sie fehlen nicht nur an der durch Berge abgeschirmten schmalen Nordwestküste, sondern auch in der offenen arktischen Tundra und im Großen Becken. Die Zuordnung von Farben und Weltrichtungen ist weitgehend auf die Gebiete mit Bodenbau und ihre unmittelbare Nachbarschaft beschränkt; dabei ist bei der Zuordnung spezifischer Farben keinerlei Einheitlichkeit erkennbar, ja sie variiert häufig sogar je nach zeremoniellem Anlaß innerhalb einer Kultur.

Raum-Zeit-Gleichsetzungen treten oft und in Gesellschaften ganz unterschiedlicher Komplexität und in recht unterschiedlicher Form auf. Man findet sie bei den in kleinen Jägergruppen lebenden Cree ebenso wie bei den Bewässerungsfeldbauern in den Pueblos. Die weit zurückliegende Zeit und ihre Vertreter überdauern an entlegenen Orten, sei es in der untersten Welt, sei es am Weltrand.

Räumliche (und zeitliche) Entfernung und übernatürliche Wesen stehen ebenfalls in einem engen Verhältnis zueinander. Die Wesen der Zeiten des Anfangs haben sich mehr oder weniger weit vom Menschen zurückgezogen, aber auch das Fremde steht (ohne notwendigen mythischen Bezug) immer im Verdacht, unkontrollierbare Kräfte zu besitzen. Aber die jägerischen Cree ebenso wie die bodenbautreibenden Pawnee, die fischenden und sammelnden Chumash, die Puebloleute oder die Navajo repräsentieren die Welt und ihre übernatürlichen Mächte auch in dem Zentrum, in dem sie selbst zu leben meinen. Zwischen zentrifugalen und zentripetalen Welbildern bestehen in Nordamerika nur graduelle Unterschiede.

Die Meinung, „Indianer" lebten versunken in einer mythischen Welt ohne lineare Zeit, ist in dieser krassen Form ein beliebtes Stereotyp, das zum Teil von indigenen Bevölkerungen selbst gepflegt wird. „Indian time" ist heute eine verbreitete Erklärung für Unpünktlichkeit, mit der man seine Verweigerung der Werte der modernen Industriegesellschaft demonstriert. Auch hat die Vergangenheit der „Tradition" in der Tat keinen historischen Charakter und soll lediglich das durch sie legitimierte überzeitliche Wissen gegen Zweifel an der Verbindlichkeit von Anschauungen und Praktiken schützen. Im Gegensatz zu Delorias Anschauung hat auch die biblische, bzw. die Heilsgeschichte in erster Linie diese Funktion und unterscheidet sich von den indigenen Traditionen in erster Linie durch ihre Verschriftlichung.

Das heißt aber keineswegs, daß es im indigenen Nordamerika keine linearen Zeitvorstellungen gegeben hätte. Besondere Wirkung auf die populäre Verbreitung dieser These hatten die Schriften des amerikanischen Versicherungsmathematikers und Teilzeitlinguisten Benjamin Lee Whorf, der die „Zeitlosigkeit" der Hopi auf das Fehlen verbaler Tempuskategorien in ihrer Sprache zurückführte. Da sie also keine Vergangenheitsform bilden könnten, wären in der Vorstellung der Hopi alle Ereignisse gewissermaßen gleichzeitig. Eine umfangreiche Studie des deutschen Sprachwissenschaftlers Ekkehart Malotki konnte hingegen belegen, daß der Mangel an bestimmten Verbalformen die Hopi keineswegs daran hindert, die zeitliche Abfolge von Handlungen nicht nur als solche zu begreifen, sondern dies auch sprachlich ausdrücken zu können. Vergleichbares gilt für andere indigene Sprachen Nordamerikas.

Ebenso fragwürdig ist die (auf Emile Durkheim zurückgehende) Vermutung einer Trennung von profaner und sakraler Zeit, wobei erstere dem individuellen Nahrungserwerb, letztere der kollektiven Beschwörung mythischer Gemeinsamkeit gewidmet sei. Eine solche Unterscheidung ist eng mit der für ausgeprägt arbeitsteilige Gesellschaften typischen Abtrennung einzelner Lebensbereiche voneinander verbunden, während für viele nordamerikanische (und andere nicht-städtische) Kulturen gerade die enge Verbindung von Alltag und Auseinandersetzung mit dem Übernatürlichen eigentümlich ist. Für die Erfahrung von Zeit (und Raum) gilt, daß das Übernatürliche nicht in enge Bereiche ausgegrenzt wird, auch wenn es nicht immer und überall in gleicher Intensität erfahren wird. Für den Jäger, von dessen Jagderfolg das eigene Überleben und das seiner Gruppe abhängt, ist die wirtschaftliche Tätigkeit untrennbar verbunden mit religiösen Erfahrungen und Handlungen. „Wir jagen und beten", sagten im 18. Jh. indigene Männer in South Carolina einem englischen Missionar zur Erklärung, warum sie es nicht notwendig hätten, in seine Kirche zu kommen. Das Ausmaß der Hervorhebung der Heiligkeit von Zeiten, Orten oder Personen ist ein Merkmal, das religiöse Kulturen voneinander unterscheidet.

Die häufig anzutreffende Behauptung, lineare bzw. zyklische Zeitvorstellungen seien charakteristisch für den Unterschied zwischen indigenem und westlichem Verständnis von Zeit, ist in dieser Form nicht haltbar. Ein amerikanischer Forscher hat darauf hingewiesen, daß das Wort für Minute in der Sprache der irokesischen Seneca von der Bezeichung für die (linear angeordneten) Kerben eines Kerbstocks abgeleitet ist, während die Euroamerikaner als Repräsentanten einer „linearen“ Zeitauffassung wenigstens in vor-digitalen Zeiten Uhren mit zyklischem Lauf der Zeiger bevorzugten. Tatsächlich sind die wiederkehrenden natürlichen Zeitmarken von Tag und Nacht, Mondphasen und Jahreszeiten ebenso tief in europäischen Zeitvorstellungen und -empfindungen verankert, wie sich lineare Elemente in indigenen Zeitmodellen finden. Sicher haben Schriftlichkeit, Urbanisierung und Industrialisierung lineare Konzepte gefördert und zyklische etwas geschwächt, ein echter Gegensatz läßt sich daraus aber nicht konstruieren.

Bei verschiedenen nordamerikanischen Völkern, darunter den Papago des Südwestens oder den Lakota und anderen Plainsvölkern führte man chronographische Aufzeichnungen über die Abfolge von Jahren („Kalenderstäbe“ bzw. „Winterzählungen“). Die Tatsache, daß das Führen solcher „Annalen“ gelegentlich Aufgabe religiöser Spezialisten war, zeigt, daß nicht nur die zyklisch wiederkehrende Zeit und ihre Kontrolle etwa im Zusammenhang mit Bodenbauriten von religiösem Belang war. Sie illustriert auch die Breite des Spezialistenwissens und die (auch für andere Inhalte angewandten) Methoden seiner Bewahrung. Ebenso wie die Linearität des Aufstiegs aus unteren Welten in den kosmologischen Vorstellungen des amerikanischen Südwestens sind die genannten Aufzeichnungen freilich nur Beispiele linearer Zeitkonzepte, die in manchen Kulturen und in unterschiedlicher Stärke neben den insgesamt sicher häufigeren zyklischen Konzepten bestanden oder mit ihnen verbunden waren. Daß der Kosmos in seiner jeweils kulturspezifischen Form als Ganzes im Mittelpunkt religiöser Vorstellungen und Praktiken steht, ist ebenso wenig zu leugnen wie der Vorrang des Raums vor der (mit ihm verschachtelten) Zeit. Die besondere Art der Beziehungen zwischen Menschen und anderen (natürlichen und übernatürlichen) Wesen, über die gleich noch zu sprechen sein wird, erklärt aber diese lokalen Bindungen besser als die Annahme einer allgemeinen Landheiligkeit.

Eine nähere Betrachtung zeigt auch, daß man zwischen Vorstellungen von der Allgegenwart des Übernatürlichen in der Welt und seiner besonderen Manifestation an bestimmten Orten unterscheiden muß. Ortsheiligkeit kann nicht diffus sein, wie die oft zitierte Passage aus der erdachten Seattle-Rede unterstellt („diese Erde ist uns heilig"), sondern bezeichnet immer klar bestimmte Plätze, an denen das Übernatürliche seine Gegenwart anzeigt. Oft sind es die äußeren Markierungen des Lebensraums, die gerade deshalb als Wohnstätten dieser Wesen gelten, weil sie vom Menschen nicht wirtschaftlich genutzt werden. Die „heiligen Berge" der Pueblovölker, der Navajo oder der Apachen sind Beispiele für diesen Fall. Anderswo gelten Berggipfel auch wegen ihrer Nähe zur oberen Welt als „heilig". Als im späten 17. Jh. der deutsche Reisende Johann Lederer in Virginia die damals noch kaum betreten Blue Ridge Mountains erklomm, rief – oben angekommen – der ihn als Führer begleitende Chickahominy: „Okéepæze! – Gott ist nah!"

Immer wieder sind es abgelegene Bergkuppen, Waldungen oder Höhlen, in denen man die Anwesenheit des Übernatürlichen besonders intensiv empfindet. Oft galten ungewöhnlich geformte Felsen an Fluß- oder Seeufern oder erratische Steinblöcke im Wald als Sitz übernatürlicher Wesen, die von Vorübergehenden mit Tabak oder anderen Gaben beopfert wurden. Aber es gab auch vom Menschen in die Natur gesetzte Schreine zur Erinnerung an mythischhistorische Ereignisse, die in ähnlicher Weise behandelt wurden. Die Pima in der Gila-Wüste des südlichen Arizona opfern Muschelperlen, Stoffstücke und Zweige einer Medizinalpflanze an einem Lavafelsen, der bereits in prähistorischer Zeit mit einer Piktographie verziert wurde, und an einer Erdzeichnung, die den Umriß des mythischen Monsters Hâ-âk zeigt, das hier einst geschlafen haben soll.

Von den Dorfgemeinschaften der Pueblos werden zu festgelegten Zeiten regelrechte Pilgerzüge zu heiligen Stätten unternommen. Meist sind es Würdenträger, die im Dienst ihrer Gemeinschaft in Trockenperioden zu den Wohnorten oder Schreinen der regenspendenden Kachinas pilgern. Das bereits erwähnte Blue Lake-Gebiet von Taos enthält zahlreiche Schreine für Kachinas und Verstorbene, an denen Individuen zu festgelegten Zeiten Opfer darbringen müssen.

Eine Untersuchung heiliger Stätten der Navajo hat gezeigt, daß häufig Plätze in der Nähe des Wohnorts einer Familie als symbolische Bezugspunkte zum Mythos der Navajo und zur Stammesidentität definiert werden. So beschrieb ein Navajo eine Stelle an seinem ehemaligen Wohnplatz, von dem er im Zuge eines Landrechtskonflikts mit den Hopi abgesiedelt wurde, als besonders heiligen Ort, an dem die Göttin Whiteshell Woman auf ihrem letzten Weg zwischen dem Ort des Aufstiegs aus der Unterwelt und ihrem endgültigen Wohnsitz am westlichen Ozean gepicknickt hätte; sie habe blaues Maisbrot gegessen und die herunterfallenden Krumen hätten sich in Türkis verwandelt; sie habe ihren Grabstock in die Erde gestoßen und eine Quelle sei daraufhin dort entstanden. Identische oder ähnliche Geschichten werden von anderen Navajos an anderen Orten erzählt. Sie stellen eine spirituelle Sinnbildung im Hinblick auf das Land dar, in das sie im konkreten Fall erst vor wenigen Generationen eingewandert sind. Es ist naheliegend, diese Form der Ortsheiligkeit, die sich aus der lokalen Zuschreibung mythischer Ereignisse ableitet, auch eher als historisierende Setzung zu betrachten, als sie mit der immanenten Heiligkeit der Natur zu erklären.

Für das populäre Bild von „indianischer Religion“ und ihrer spirituellen Bindung an das Land steht die Vorstellung von „Mutter Erde“, die wenigstens heute auch von vielen Indianern selbst als zentraler Bestandteil ihrer Überlieferung angesehen wird. Wenn man der gängigen religionswissenschaftlichen Literatur vertrauen darf, so ist Mutter Erde eine beinahe universell verehrte Gottheit, die vor allem von bodenbautreibenden Völkern als Urquell der Fruchtbarkeit betrachtet wird und in agrarischen Kulturen den männlichen Kräften des Himmels gegenübersteht. Forscher wie Åke Hultkrantz meinen darüber hinaus deutliche Anzeichen für die Verehrung der Erdmutter bereits für die späte Eiszeit, also vor rund 25.000 Jahren nachweisen zu können. Dies würde bedeuten, daß diese Vorstellung bereits mit den ersten Einwanderern nach Amerika gelangt ist.

Gemessen an der ausgeprägten Vielgestaltigkeit der Kulturen des eingeborenen Nordamerika mag es allerdings verwundern, daß ein und dieselbe Gestalt im Grunde unverändert bei Jägern, Fischern und Bodenbauern erscheint, obwohl doch das Verhältnis zur Erde je nach Wirtschaftsform durchaus unterschiedlich ist (ebenso wie die Stellung der Frau in den verschiedenen Gesellschaften keineswegs identisch ist). Tatsächlich gibt es hinsichtlich der Zahl und Bedeutung übernatürlicher weiblicher Wesen in Nordamerika erhebliche Unterschiede. Sicher ist Mutterschaft auch hier ein Universal, doch weder hinsichtlich der sozialen Einbettung dieser biologischen Tatsache, noch ihrer ideologischen Verarbeitung bietet sich ein einheitliches Bild.

Der amerikanische Religionswissenschaftler Sam Gill hat in seinem Buch *Mother Earth – An American Story* (1987) die Quellen zum Vorkommen von Mutter Erde überprüft und dabei festgestellt, daß die frühesten (und noch dazu spärlichen und in vieler Hinsicht zweifelhaften) Belege aus dem 19. Jh. stammen. Als älteste Fundstelle gilt eine Rede des Shawnee Tecumseh, der vor seinem Tod im Jahr 1812 eine panindianische Allianz gegen die weißen Amerikaner zu bilden versuchte: „Die Erde ist meine Mutter, und an ihrem Busen will ich ruhen" lautet das überlieferte Zitat. Selbst wenn Tecumseh sich in dieser Form seinen amerikanischen Kontrahenten gegenüber geäußert haben sollte, bestehen berechtigte Zweifel am hohen Alter der damit verbundenen Denkweise. In vielen seiner Äußerungen bezieht sich Tecumseh auf die Reformideen seines prophetischen Bruders Tenskwatawa, der von seinen Anhängern im Rahmen der angestrebten kulturellen Erneuerung neben der Abkehr vom Alkoholgebrauch auch die Einehe als verbindliche Eheform, die Tötung aller Hunde, ein Verbot der Hexerei, den Verzicht auf die Güter des weißen Mannes und „die Anbetung der Erde" forderte. Gill kann wenigstens in groben Zügen glaubhaft machen, daß alle Belege für Mutter Erde aus dem 19. Jh. so wie die Tecumseh zugeschriebene Sentenz nicht auf eine persönliche Erdgottheit Bezug nehmen, sondern rein metaphorisch zu verstehen sind (ähnlich der Phrase vom „großen weißen Vater" für den amerikanischen Präsidenten). Ferner fielen alle entsprechenden Äußerungen im Zusammenhang mit den vorherrschenden Konflikten zwischen den Uramerikanern und den Weißen um Landrechte, in denen sich die eingeborene Seite in emotioneller Form den militärisch überlegenen Amerikanern verständlich zu machen versuchte.

Gill kann zeigen, daß die Entwicklung der Idee einer indianischen Mutter Erde gleichzeitig auf zwei verschiedenen Ebenen verlief: auf jener der Wissenschaft, die eine Universalität dieses Konzepts behauptet und zu belegen versucht; und auf jener der indigenen Völker, die – teilweise inspiriert von dem freundlichen Interesse der Weißen – neue Vorstellungen entwickeln, wobei im Hintergrund natürlich ältere Ideen stehen. (Es wäre töricht zu behaupten, nirgendwo in Nordamerika hätte es Fruchtbarkeitsgöttinnen gegeben.)

Auf indianischer Seite trug der populäre Dakota-Schriftsteller und Arzt Charles Eastman (Enkel eines amerikanischen Offiziers) im frühen 20. Jh. viel zur Artikulation und Verbreitung der Idee einer personalisierten Erdmutter bei, die in jüngerer Zeit zum festen Bestandteil der panindianischen Vorstellungswelt geworden ist. Dort stellt sie heute eine unzweifelhafte Realität dar, und dies erklärt auch den Ingrimm, mit dem Gill von Sprechern der modernen Indianerbewegung für seine Behauptung eines neuzeitlichen Ursprungs der Erdgöttin gescholten wurde.

Im Bereich der Wissenschaft gilt der englische Ahnvater der Ethnologie Edward Tylor als Urheber der Behauptung, „die Idee der Erde als Mutter [sei] einfacher und offensichtlicher, und aus diesem Grund zweifellos häufiger in der Welt, als die Idee des Himmels als Vater. Unter den eingeborenen Rassen Amerikas ist die Erdmutter eine der großen

Figuren der Mythologie." Als Belege führt der Autor das erwähnte Tecumseh-Zitat und zwei andere unklare oder mehrdeutige Textstellen an. In rascher Folge wurde diese Behauptung von anderen europäischen und amerikanischen Forschern übernommen, die amerikanische Erdmutter mit der griechischen Demeter gleichgesetzt und die physische Identität von Erde und Erdmuttergöttin herausgearbeitet. Tecumsehs Worte und verwandte Belege blieben die einzigen Quellen. Im 20. Jh. wurde das Bild vor allem durch fortgesetzte Inspiration aus altgriechischem Material weiter vertieft. In Hartley Burr Alexanders *Mythology of All Races* (1916) erscheint die amerikanische Erdmutter bereits als „allwissend, ... die universelle Führerin in allen Lebenslagen ... und zuvorderst die universale Mutter ... Diese Konzeption war nicht auf einen Teil des Kontinents beschränkt, sondern war allgemein".

Es ist klar, daß auch Åke Hultkrantz, der eine Sammlung heterogener weiblicher Numina (von der Eskimo-Tierherrin Sedna bis zur Jungfrau Maria von Guadelupe des kolonialspanischen Mexiko) zu einer wenig überzeugenden amerikanischen Muttergöttin verbindet, Gills These mit ebensolcher Heftigkeit widersprach, wie die zeitgenössischen Indianer. Trotz allen Widerspruchs bleibt jedoch Gills Argument in seinen wesentlichen Teilen überzeugend.

Insbesondere für nicht-bodenbautreibende Gruppen muß die Vorstellung einer weiblichen Erdgottheit als weitgehend unbelegt gelten. Selbst dort, wo – wie bei den Cheyenne – die Erde als weiblich angesehen wird, ist sie nicht unbedingt eine Gottheit; die Cheyenne betonen sogar ihren materiellen Charakter im Gegensatz zur spirituellen Natur des Himmels. Bei den bodenbautreibenden Irokesen ist die Erde zwar ein spirituelles Wesen und wird als Mutter angesprochen, aber sie verfügt über keinen eigenen Willen und daher ein wichtiges Attribut als handlungsfähige Person. Hultkrantz' eigene Forschungen bei den Wind River Shoshone, einer aus dem Großen Becken auf die Plains abgewanderten und dabei stark veränderten Gruppe, dokumentieren den rezenten Glauben an den Schöpfer Tam Apö („Unser Vater“) und an die Mutter Erde Tam Mbia („Unsere Mutter“). Tam Apö stellt nach Hultkrantz eine junge Übernahme aus den Religionen der Plainsvölker im Zusammenhang mit dem Sonnentanz dar; Tam Mbia gilt ihm als alte Vorstellung. Der amerikanische Ethnologe Robert Lowie, der 1924 eine Monographie über die Shoshone veröffentlichte, erfuhr damals weder etwas vom männlichen Schöpfergott, noch von der weiblichen Erdgöttin. Alles spricht auch bei ihr für ein junges Alter.

Die indigene Konstruktion der Erdmutter im Zusammenhang mit Landkonflikten des 19. Jh. schließt den Kreis zu Vine Deloria. Damals wie heute steht der dramatisch geschrumpfte Landbesitz der indigenen Völker und seine fortdauernde Bedrohung im Mittelpunkt; damals wie heute ist die Heiligkeit des Lands ein politisches Argument gegen die kapitalistische Anschauung von Land als Ware.

Mensch und Natur

Wichtiger bei der Beurteilung des Verhältnissen von Mensch und Natur als kosmologische Konzepte sind allerdings ontologische Vorstellungen. Im „anthropozentrischen“ Weltbild wird dem Menschen gegenüber Tieren, Pflanzen und Naturerscheinungen eine Vorzugsstellung eingeräumt, die in seiner Beseeltheit und Vernunftbegabtheit begründet ist. Wenn Anhänger von „Naturreligionen“ (wie etwa die eingeborenen Nordamerikaner) auch heute noch seitens der gebildeten Öffentlichkeit als „Animisten“ bezeichnet werden, so ist eine derartige Behauptung freilich in erster Linie weniger ein Ausdruck der Erkenntnis eines anderen Naturverständnisses als ein Beleg für das Schneckentempo, mit dem Einsichten aus randständigen Wissenschaften (wie der Ethnologie) von der gebildeten Öffentlichkeit wahrgenommen werden.

Edward Tylors ehrwürdige „Animismus“-Theorie (1871) unterstellte, daß die Urmenschen sich ihre Träume als Erlebnisse der vom Körper losgelösten Seele erklärt und in der Folge solche Seelen auch Tieren, Pflanzen und Naturobjekten zugeschrieben hätten; aus der angenommenen Existenz eines solchen immateriellen Lebensprinzips sei in der Folge der Glaube an spirituelle Wesen entstanden. Schon die „Animatismus"-Theorie des Tylor-Schülers R. R. Marett, der die Meinung von der vollständigen Durchdrungenheit der Natur mit magischer Kraft als älteste Vorform der Religion ansah, hat außerhalb der Fachwissenschaft keinen großen Eindruck gemacht (oder ist mit der „Animismus"-Theorie verwechselt worden). Im übrigen hat schon Marett erkannt, daß Animatismus und Animismus im Grunde keine Religionen sind, sondern Annahmen über das Wesen der Dinge, die allerdings ein besonderes Verhältnis vom Menschen zum Rest der Welt mit sich bringen. Waren oder sind „die Indianer" also Animisten, die ihren „Bruder Baum" umarmten? Wie nicht anders zu erwarten, ist die Angelegenheit weit komplizierter.

Für die nördlichen Ojibwa hat der amerikanische Ethnologe Irving Hallowell gezeigt, daß die Beschränkung der uns geläufigen Idee einer „Person" als einem menschlichen Wesen mit charakteristischen Eigenschaften sowie der Fähigkeit zum Denken, Handeln und der Errichtung von sozialen Beziehungen unzureichend ist. Auch in unserem Weltbild sind spirituelle Wesen, wie Gott oder die Engel, Personen. Die Ojibwa gehen in dieser Hinsicht aber wesentlich weiter: Alle belebten Wesen besitzen gleichermaßen die Attribute von Personen und können daher mit anderen Personen wie den Menschen in soziale Beziehungen treten. Wie in allen Algonquinsprachen unterscheidet man im Ojibwa die Nomina nicht nach einem grammatischen Geschlecht, das sich an den biologischen Geschlechtsunterschied zwischen „männlich" und „weiblich" anlehnt, sondern differenziert zwischen „belebten" und „unbelebten" Nomina. Im Grunde wird damit zwischen Personen und Nicht-Personen unterschieden. So fallen z. B. Tiere, Bäume, Sonne, Mond, Steine, metallene Kessel oder Tabakspfeifen in die „belebte" Kategorie;

allerdings sind etwa nicht alle Steine tatsächlich auch Personen, sondern nur jene, die sich durch eindeutige Handlungen (Bewegung, Sprechen, Erscheinen in Träumen) als tatsächlich belebt erweisen. Auch die Mythen (und darunter verstehen die Ojibwa die in den Erzählungen auftretenden Wesen) sind belebte (und auch gegenwärtig lebende) Personen, die selbständig denken und handeln können und mit denen der Mensch in Beziehung treten kann.

Zugleich sind für die Ojibwa die Grenzen zwischen Mensch und Natur sowie zwischen natürlichen und übernatürlichen Wesen weitgehend offen, und diese Offenheit äußert sich auch in der Leichtigkeit, mit der die verschiedenen Klassen von Personen ihre äußere Gestalt ändern können: Tiere, Pflanzen, Naturphänomene und übernatürliche Wesen erscheinen oft in menschlicher Gestalt, ebenso wie Menschen und übernatürliche Wesen etwa die Gestalt von Tieren annehmen können. Das heißt aber nicht, daß die Ojibwa nicht zwischen Menschen, Tieren, Pflanzen und übernatürlichen Wesen unterscheiden. Die Erscheinungen der Welt sind klar kategorisiert, aber es wird ihnen ein Ausmaß an Gemeinsamkeit zugeschrieben, das unserem Bild von der Welt fremd ist. Es ist ein wiederkehrender Fehler westlicher Beobachter, aus dem Fehlen der gewohnten Ordnungsprinzipien auf das Fehlen jeglicher Ordnung zu schließen.

„Persönlichkeit" als Bindeglied zwischen den verschiedenen Seinsformen beruht nun tatsächlich auf der Idee der „Beseeltheit". Aber wiederum darf man nicht in den Fehler verfallen, die westlichen Vorstellungen über die Seele auf andere Kulturen zu übertragen. Die Ojibwa nahmen ursprünglich die Existenz zweier unterschiedlicher immaterieller Prinzipien an, die den physischen Körper des Menschen erst zur Person machten. Diese Entdeckung machte vor 150 Jahren der amerikanische Indianeragent Henry Rowe Schoolcraft, der selbst mit einer Ojibwa-Frau verheiratet war. Ihm war aufgefallen, daß sich in der aus Rinde bestehenden Abdeckung der Ojibwa-Grabhäuschen eine kleine Öffnung befand, die nach Auskunft seines Informanten dazu diente, der Seele des Toten freien Aus- und Eingang zu gewähren. Als der Agent verwundert fragte, ob denn die Seele nicht in die ewigen Jagdgründe ginge, erzählte ihm der Ojibwa von den zwei Seelen des Menschen: „Du weißt, daß wir in den Träumen über weite Länder ziehen, und Hügel und Seen und Berge erblicken und viele Szenen, die an unseren Augen vorüber ziehen und uns bewegen; und trotzdem bewegt sich gleichzeitig unser Körper nicht. Andererseits muß eine Seele mit dem Körper bleiben, sonst wäre er tot. Du siehst also, daß es eine andere Seele geben muß, die uns [auf der Traumreise] begleitet."

Die im Herz residierende „Lebensseele" ist als Vitalprinzip in erster Linie für das Funktionieren des Körpers verantwortlich, sie kann den Körper kurzfristig verlassen (was sich in Form schwerer Krankheit äußert), und wenn sie den Körper endgültig hinter sich läßt, stirbt der Mensch. Sie verweilt nach dem Tod noch längere Zeit in der Nähe des Körpers und ißt von den Speisen, die aufs Grab gestellt werden. Die „Freiseele" lebt zwar im Kopf, verläßt den Körper aber häufig (etwa im Traum), verkörpert das individuelle Bewußtsein des Menschen und begibt sich nach dem Tod ins Land der Toten.

In dieser Hinsicht gab es keinen Unterschied zwischen Menschen, Tieren, Pflanzen und natürlichen und künstlichen „Objekten" (durchaus „Subjekte" für die Ojibwa). Sie besaßen einen Körper und zwei Seelen, die allerdings bei verschiedenen Wesen von verschiedener Stärke waren; so mochte es angehen, einen Hut sorglos in die Ecke zu werfen, weil er eine kleine Seele hatte, obwohl ihm als Person eigentlich Respekt gebührte; die Folgen davon waren nicht gefährlich. Ähnliches gilt für kleinere Tiere oder Pflanzen. Größere Vorsicht war am Platz, wenn es um Jagdwild, wichtige Nahrungs- oder Medizinalpflanzen ging. Ein Jäger konnte nur erfolgreich sein, wenn es ihm gelang, sich der Seele(n) des Wilds zu bemächtigen, genauso wie man einen schweren Stein nur dann werfen konnte, wenn man seine Seele(n) unter Kontrolle bekam.

Auf den Menschen bezogene dualistische Seelenvorstellungen hatten im indigenen Nordamerika weiteste Verbreitung, wohl auch weil sie die einleuchtendste Erklärung des Traumphänomens boten, wie es schon Schoolcrafts Ojibwa dargestellt hatte. Im Einzelfall waren Körperseele und Freiseele unterschiedlich deutlich ausgeprägt und konnten einander auch etwa bei der Verkörperung des „Ich" abwechseln. Die Annahme einer einzigen Seele, die Lebens- und Bewußtseinsfunktionen verbindet, findet sich hauptsächlich im Gebiet der Pueblos, bei denen Träume eine geringe Rolle in der religiösen Praxis spielten; anderswo mag ein derartiger Seelenmonismus auf christlichen Einfluß zurückgehen. Vor allem bei den Dakota und Lakota im zentralen Nordamerika und bei den Mandan und Hidsata (alles Sprecher von Siouxsprachen) gibt es andererseits die Vorstellung von vier Seelen, die durch ihre unterschiedlichen Farben bei unklarer Funktionsteilung am besten als Ausdruck eines systematischen Strebens nach einer größeren, auf der Vierzahl beruhenden kosmischen Ordnung betrachtet werden können. Man kann sie getrost in den Bereich der Spekulationen stellen, wie sie für religiöse Spezialisten typisch sind.

Auch die Vorstellung von Tierseelen (jeweils entsprechend jenen der Menschen) hatte in Nordamerika große Verbreitung; Pflanzen- und Objektseelen treten nicht ganz so häufig in Erscheinung. Im Bereich der nicht-menschlichen Seelen sind dualistische Vorstellungen allerdings deutlich seltener. Die Verwandtschaft mit menschlichen Seelen wird dadurch betont, daß auch die nicht-menschlichen Seelen grundsätzlich anthropomorph gedacht werden.

Das Beispiel der Eskimo macht besonders augenscheinlich, wie sich der grundsätzliche Seelendualismus in einer wesentlich größeren Anzahl von Erscheinungsformen äußert – ganz abgesehen von den unterschiedlichen Ausprägungen der leitenden Vorstellungen innerhalb des riesigen Siedlungsgebiets der Bewohner der amerikanischen Arktis (auf die hier nicht im einzelnen eingegangen werden kann). Die Körperseele wird vor allem mit dem Atem als Lebenskraft identifiziert und mit Wind und Luft als lebenspendendem übernatürlichem Wesen verbunden gedacht. Sie hat menschliche Gestalt, tritt bei der Geburt in den Menschen ein und entweicht beim Tod, wenn der Mensch zu atmen aufhört. Sie wird manchmal auch als Träger des Verstands angesehen; weil dieser bei Neugeborenen noch zu wünschen übrig läßt, erhält die Körperseele Unterstützung durch den Namen, der dem Kind verliehen wird. Auch diese Namen sind Seelen, nämlich die Körperseelen von Verstorbenen, die ihre Lebenserfahrung aus einer früheren Existenz dem Kind zur Verfügung stellen und ihm damit gewissermaßen als Schutzgeist dienen.

Die Freiseele hat ebenfalls menschliches Aussehen, auch wenn sie mit freiem Auge unsichtbar ist; sie kann (freilich nur in Einzelfällen, wahrscheinlich bei Schamanen) ihren „Standort" wechseln, das heißt, in einen anderen Menschen oder ein Tier eintreten, was allerdings bei längerer Abwesenheit aus dem ursprünglichen Körper zu schwerer Krankheit führt. Sie ist auch sonst der Sitz oder die Ursache von Krankheit, begibt sich nach dem Tod in das Land der Toten, von wo aus sie nach einiger Zeit reinkarniert wird, oder wird zum bösartigen Geist, der Rache zu nehmen versucht wegen allfälliger Tabubrüche, die eine Reise der Seele ins Totenland verhindern.

Verwandt mit den Atemseelen sind die *inue* (sg. *inua*), die „Einwohner der Natur"; in der westlichen Arktis wird *inua* tatsächlich auch für die Atemseelen der Menschen verwendet, die sie ja bewohnen. Ansonsten bezieht sich der Ausdruck auf das kollektive Lebensprinzip aller Phänomene der Natur, gleich ob Tier, Pflanze, Stein, Wasserstrudel oder Schlaf. Die *inue* sind Personen, weil sie den menschlichen Atemseelen entsprechen, sie sind aber gewissermaßen Kategorialwesen, weil ein *inua* jeweils allen Angehörigen einer Tierart oder Vertretern einer sonstigen Klasse von Phänomenen innewohnt (Ausnahmen sind Bären, Wale und Hunde, die individuelle Seelen besitzen; Hunde haben auch Namensseelen). Die Natur erscheint hier also von seelenartigen übernatürlichen Wesen erfüllt oder durchdrungen, die als Personen selbständig und daher unvorhersehbar handeln. So kann es nicht verwundern, daß ein Iglulik-Inuit dem dänischen Arktisforscher Knud Rasmussen gegenüber das existentielle Hauptproblem der Eskimo wie folgt umriß: „Die größte Gefahr des Lebens besteht darin, daß die Nahrung des Menschen vollständig aus Seelen besteht."

Bei den Tlingit werden die Tierseelen ebenfalls als „Einwohner" des betreffenden Tiers bezeichnet, und derselbe Ausdruck wird auch auf die menschlichen Seelen von Europäern angewandt. Die Seelenverwandtschaft von Mensch und Tier erklärt sich aus der Tatsache, daß auch die Tiere einst Menschen waren, bis sie in Fellumhängen bekleidet verängstigt in den Wald und in das Meer flohen, als der Rabe das Tageslicht aus einer Holzschachtel herausließ. Um sich in Menschen zu verwandeln, brauchen sie nur ihre Mäntel abzulegen. Die Reinkarnation der Seelen von Menschen und Tieren galt als die Regel; war die Identität der reinkarnierten Seele eines Tlingit bekannt, erhielt er den Namen des einstigen Trägers.

Den *inue* vergleichbare Vorstellungen von Repräsentanten der Tierarten waren in Nordamerika in unterschiedlicher Ausprägung weit verbreitet. Sie sind am besten dokumentiert von den algonquinsprachigen Jägern der östlichen Subarktis, wo jene übernatürlichen Wesen, welche die einzelnen Spezies kontrollieren, stärker personalisiert und manchmal in menschlicher Gestalt gedacht werden. Bei den Naskapi auf der Halbinsel Labrador ist der „Karibumann" etwa ein weißer Mann mit einem schwarzen Mantel, der mit seiner nach Tausenden zählenden Herde in einem wigwamförmigen Berg lebt und seine Tiere im Winter den Menschen für die Jagd zur Verfügung stellt. Ähnliche „Herren" oder „Eigentümer" der Tierarten kennen auch die Cree und Ojibwa. Ihnen sind die Jäger für den korrekten Umgang mit dem Wild verantwortlich und von ihnen erhalten sie im Gegenzug zu bestimmten rituellen Handlungen die für das Überleben notwendige Nahrung in Form von

Jagdwild. Nur bei Rückgabe der Tierknochen konnte das Wild im kommenden Jahr wieder erwartet werden. Aber indem sie das Wild töteten, trugen die Jäger auch dazu bei, den ewigen Kreislauf der Tierseelen zu gewährleisten.

Gleichzeitig bestehen auch persönliche Beziehungen zum Jagdwild, die nach dem Muster zwischenmenschlicher Beziehungen gestaltet sind. Für die Cree ist das Karibu die Geliebte des Jägers, für die er sich bei Jagd festlich kleidet, in der gewissen Erwartung, daß sich das Wild ihm willig hingibt. Manche Cree-Jäger entwickeln eine persönliche Freundschaft zu einer bestimmten Tierperson einer Art; dieses Tier, in dem sich die Vorstellung vom „Arteigner" in stark veränderter Weise verkörpert, darf nicht getötet werden, verspricht dafür aber einen besonders guten Jagdertrag von den Angehörigen seiner Spezies. Beim Tod eines Menschen besteht oft die Angst, der Tierfreund des Verstorbenen könne aus Trauer das bisherige Jagdgebiet verlassen, und man versucht, den Toten durch Opfergaben zu bewegen, die Tiere nicht mit sich zu nehmen.

Religiöse Spezialisten der Cree können freilich auch versuchen, das Wild dazu zwingen, sich dem Menschen darzubieten; die Kontrolle über andere menschliche und nichtmenschliche Personen ist letztlich ein Ausdruck der relativen „Macht", über die der Spezialist in höherem Ausmaß verfügt. Insgesamt stellen Machtausübung, Freundschaft und Sexualität aber Formen des sozialen Verhalten dar, das von menschliche auf nicht-menschliche Personen übertragen werden kann.

Die Konzeption von den „Arteignern" als Kollektivseelen der Tiere findet sich auch bei siouxsprachigen Gruppen der Prärien und Plains und bei den nördlichen Irokesen, die sie als *oyaron* („Vorbild, Seele, Selbst") bezeichnen. Bei den irokesischen Cherokee des Südostens leben diese Wesen oberhalb der Himmelskuppel, zugleich leiten sie aber auch die Ratsversammlungen der wie die Cherokee in Sippen organisierten Tiere. Der Unkörperlichkeit der Arteigner (am deutlichsten belegt bei den Winnebago des westlichen Seengebiets) steht ihre Fähigkeit gegenüber, sich dem Menschen in menschlicher oder tierischer Gestalt zu offenbaren.

So wie das Karibu bei den Cree, stehen die jeweils für die Ernährung wichtigsten Tiere im Vordergrund der Vorstellung von den Arteignern: der Biber bei den Pelztierjägern der Subarktis, Rotwild im Waldland, der Bison auf den Plains und der Lachs an der Nordwestküste. Andere Tierarten haben entweder keine Eigner (und werden von ihren Ältesten betreut), oder ihr Eigner ist einfach nicht wichtig. Wenn man aus dem Großen Becken wenig über Arteigner hört, so mag dies daran liegen, daß dort die Jagd eine vergleichsweise geringe Rolle spielt.

Die Vermutung liegt nahe, daß es Arteigner als Kollektivseelen auch für wildwachsende und kultivierte Pflanzen gibt. Vielleicht liegt es an der im Vergleich zu den Tieren offensichtlich geringeren Sozialorganisation der Pflanzen, vielleicht an der größeren Berechenbarkeit ihrer Verfügbarkeit, vielleicht aber auch nur an der allgemein geringeren Kenntnis der weiblichen Aspekte der indigenen Religionen, daß entsprechende Wesen nicht deutlich erkennbar sind. Relativ nahe kommen einer solchen Vorstellung die drei Schwestern, die von den irokesischen Seneca als „unsere Lebenserhalterinnen" bezeichnet werden; diese übernatürliche Wesen, die in Gestalt schöner Jungfrauen erscheinen können, sorgen auf den Feldern für das Wachstum von Mais, Bohnen und Kürbis. Es scheint aber, daß ihnen im Gegensatz zu den Arteignern der Tiere keine unabhängige Denk- und Handlungsfähigkeit zugeschrieben wird.

Die Vorstellung ihrer algonquinsprachigen Nachbarn, der Delaware, von der Maismutter als alter Frau, die vom Himmel aus die Vegetation kontrolliert, entspricht der Anschauung der (nicht-bodenbautreibenden) Ojibwa, die einer mythischen „Großmutter" die Verantwortung für die wildwachsenden Heilpflanzen zuschreiben. Die Maismutter der Keres-Pueblos, die den Menschen die wichtigste Kulturpflanze gegeben hat, lebt in der untersten Unterwelt, und obwohl man ihr natürlich für ihre mythische Tat dankbar ist, hat sie selbst nichts mit dem aktuellen Gedeihen der Pflanzen zu tun – das besorgen von ihr eingesetzte Vermittler. Mit der steigenden Bedeutung von Priesterschaften für die Regelung der Beziehung zum Transzendenten in den Pueblos und in anderen bodenbautreibenden Kulturen nimmt natürlich die individuelle Wechselbeziehung von menschlichen und nichtmenschlichen Personen ab. Aber auch hier werden Tiere, Pflanzen, Steine und viele vom Menschen gefertigte Gegenstände als beseelt betrachtet: „Das Universum ist mit demselben Atem ausgestattet“, erklärte ein Hopi im späten 19. Jh. einem amerikanischen Forscher, „Felsen, Bäume, Gras, Erde, alle Tiere, und Menschen.“

Seelenverwandtschaft bis zur Reinkarnation von Menschen in Tiergestalt, soziale Beziehungen zwischen Menschen und Naturwesen bis hin zum Gebrauch von Verwandtschaftsbezeichnungen in der Anrede und die Fähigkeit von (allerdings nur manchen, besonders mächtigen) menschlichen und nicht-menschlichen Personen, in der jeweils anderen Gestalt aufzutreten, finden sich keineswegs überall im indigenen Nordamerika gemeinsam, noch gar in derselben Form. Trotzdem hat die offensichtliche Andersartigkeit des Verhältnisses des Menschen zu den Wesen in seiner natürlichen Umwelt zur Prägung eines eigenen Begriffs durch euroamerikanische Beobachter und Gelehrte geführt, mit dem man glaubte, die Gesamtheit dieser und anderer vermeintlich zusammengehöriger Phänomene charakterisieren zu können: „Totemismus“. Schon die Geschichte der Einführung dieses Begriffs in die europäische Wortwelt war mit Irrtümern befrachtet; sein Gebrauch in wechselnden Bedeutungen hat in der Wissenschaft zu heilloser Verwirrung geführt.

„Ein Teil des religiösen Aberglaubens der Wilden“, berichtete 1791 der englische Pelzhändler John Long über die Anschauungen der Ojibwa, „besteht darin, daß jeder von ihnen seinen *totam* oder Lieblingsgeist hat, von dem er glaubt, daß er über ihm wache. Dieser *totam* nimmt ihrer Ansicht nach die Gestalt des einen oder anderen Tiers an, und deshalb töten, jagen oder essen sie niemals das Tier, von dessen Gestalt sie glauben, daß es ihr *totam* verkörpert.“ Für den Glauben an diese enge, mystische und schicksalhafte Beziehung zwischen dem tiergestaltigen *totam* und dem Menschen prägte Long den Ausdruck „Totamismus“, der dann fast achtzig Jahre später (1869) vom schottischen Juristen McLennan als „Totemismus“ zur Bezeichnung für eine besondere Form der Verehrung von Tieren und Pflanzen in die Sprache der Wissenschaft eingeführt wurde. Zu den darunter zusammengefaßten Erscheinungen zählen die Belegung von sozialen Gruppen mit Tier- und Pflanzennamen, die Annahme einer Verwandtschaft zwischen der Verwandtschaftsgruppe und diesem Totem, die Verknüpfung der Geschicke von Personen und ihrem Totem sowie entsprechende Tötungs- und Speisetabus. Obwohl nun der neue Begriff kaum der Wirklichkeit in einer einzelnen Kultur gerecht wird, weil die genannten Praktiken nicht nur getrennt auftreten, sondern auch verschiedene Funktionen und Bedeutungen haben können, konstruierte man mit dem Totemismus ein geschlossenes Weltbild der archaischen Menschheit. Daß nordamerikanische Forscher, wie J. N. B. Hewitt (selbst ein Tuscarora), schon Anfang des 20. Jh. auf die Fehlerhaftigkeit und Unbrauchbarkeit des Begriffs hinwiesen, hat seiner Verwendung keinen Abbruch getan. Auch die vom französischen Strukturalisten Claude Levi-Strauss 1962 durchgeführte Entlarvung des Totemismus als westliches Konstrukt der Fremdheit hat bis heute keineswegs alle Religionswissenschaftler überzeugt.

Was John Long 1791 beschrieb, war der in Nordamerika weit verbreitete Glaube an persönliche Schutzgeister, die bei den Ojibwa von Heranwachsenden im Rahmen einer Visionssuche (von der noch zu sprechen sein wird) erworben wurden – eine Praxis, die man später als „Individualtotemismus“ bezeichnet hat. Gleichzeitig kannten die Ojibwa eine Form des „Gruppentotemismus“, indem sich die Mitglieder von in väterlicher Linie verwandten Gruppen mit Tiernamen bezeichneten (sie also gewissermaßen im Wappen führten). Das Wort „Totem“ findet sich auch heute noch in der

Ojibwasprache, hat allerdings bei verschiedenen Untergruppen eine unterschiedliche Bedeutung. Bei den Round Lake Ojibwa im nordwestlichen Ontario heißt *nintotam* soviel wie „mein Verwandter meines Ehepartners“ oder noch allgemeiner „mein Freund“; bei den Ojibwa von Parry Island im südöstlichen Teil derselben Provinz bezeichnet man damit die „Blutsverwandten“, also die mit Tiernamen belegten Verwandtschaftsgruppen, die am Round Lake überhaupt fehlen. Nirgendwo bezeichnen die Ojibwa mit *nintotam* die von Long beschriebenen Schutzgeister, die auch keinem allgemeinen Tötungs- oder Speisetabu unterliegen.

Schon der französische Geologe Joseph Nicollet, der in den späten dreißiger Jahren des 19. Jh. bei den Ojibwa von Minnesota lebte, erkannte klar, daß der Totemname nicht heilig oder mit besonderen Gunstbeweisen übernatürlicher Wesen verbunden sei: „Es haftet ihm kein Geheimnis an. Das Totem ist eine Institution rein ziviler Natur.“ In seiner wenig später verfaßten *History of the Ojibway People* berichtete William Warren, der Sohn einer Ojibwafrau und eines Pelzhändlers, über den traditionellen Ursprung der Totems nach einer nur den Priestern der Medizingesellschaft bekannten Überlieferung: Bald nach der Entstehung der Welt seien die Ojibwa von fünf menschengestaltigen übernatürlichen Wesen besucht worden, die dem Wasser entstiegen waren; diese Wesen hätten bei den Ojibwa die ersten fünf Totemsippen eingerichtet. Die Tiere, nach denen sich die Sippen benennen, genießen keinerlei Verehrung, werden aber von den Mitgliedern als Erkennungszeichnen verwendet.

Auch die sogenannten „Totempfähle“ der pazifischen Nordwestküste, auf denen geschnitzte menschliche und tierische Wesen zu sehen sind, sind eigentlich „Wappen“ oder die Darstellung der Privilegien von Verwandtschaftsgruppen. Bei den Tlingit leiten sich die Wappentiere von Erlebnissen ab, die ihre Vorfahren mit tiergestaltigen Personen hatten. Der Erwerb der Vorrechte konnte der Tötung des entsprechenden Tiers entspringen, dem Zusammenleben (einschließlich der Eheschließung) mit ihm, einem Besuch oder der Verwandlung eines Menschen in das Tier. Die Tiere, nach denen die Sippen der Tlingit benannt sind, werden *cagun* genannt, „unser Ursprung und Schicksal“, und die Sippen haften auch für die Taten ihrer *cagun.* Verletzt ein Bär einen Tlingit, müssen die Mitglieder der Bärensippe dem Geschädigten Genugtuung leisten. Tötungsverbote bestehen in der Theorie, beziehen sich in der Praxis aber oft nicht auf die lebenden Nachkommen des Wappentiers, sondern auf dieses selbst. So galten Mitglieder der Bärensippe gerade wegen ihrer guten Beziehungen zu ihrem Wappentier als hervorragende Bärenjäger.

Noch schwächer ausgeprägt war die Beziehung zwischen den namengebenden Tieren der Sippen und deren Mitgliedern bei den westlichen Pueblos (die östlichen besaßen keine solchen Verwandtschaftsgruppen). Sie werden zwar als „Onkeln“ bezeichnet, man widmet ihnen zur Wintersonnenwende Gebetsstäbe und beachtet sporadisch auch Tötungsverbote, doch unterscheidet sich diese respektvolle Form des Umgangs kaum von jener, die gegenüber anderen Tieren angebracht ist.

Eine Abstammung der Sippenmitglieder von ihrem Totem wird im indigenen Nordamerika nur äußerst selten angenommen. Die Yuchi, eine sprachlich isolierte Gruppe im Südosten, gelten als eine der wenigen Ausnahmen. Bei ihnen sind die Totemtiere gleichzeitig die Ahnen der Sippen, aber auch die der Tiere, die heute ihre Gestalt besitzen. Allerdings steht diese Angabe neben dem wichtigeren Ursprungsmythos der Yuchi, in dem sie als Kinder der Sonne (und des Monds) unmittelbar in menschlicher Form auf die Welt kamen. Dennoch galt die Verwandtschaft mit den tiergestaltigen Nachkommen des Totemtiers als Hauptgrund für das bestehende Tötungsverbot. Es ist nicht klar, ob ihr Fleisch gegessen werden konnte; Gegenstände aus ihrer Haut oder ihren Knochen gebrauchte man hingegen bedenkenlos. Gleichzeitig findet John Longs Verwechslung von Totem und Schutzgeist bei den Yuchi eine tatsächliche Entsprechung; nur wird der Schutzgeist nicht durch eine Vision erworben, sondern für die Knaben im Rahmen ihrer Initiation in den Rang eines Mannes gewissermaßen aktiviert. Daraus erklärt sich die innere Logik des Tötungsverbots, denn der kollektive Schutzpatron der Sippe ist zugleich der „Arteigner“ der Spezies, der in der Jagd mit Hilfe des eigenen Schutzpatrons überwunden werden muß. Wegen der Personalunion der Schutzgeister von Sippe und Tieren ist die Jagd auf die eigenen Tierverwandten nicht möglich.

Bei aller Verschiedenheit der aus den einzelnen Kulturen überlieferten Anschauungen zum Verhältnis des Menschen zur Natur im indigenen Nordamerika läßt sich im Großen und Ganzen verallgemeinern, was der amerikanische Ethnologe William Powers zur Charakterisierung der Verhältnisse bei den Lakota sagte: Die Menschen „erkennen sich als Teil der Natur, jedoch in gewisser Weise von ihr verschieden“. Daß sich die Menschen auch hier den Tieren und Pflanzen grundsätzlich überlegen fühlten, ergibt sich aus der Asymmetrie des Verhältnisses zwischen Jäger und Jagdwild, Sammlerin und Nutzpflanze. Der Respekt des Menschen vor den Personen der Natur gründet sich auf der Anerkennung ihrer Beseeltheit und auf der steten Verheißung und Gefahr, die aus der Fremdheit dieser Seelen entspringt.

2

Formen des Übernatürlichen

Den Europäern, die sich seit der frühen Neuzeit fremde Welten Untertan machten, fehlten häufig die Worte, wenn es um die Beschreibung des bislang Unbekannten in vertrauten Begriffen ging. Waren die angetroffenen Völker Nationen oder nur Stämme oder Horden, Behausungen der Eingeborenen Häuser oder nur Hütten, ihre politischen Führer Könige oder nur Häuptlinge? Noch schwieriger gestaltete sich die Suche nach passenden Ausdrücken für das Transzendente: War das eigene Christentum der einzige verbindliche Maßstab, galt vielfach alles, was sich nicht auf den wahren Gott bezog, als Teufelswerk und Abgötterei. Zog man die historische Erfahrung der antiken Welt zum Vergleich heran, mochte es angehen, auch anderswo von „Göttern" zu sprechen. Oder waren es nur körperlose „Geister", denen die lokalen Bevölkerungen angstvoll Tribut zollten?

Für die sich seit dem 19. Jh. entwickelnden Wissenschaften vom Menschen und seinen Religionen hat sich die Lage nicht grundsätzlich verbessert. Die frühzeitige Erkenntnis der großen Bandbreite der Erscheinungsformen des Übernatürlichen führte rasch zu Versuchen, die Unterschiede als Resultat einer Entwicklung zu deuten, an deren Höhepunkt der eigene Eingottglaube stand, der sich über Vielgötterei aus dem animistischen Geisterglauben entwickelt hatte. Dazu kam die Entdeckung der Vorstellung von unpersönlichen übernatürlichen Kräften, die Bischof Codrington als *mana* der Melanesier im Jahr 1891 erstmals beschrieb. Derartigen „Kraftglauben" (Dynamismus) sah man als Grundlage eines voranimistischen Animatismus an, grenzte ihn aus der eigentlichen Religion aus, bzw. brachte ihn mit Magie in Verbindung. Manche Kritiker derartiger spekulativer

Anschauungen über die Entwicklung der Religion haben später zwar das Schema auf den Kopf und den Gott der Uroffenbarung an den Anfang der menschlichen Ansichten vom Übernatürlichen zu stellen versucht, die begriffliche Trennung von generischen Geistern und individuellen Göttern blieb aber stets unscharf und durch den Gottesbegriff der eigenen Vorstellungswelt getönt. „Numen“ als Bezeichnung für Träger oder Repräsentanten übernatürlicher Macht hilft als Oberbegriff zwar den Mangel einer klaren Unterscheidbarkeit zu verdecken, kann aber nicht darüber hinwegtäuschen, daß es in der Vorstellungswelt vieler Völker große Unterschiede im Ausmaß der Personalisierung und Individualisierung des Übernatürlichen gibt.

Mana, Mächte, Manitus

Das für zahlreiche Algonquinsprachen belegte Wort „Manitu“ tritt in der europäischen Berichtsliteratur über das östliche Nordamerika erstmals im späten 16. Jh. in Erscheinung und wird manchmal mit „Gott“, manchmal mit „Teufel“ übersetzt. Aufmerksame Beobachter aber erkannten, daß mit diesem Begriff mehr als ein einzelnes personalisiertes Wesen bezeichnet wurde. Roger Williams, der liberale Gegenspieler der Puritaner und selbst Gründer der Kolonie Rhode Island, berichtet 1643 von den Narragansett, es sei „ein allgemeiner Brauch unter ihnen, beim Anblick irgendeiner herausragenden Eigenschaft in Männern, Frauen, Vögeln, Tieren, Fischen etc. *Manittóo*, ein Gott, auszurufen; und wenn sie untereinander von den englischen Schiffen und großen Gebäuden sprechen, vom Pflügen ihrer Felder, und besonders von Büchern oder Briefen, so schließen sie: *Manittówock*, sie sind Götter, *Cummanittôo*, du bist ein Gott etc. Eine starke Überzeugung, die natürlich in der Seele des Menschen vorhanden ist; alle Dinge und Plätze erfüllend, und daß alles Herausragende in Gott wohnt und aus ihm folgt.“ Von den Delaware in New Jersey behauptete zehn

Jahre zuvor der Niederländer Johan de Laet in seiner Beschreibung der Neuen Welt Ähnliches unter verkehrten Vorzeichen: Die Delaware hätten keine Religion, keine Anbetung Gottes, würden aber dem Teufel ihre Reverenz erweisen. „Sie nennen ihn in ihrer Sprache *Menutto* oder *Menetto*, und alles, was wunderbar und die menschliche Fassungskraft zu übersteigen scheint, nennen sie ebenfalls *Menetto*". Eine Überlieferung über den ersten Kontakt der Delaware mit den Holländern, die der Herrnhuter Missionar John Heckewelder im späten 18. Jh. aufzeichnete, erzählt, die erstaunten Eingeborenen hätten das Schiff der Weißen für ein Haus Manitus gehalten und die Seeleute selbst für kleinere Manitus. Das Erstaunen über die Handelsgüter der Weißen spiegelt sich in den Wortneuschöpfungen, die der slowenische Missionar Friedrich Baraga 1851 in seinem Ojibwa-Wörterbuch festhielt: *manitôminens* [Manitu-Beere] für „Glasperle" oder *manitowegin* [Manitu-Fell] für „Tuchstoff"; *manito* selbst glossierte Baraga mit „Geist".

Diese Übersetzung, die ein persönliches übernatürliches Wesen andeutet, steht im Einklang mit den davon abgeleiteten Begriffen *kitchi manito* („Großer Manitu"), *mino manito* („Guter Manitu", der christliche Gott) und *matchi manito* („Böser Manitu", Teufel). Für die südlichen Ojibwa und andere Algonquinvölker des Seengebiets waren die *manitos* nach dem Ausweis zahlloser neuerer Quellen eine Klasse von unberechenbaren Wesen, die in menschlicher oder nichtmenschlicher Gestalt den Menschen hilfreich oder schädlich auftreten konnten und sich Visionären und Träumern als Schutzgeister offenbarten. In diminutiver Form bedeutet das Wort nicht nur „kleiner Geist", sondern auch „Wurm, kleine Schlange, Insekt". Bei den nördlichen Algonquin (Naskapi, Cree, nördliche Ojibwa, Algonquin) kam *manito* nur im Singular vor; der amerikanische Ethnologe Frank Speck umschreibt seine Bedeutung bei den Naskapi mit „oberste Macht, Geisterkräfte, das Unbekannte, das Universum".

Von besonderem Interesse, aber auch von besonderer Problematik zum Verständnis des Wesens der *manitos* sind die Äußerungen des Ethnologen William Jones, der bei seiner Fox-Großmutter aufwuchs und auch bei Ojibwa Forschungen durchgeführt hat. 1905, knapp mehr als ein Jahrzehnt nachdem die „Entdeckung“ von *mana* die Dynamismus-Debatte ausgelöst hatte, rückt er das *manito* der Fox in die unmittelbare Nachbarschaft der unpersönlichen Kraft der Melanesier. *Manito* sei das „eigentümlich Allgegenwärtige“, das sich allein durch seine Wirkung erweise; seine Substanz sei form- und merkmallos, unpersönlich und übertragbar, aber für den Menschen nur in Gestalt konkreter Wesen oder Dinge erfahrbar.

Diese Interpretation ist zu Recht von späteren Forschern überwiegend als zu sehr vom damaligen Wissenschaftszeitgeist geprägt kritisiert worden. Durch Betonung des Singulars *manito* erweist sich Jones' Deutung als Abstraktion, denn daß es bei den Fox eine Vielfalt unterscheidbarer *manitos* gegeben hat, ist unstrittig. Das „eigentümlich Allgegenwärtige“ erscheint als Folgerung aus der Tatsache, daß *manitos* überall in der Natur, aber auch in Artefakten auftreten können; die Form- und Merkmallosigkeit „des *manito*“ ist Ausfluß der Unterstellung, daß „den *manitos*“ eine gemeinsame *mana*-artige Geisterkraft zugrunde liegt. Bücher, Briefe, Schiffe oder Gewehre waren *manitos*, weil ihre unerklärlichen Eigenschaften ihre Belebtheit oder Beseeltheit nahelegten. Die *manitos* waren übernatürliche „Bewohner“ dieser Dinge, wie auch der Tiere, Pflanzen und Steine, und es liegt nahe, daß die „Traumbesucher“ (*pawaganak* der nördlichen Ojibwa) tatsächlich die „Herren“ oder „Eigner“ der Spezies oder einzelner sinnlich erfahrbarer Erscheinungen waren und nicht Aufladung irgendeines Tiers mit einer merkmallosen Kraft. Tatsächlich verfügten die *pawaganak* aber über dem Menschen nicht natürlich gegebene „Kräfte“ (im Sinne von Fähigkeiten), mit denen sie nach freiem Entscheid den Träumer oder Visionär segnen konnten. Somit waren die *manitos* Quellen übertragbarer nicht-menschlicher „Kraft“ oder Macht, die sie als Gabe den Menschen im Gegenzug für erwiesenen Respekt verliehen. In den bilderschriftlichen Aufzeichnungen der Mitglieder des Ojibwa-Medizinbunds wird diese Kraft durch Wellenlinien wiedergegeben, die vom Körper ausgehen.

Für die *manitos* als persönliche übernatürliche Wesen spricht auch die übereinstimmende Verwendung des Worts durch die Missionare in der Bildung der Bezeichnung für den christlichen Gott. Daß der christliche Einfluß direkt oder indirekt auch die Vorstellungen von einem Höchsten Wesen und seinem Gegenspieler bei den Algonquinvölkern mitgeprägt hat, ist höchst wahrscheinlich. Das gilt auch für Fälle, in denen ein „indianischer" Großer Manitu von einem christlichen unterschieden wird, und für die nördlichen Algonquin, die nur einen Manitu kennen. Andere Ausdrücke, die bei den nördlichen Algonquin für das Höchste Wesen auftreten, wie „Herr des Lebens" oder „Eigentümer", rükken dieses Wesen in die Reihe der „Arteigner" (hier: der Menschen, der anderen „Arteigner" oder der Welt). Manches spricht für Werner Müllers Vermutung, (Kitche) Manitu sei als Höchstes Wesen mit der Summe des der Welt innewohnenden Übernatürlichen gleichgesetzt worden.

Als „Großer Geist" hat der Große Manitu frühzeitig nicht nur zum europäischen Indianerstereotyp beigetragen, sondern auch zum panindianischen Sprachgebrauch, in dem er eine „indianische" Version einer persönlichen Schöpfergottheit verkörpert, die zwar mit dem christlichen Gott vor allem in seiner volkstümlichen Anschauung vergleichbar ist, für gewöhnlich jedoch von ihm durch seine Zuständigkeit für die ursprünglichen Bewohner Amerikas unterscheiden wird. Zu diesem „Großen Geist" haben überdies die Vorstellungen bei den Irokesen und Lakota beigetragen, die andererseits auch in der Diskussion um Kraft- und Geisterglauben eine wichtige Rolle gespielt haben.

Wie für *manito* steht uns zur Beurteilung der irokesischen Konzeption übernatürlicher Mächte oder Kraft die Darstellung eines Forschers zur Verfügung, der indigene Abstammung mit wissenschaftlichem Bemühen verband: es handelt sich um den Tuscarora John Napoleon Brinton Hewitt. Sein

Beitrag über den Begriff *orenda* erschien drei Jahre vor dem von Jones, also auch inmitten der Dynamismus-Diskussion. Freilich ist das irokesische *orenda* mit *manitu* nur insofern vergleichbar, als es auch „wunderbar" oder „geheimnisvoll" bedeuten kann. Im Gegensatz zu *manito* (mit dem Hewitt *orenda* gleichsetzt) bezeichnet es hingegen nicht ein persönliches, nicht-menschliches Wesen. Hewitt illustriert die irokesische Vorstellung dieser „mystischen Potenz", die allen Wesen in unterschiedlichem Ausmaß eigen ist, in Satzworten, die in Übersetzung etwa lauten: „jemand, dessen *orenda* groß ist" [ein religiöser Spezialist], „jemand, dessen *orenda* überlegen ist" [ein guter Jäger], „er [der Jäger] hat das *orenda* des Tiers überwunden", „der sein *orenda* ausstrahlt, um die Zukunft zu sehen" [der Prophet], „er bereitet sein *orenda* gegen ihn zu" [um ihn zu verzaubern]. Aufschlußreich ist auch das Wort für „Singen", nämlich „sein *orenda* zeigen"; es erinnert an eine poetische Umschreibung der Atemseele bei den Netsilik-Inuit: „All mein Wesen ist ein Lied, und ich singe, indem ich Luft hole." *Orenda* wird deutlich unterschieden von *oyaron*, den „Arteignern", und von den Seelen, als deren Eigenschaft man *orenda* wohl ansehen kann.

Eines der wichtigsten von Hewitt analysierten Satzworte ist jenes, das in neuerer Zeit in der Bedeutung „Gebet" gebraucht wird: „er legt sein eigenes *orenda* nieder". Es beschreibt die Praxis, sich bei der Annäherung an übernatürliche Wesen zu erniedrigen, um ihr Mitleid zu erlangen. Indem die Beziehungen zwischen den Wesen der belebten Welt durch das unterschiedliche Ausmaß an *orenda* bestimmt waren, über das menschliche und nicht-menschliche Personen verfügten, bemühte sich der Mensch, zusätzliche nicht-menschliche Kräfte von Bäumen, Tieren, Felsen, Wolken, dem Himmel oder der Dunkelheit zu mobilisieren. Man kann *orenda* auf die gleiche Weise („eine Menge *orenda*") besitzen wie Reichtum („eine Menge Geld").

Es geht also auch bei den Irokesen darum, eine übernatürliche Gabe von nicht-menschlichen Personen zu erhalten, die den Menschen zu außergewöhnlichen und „wunderbaren" Leistungen befähigt. Während *manitos* die Quelle solcher Gaben sind, bezeichnet *orenda* die Gaben selbst. Eine neuere Untersuchung macht deutlich, daß nach irokesischer Meinung alle Wesen der Natur über diese „Kraft" verfügen, weil ihnen Geister (oder Seelen) innewohnen; Artefakte besitzen keine Kraft, weil sie unbeseelt sind, außer ihnen ist durch menschliches Zutun ein spiritueller Aspekt (und damit Kraft) verliehen worden. Die Träger dieser Kräfte unterscheiden sich durch Vorhandensein oder Fehlen von eigenem Willen und der daraus folgender Entscheidungsfähigkeit, bzw. Wandelbarkeit zwischen physischer und geistiger Essenz und guten oder bösen Absichten. Während man dem Schöpfer zwar den freien Willen zugesteht, verfügt er über keine physische Essenz und handelt nur gut. Sonne, Mond, Sterne, Wind, Erde und Pflanzen haben keinen freien Willen und eine rein physische Essenz. Lediglich Menschen, Hexen- und Medizingeister, Tiere und „Arteigner" sind durch ihren freien Willen unberechenbar im Hinblick auf Essenz und Absichten.

Das dritte Beispiel, das in der Dynamismus-Debatte der Zeit um 1900 eine große Rolle spielte, betrifft das *wakan* der nördlichen Sioux (Lakota) und *wakonda* ihrer südlichen Verwandten (Omaha, Osage, Ponca). Die entscheidenden Äußerungen zu *wakonda* stammen von der Ethnologin Alice Fletcher und ihrem Mitarbeiter Francis La Flesche, der selbst ein Omaha war. Wie Hewitt im Fall des *orenda*, machen Fletcher und La Flesche klar, daß *wakonda* nicht die Seele oder ein Geist ist, sondern eine geheimnisvolle Lebens- oder Schöpferkraft, die alle natürlichen Formen hervorbringt und durchdringt. *Wakonda* ist unsichtbar, das heißt, daß nur das Wesen der sichtbaren Erscheinungen *wakonda* ist. *Wakonda* ist die Ursache des Wechsels von Tag und Nacht und von Sommer und Winter, Lenker aller Geschicke und zugleich eine moralische Instanz, die Tabuverstöße bestraft. Als Ausdruck der Göttlichkeit werden ihm vage anthropomorphe Eigenschaften zugeschrieben. Auf die Frage, ob es viele *wakonda* gäbe, da es in so vielen Formen vorhanden sei, sagten die Osage: „Nicht so, es gibt nur einen Gott, und seine Gegenwart ist in allen Dingen und überall. Wir sagen ein Baum ist *wakonda*, weil in ihm auch *Wakonda* wohnt.“ Immerhin spekulierten manche Omaha, daß es sieben große Wakonda gebe: Dunkelheit, Obere Welt, Erdboden, Donnerer, Sonne, Mond und Morgenstern. *Wakonda* bedeutet auch „unerklärlich, geheimnisvoll“; es ist die Eigenschaft des Göttlichen, das sich in der Welt findet und zugleich seine Ursache.

Es hat den Anschein, als wäre *Wakonda* als alles durchdringende göttliche Macht (um 1900 bereits mit gewissen christlichen Attributen ausgestattet) letztlich irrtümlich in die Debatte um den Dynamismus geraten, denn so vage die Vorstellung von der letzten Ursache aller Dinge auch ist, so wenig hat sie mit *mana* zu tun. Denn auch wenn manchmal Personen als *wakonda* bezeichnet werden und *wakondagi* als Bezeichnung für alles, was *wakonda* ist, auch auf Kenner der Medizin (später Ärzte) und Praktikanten von Magie angewandt wird, so kann man doch über *wakonda* nicht verfügen.

Vergleichbar dem *orenda* (bzw. den Gaben der *manitos*) ist bei den südlichen Sioux hingegen *xube* (*xópini,* bzw. *maxpe* bei ihren nördlichen Verwandten, den Mandan und Crow). *Xube* ist die Kraft, die man von einem übernatürlichen Wesen in einer Vision erhält, die man aber danach durch Fasten, Beten und andere rituelle Handlungen vermehren kann. Sie kann wie *orenda* auf Gegenstände („Medizinbündel“) übertragen und in dieser Form gekauft und verkauft werden. Als *xube* werden auch die Träger dieser Kraft bezeichnet. Vom *maxpe* der Crow heißt es, die nichtmenschlichen Wesen, von denen die Menschen diese Kraft erwerben, seien personifizierte Manifestationen von *maxpe*; wahrscheinlich ist, daß auch die dinglichen Träger von *maxpe* personifiziert sind, aber daß sie wie die *orenda*-haltigen Gegenstände der Irokesen etwa durch Mangel an eigenem Willen nur in eingeschränktem Sinn Personen sind. Die Spender von *xópini* bei den Mandan waren jedenfalls persönliche Wesen, wie z. B. die Bisons, die *xópini* einem Mann verliehen, dessen Frau während der Bisonvermehrungsriten zeremoniellen Verkehr mit älteren Mitgliedern des entsprechenden Bunds hatte. Ein Kraftgewinn war allein deswegen ratsam, weil *xópini* durch ihren Gebrauch bei der Jagd oder im Krieg „abgenützt" wurde.

Das Lakota-Wort *wakan* wird häufig als „heilig" übersetzt, aber es bedeutet auch „unbegreiflich, wunderbar, übernatürlich in Ursprung und Wirkung". Der alte Lakota Good Seat erklärte es um 1900 dem Reservationsarzt James Walker: „*Wakan* war alles, das schwer zu verstehen war. Wenn jemand etwas tat, das niemand verstand, so war das *wakan* ... Wie die Geistwesen handeln, ist *wakan*. Ein Geistwesen ist *wakan*." Die ersten Pferde, die zu den Lakota gelangten, waren so unbegreiflich, daß man sie *šunka wakan* („unbegreiflicher Hund") nannte; der ebenfalls erst durch die Europäer eingeführte Alkohol war *mni wakan* („unbegreifliches Wasser"). „Wenn irgend etwas Nahrung ist, ist es *wakan*", notierte Walker aus dem Mund von Little Wound, „weil es Leben erzeugt. Wenn irgend etwas Medizin ist, ist es *wakan*, weil es das Leben im Körper hält ... Kleine Kinder sind *wakan*, weil sie noch nicht sprechen können und daher schwer zu verstehen sind ... Alles, das sehr als ist, ist *wakan*, weil niemand weiß, wann es gemacht wurde."

Aber es gab auch übernatürliche Wesen, die man als „die *Wakan*" bezeichnete. Ihre Gesamtheit war *Wakantanka* („das Große Unbegreifliche"); die religiösen Spezialisten sprachen gleichbedeutend auch von *Tobtob kin* („die viermal vier"), denn in ihren theologischen Spekulationen bestand *Wakantanka* aus sechzehn Aspekten: Die vier „oberen *Wakan*" (Sonne, Himmel, Erde, Stein) und die vier „Freunde der *Wakan*" (Mond, Wind, Meteor, Donner) bilden in dieser Systematik „die Wakan" (*Wakan kin*). Die unteren acht „unbegreiflichen Dinge" (*Taku wakan*) sind der Bison, der Zweibeinige (Mensch und Bär), die Vier Winde und der Wirbelwind, sowie die vier „wakanähnlichen" Seelen; diese acht sind zugleich Geschöpfe der *Wakan kin* und Teil von ihnen.

Diese sechzehn Aspekte von *Wakantanka* sind nicht die einzigen übernatürlichen Wesen, die den Lakota geläufig sind, aber dies wurde nicht als Gegensatz zur Behauptung gesehen, *Wakantanka* verkörpere alles Transzendente in der Welt.

Wakan entspricht im Kern dem *manito* der Algonquin: Zugleich Eigenschaft des Übernatürlichen und die übernatürlichen Wesen selbst, deren Summe die sich stets neu schaffende Schöpfung war. Selbstverständlich sind auch die übernatürlichen Kräfte, die der Mensch zu erlangen sucht, *wakan*, also „unbegreiflich", aber das heißt keinesfalls, daß „*wakan*" eine mystische Kraft ist, die alles durchdringt. So wie *Wakantanka* die Dinge der Welt mit Seelen versehen haben, so können auch die religiösen Spezialisten, die „*wakan*-Männer", einen Gegenstand mit übernatürlichen Eigenschaften ausstatten. Und so wie die *manitos* und die übernatürlichen Wesen der Irokesen verleihen auch die *wakan*-Wesen dem bittenden Mensch übernatürliche Gaben. In allen drei Fällen gibt es keine „Kraft" ohne persönliches Wirken übernatürlicher Wesen. Dabei bezeichnen *manito* und *wakan* die übernatürlichen Personen und ihre unbegreifliche Qualität, *orenda* die von ihnen erwerbbaren Kräfte.

Eine Gleichsetzung von übernatürlichen Wesen, Eigenschaften und erwerbbaren Fähigkeiten findet sich bei den Kwakiutl, in deren Sprache *náwalak* der allgemeine Begriff für das Übernatürliche und Wunderbare ist: Lachs, Lerche, Zeder, Zeremonialflöten oder die zur Wetterbeeinflussung verwendete Erde von einer Otterrutschbahn werden als Wesen, denen übernatürliche Kräfte eignen, so bezeichnet. Zwillinge, die als Verkörperungen des Lachs gelten, sind als einzige menschliche Wesen von Natur aus *náwalak*. Ihre unbegreifliche Wesensverdoppelung ist ebenso ein Merkmal ihrer übernatürlichen Qualität, wie der Mißwuchs von Zweigen, deren Blätter eng nebeneinander stehen. Wie *manito* oder *wakan* wird *náwalak* manchmal als Inbegriff des Übernatürlichen personalisiert: *Náwalak* ist allmächtig, „denn nichts ist unerreichbar für das [den] große[n], wahre[n] Übernatürliche[n]".

Die von Franz Boas, dem Erforscher der Kwakiutl, vorgeschlagene Übersetzung mit „heilig, der oder das Heilige, Heiligkeit“ wird durch das Gegenteil von *náwalak* sinnfällig gemacht: *báxwes* sind die nicht-initiierten Teilnehmer an Zeremonien der Geheimbünde, während die Initiierten *náwalak* sind. Man fragt sie, „warum sie hierher an diesen *náwalak*-Ort gekommen sind, ob sie böse oder gut sind; ob sie gekommen sind, um *báxwes* zu machen“. Die Geheimnisse der *náwalak* werden durch Verrat *báxwes* („profan“). Da im Sommer keine *náwalak*-Zeremonien stattfinden, heißt es am Beginn des großen Winterzeremonials: „Steht auf und geht eure Augen waschen, damit *báxwes* aus euren Augen verschwindet“.

Menschen können versuchen, *náwalak* zu erwerben. Der Transfer erfolgt durch *tlogwe* („Schätze“), die von den übernatürlichen Wesen herrühren. Wenn der Schamane singt: „Ich wurde weit ins Landesinnere an den Rand der Welt befördert durch Himmels-*náwalak*, das *tlogwala*“, dann wird damit eine übernatürliche Fähigkeit der Fortbewegung angesprochen, die als „Schatz“ angesehen wird. *Náwalak* wird man auch durch Nachahmung oder rituelle Repräsentation eines übernatürlichen Wesens – ein weiterer Beleg für die personale Natur von *náwalak*.

Könnte man den Beschreibungen der Beobachter trauen, fänden wir in Kalifornien tatsächlich Konzeptionen einer „Kraft“, die nicht personalisiert ist. So ist *'iva'a* für die Cahuilla im Süden Kaliforniens die Schöpfungskraft, aus der alles entstanden ist und die in sich das Männliche und Weibliche einschließt. Aus dem Zusammenwirken dieser in *'iva'a* enthaltenen und einander ergänzenden Prinzipien entstanden einst Mukat und Temayawet, denen die Welt ihre Erschaffung verdankt: Auch wenn seit der Urzeit die Intensität der Schöpfungskraft abgenommen hat, so ist doch alles in dieser Welt *'iva'a* (oder ein Resultat davon), und nichts kann unabhängig davon bestehen. Auch bei den Cahuilla ist *'iva'a* ein Attribut der übernatürlichen Wesen, die davon mehr besitzen als die Menschen, die es schon bei der Geburt erwerben und später durch erhaltene Geschenke oder durch rituelle Leistungen noch vermehren können. Daß es in der Welt Erscheinungen mit und ohne *'iva'a* gibt, wobei erstere sich durch eigenen Willen und Handlungsfähigkeit auszeichnen, die letzteren fehlen, zeigt allerdings an, daß auch *'iva'a* ein Merkmal von menschlichen und nicht-menschlichen Personen, also von beseelten Wesen, ist. Vor dem Hintergrund der Schöpfungsgeschichte der Cahuilla könnte man diese Personen als konkrete und unterschiedliche Ausformungen des einheitlichen Lebensprinzips *'iva'a* betrachten. *'Iva'a* ist an sich weder gut, noch böse; es liegt allein an der Art seiner Anwendung, ob es Nutzen oder Schaden bringt.

Der dem *'iva'a* sehr ähnliche Begriff *ayelkwi* bei den Luiseño (Nachbarn der Cahuilla und ebenfalls Sprecher einer uto-aztekischen Sprache) wird zwar von der Forschung ebenfalls als *mana*-artige Kraft interpretiert, die Luiseño selbst übersetzen ihn aber mit „Wissen". Schon die von Temayawet (hier eine Erdmutter, bei den Cahuilla ein Mann) in die Welt gesetzten Urzeitwesen, darunter die Tierarten, Pflanzen, Menschen, aber auch der Kulturheros Wiyot, waren mit *ayelkwi* verschiedener Art und Menge ausgestattet. Der zuletzt geschaffene Wiyot verfügte über das größte Wissen und die größten Fähigkeiten, die ihn dazu befähigten, die Welt einzurichten: er war „allwissend". Vor seinem Tod warf er das ihm verbliebene *ayelkwi* weg und machte es dadurch für kundige Personen verfügbar. So kennen die Luiseño vier Arten von *ayelkwi*: gemeinsame Wissensbestände und Fähigkeiten, durch die sich die Luiseño von anderen menschlichen und nicht-menschlichen Personen unterscheiden; angeborenes *ayelkwi*, das einzelne Luiseño gegenüber anderen privilegiert; das Restwissen, das von Wiyot zurückgelassen wurde und erworben werden kann; und schließlich rituelles Wissen, das sich auf Instruktionen aus der mythischen Zeit bezieht und von Spezialisten tradiert wird. *Ayelkwi* ist zwar (wenigstens potentiell) allgegenwärtig, unzerstörbar und unveränderlich, aber es ist keine gleichförmige Einheitskraft, sondern ein stark differenzierter Bestand an Wissen und Fähigkeiten.

Der Gebrauch von *ayelkwi* unterliegt strengen Regeln; Mißbrauch zieht nicht nur Verlust des Wissens, sondern auch Krankheit, Unfall oder Tod nach sich. Aus diesem Grund geht man äußerst vorsichtig damit um. Spezialisiertes Wissen ist oft esoterisch und wird von den Trägern in schwer verständliche Anspielungen gekleidet. So wie im Fall von *Wakantanka* ist zu vermuten, daß das Wissensgefälle innerhalb der Gesellschaft dazu geführt hat, daß die Wissensträger auch ein höheres und differenzierteres Wissen über *ayelkwi* selbst besaßen.

Ähnliches gilt für die Anschauungen der Navajo. Das Wort *diyin*, das zur Charakterisierung der übernatürlichen Wesen (*diyin*-Leute) verwendet dient, wird gemeinhin mit „heilig“ übersetzt. Es läßt sich aber (wie es der Ethnologe John Farella getan hat) argumentieren, daß die angemessenere Übersetzung „wissend“ ist. Zwei Aspekte sind eng mit *diyin* verbunden: *bidziil* ist die Stärke und die abstrakte Macht oder Kraft, die aus dem Wissen kommt, das man durch Erlernen der Rituale gewinnt; *báhádzid* ist die Gefahr, die aus dem inkorrekten Umgang mit *diyin*, etwa durch rituelle Fehler oder Tabubruch, entsteht. Erster Mann, der Schöpfer der heutigen Welt, war in unbegreiflicher Art allwissend und daher auch allmächtig. Daß seine nur scheinbar fehlerhafte Schöpfung letztlich die beste war, macht die aus dem menschlichen Wissensdefizit herrührende Unbegreiflichkeit des Handelns der „wissenden Leute“ aus. Es ist auch hier die Erfahrung der Spezialisten, die sich auf mühevolle Weise das notwendige rituelle Wissen angeeignet haben, um mit den *diyin* umzugehen, die zur Charakterisierung des Übernatürlichen als Wissen im Spannungsfeld zwischen Macht und Gefahr geführt hat.

Die Vorstellung, daß nicht-menschliche Personen (aber auch fremde Menschen) über ungewöhnliche „Kräfte“, „Fähigkeiten“ oder „Wissen“ verfügen, liegt wohl allen indigenen Religionen Nordamerikas zugrunde, ohne daß man von

„Kraftglauben“ sprechen könnte. Unterschiede bestanden, wie unsere Beispiele gezeigt haben, in der Ausgestaltung dieser Idee, in der relativen Betonung und Differenzierung zwischen den Trägern und ihren Eigenschaften sowie in dem Ausmaß, in dem Menschen über diese Qualitäten von Natur aus verfügen, und ob, bzw. wer und unter welchen Bedingungen sie sich aneignen kann. Selbst in den Pueblos, in denen der Zugang zum Transzendenten überwiegend durch Priesterschaften geregelt ist, spielen Vorstellungen von der Aneignung von „Tierkräften“ im Rahmen der Heilungsrituale eine zentrale Rolle. Der Mißbrauch solcher Kräfte ist eine stete Gefahr und gilt als Hexerei.

Götterwelten

Das Übernatürliche wird mithin im indigenen Nordamerika als grundsätzlich persönlich im Wesen oder Ursprung gesehen, auch wenn seine Wirkung in der Welt häufig als abstraktes Wissen oder Kraft gedeutet wird. Bei aller Problematik des Worts „Gott“ sollen in der Folge jene übernatürlichen Wesen mit diesem Begriff bezeichnet werden, die jenseits der allgemeinen Eigenschaften von Personen über eine ausgeprägte Individualität verfügen, die sich insbesondere in einem Eigennamen niederschlägt. Zu den übernatürlichen Wesen als nicht-menschlichen Personen kann der Mensch wie zu anderen Personen soziale Beziehungen errichten oder aufrechterhalten; sie beruhen wie alle solchen Beziehungen auf Gegenseitigkeit und werden von bestimmten Verhaltensregeln bestimmt. Der metaphorische Gebrauch von Verwandtschaftsbezeichnungen („Vater“, „Mutter“, usw.) zur Anrede von Gottheiten spiegelt einerseits die Bedeutung der Verwandtschaft für die Gesellschaftsverfassungen im indigenen Nordamerika wieder, signalisiert aber auch (so wie die Verwandtschaftstermini im sozialen Leben) das jeweils angemessene Verhalten dem Angesprochenen gegenüber und umgekehrt das von ihm erwartete Verhalten.

Als Personen unterhalten Götter und andere übernatürliche Wesen auch untereinander ein Geflecht sozialer Beziehungen oder sind gar miteinander verwandt. Sie bilden eine mehr oder weniger klar von den Menschen verstandene Götterwelt, deren Eigenheiten die Welt erklärlicher machen können. Dieses Pantheon ist aber keineswegs immer widerspruchsfrei konstruiert, weil der Erklärungsbedarf in erster Linie konkrete Fragen betrifft und eine abstrakte Gotteslehre nicht angestrebt wird. Auch Veränderungen der Lebensweise indigener Gruppen haben immer wieder zur Notwendigkeit von Anpassungen an neue Lebenswirklichkeiten geführt und zu Aufstieg, Fall oder Transformation von Göttern beigetragen. Das indigene Nordamerika bietet dafür viele Beispiele.

Nicht alle übernatürlichen Wesen sind dem Menschen gleich nahe, und zu den entfernteren bestehen deshalb nur geringe oder gar keine Beziehungen. Es ist einleuchtend, daß dem Jäger die Arteigner der Tiere, von deren Wohlwollen sein Überleben abhängt, näher stehen, als ein Gott des Mythos, der vielleicht die Welt geschaffen hat, aber heute kaum noch in ihren Lauf eingreift. Tatsächlich findet man immer wieder eine Kluft zwischen den Göttern der Mythen und jenen, die in der Alltagspraxis eine Rolle spielen. Mythen bilden zwar oft die erklärende und legitimierende Grundlage von Ritualen, aber nicht alle Mythen haben diese Funktion.

Der aus Wien stammende amerikanische Ethnologe Robert Lowie, dem wir neben dem Buch *Primitive Religion* (1924) aufschlußreiches Material über die Religion der Crow der nördlichen Plains verdanken, spricht den Crow ein echtes Pantheon ab, weil sich ihr alltägliches Hauptinteresse auf den Erwerb von übernatürlicher Kraft (*maxpe*) richte, das Interesse an den dahinter stehenden Wesen aber gering sei. Auch weil das Übernatürliche in der ganzen Welt anzutreffen sei, habe es kaum einzelne Wesen mit ausgeprägter Individualität und klaren kosmischen oder sozialen Funktionen gegeben. Ausnahmen stellen dar: Morgenstern (den viele mit dem mythischen Helden Enkel der Alten Frau identifizieren), der adlergestaltige Donner, und insbesondere die männlich gedachte Sonne, Morgensterns Vater und stärker als der Donner. Sonne wird bei Schwüren und im Rahmen der Visionssuche angerufen, und man opfert ihm das Fell eines Albinobisons. Aber Lowie konnte keine klare Antwort erhalten, ob Sonne derselbe sei wie Der Eine Oben, an den sich die Crow mit gelegentlichen Gebeten wandten. Die meisten hielten Sonne nicht für den Schöpfer der Erde und des Menschen, eine Rolle, die der Mythologie nach dem geilen und trickreichen Alten Mann Coyote zukam, den man als Schöpfer mit dem Christengott gleichsetzte, dem im Gegensatz zur Sonne aber keine regelmäßige Verehrung zuteil wurde.

Herausragende Hochgötter, die noch dazu auch als Weltschöpfer auftreten, sind in Nordamerika vergleichsweise selten anzutreffen, bzw. stellen jüngere Entwicklungen dar, in denen ihnen manchmal auch eine Verkörperung des Bösen gegenübersteht. Bei den siouxsprachigen Winnebago des westlichen Seengebiets galt Herecúgina als erster Versuch des Schöpfers Erdmacher, ein übernatürliches Wesen herzustellen, das er aber wegwarf, weil es ihm mißlang. Die bösen Wesen in der Welt sind die schlechten Nachbildungen, die Herecúgina von den Geschöpfen Erdmachers fabrizierte. Daß Herecúginas Existenz selbst unter den Winnebago umstritten ist, zeigt die Bedeutung seines Namens: „dessen Existenz zweifelhaft ist".

Wakantanka oder Kitchemanito sind zwar die Summe und vielleicht auch der Ursprung der Welt, der Mythos berichtet darüber aber nichts. Alter Mann Coyote ist als Trickster eher ein Umgestalter der Welt und jedenfalls kein erhabener Hochgott.

Eine oft zitierte Ausnahme zur allgemeinen Hochgottarmut findet sich in dem kulturell eher einfachen Gebiet Nord-Zentralkaliforniens bei den Wintun, Pomo, Maidu, Yuki und ihren Nachbarn. Hier wird der Urzustand von einer mit Wasser bedeckten Erde repräsentiert, über der sich der Himmel wölbt. Aus dem Nichts erscheint der Schöpfer, als Kondensat der aus dem Wasser steigenden Wolken selbst ein Produkt seines eigenen Gedankens; er streckt seine Hand aus und schon entsteht das Boot, mit dem er das Urmeer befährt. Nach der Erschaffung von Vögeln und Wassertieren holen letztere vom Meeresgrund einen Schlammklumpen, aus dem die Erde geformt wird (das in Nordamerika weit verbreitete Erdtaucher-Motiv). Danach werden Landtiere und Menschen geschaffen, und die Erde wird vergrößert und ausgestaltet. Manchmal muß die Schöpfung mehrfach durchgeführt werden, weil sie beim ersten Mal mißlingt. Aber so ganz allein ist der Schöpfer bei seiner Tätigkeit auch nicht. Da ist noch sein Helfer (oft der Trickster Coyote, der manchmal sein Bruder ist), der aus der idealen Schöpfung des anthropomorphen Schöpfers die wirkliche, fehlerhafte Welt macht. Der Schöpfer zieht sich schließlich in den Himmel zurück, wo er wohlwollend, gütig und erhaben, aber auch fern und schwach thront. Vieles deutet darauf hin, daß diese Hochgottvorstellungen relativ jung und direkt oder indirekt von christlichen Ideen überformt sind.

Daß die Erschaffung der Welt ein komplexes Unterfangen ist, das von einer einzelnen Person gar nicht bewerkstelligt werden kann, zeigt der Ursprungsmythos der Papago in der Wüste des südlichen Arizona. Am Anfang herrschte dunkle Leere. In ihr schwebten Erdmacher und Gelber Bussard und ermunterten sich gegenseitig zur Schöpfung. Aus einem Stück seiner Haut oder einem Teil seines Herzens formte Erdmacher eine Pflanze, aus deren Harz er die Erde bildete und mit Bergen und „Schamanen" ausstattete. Als die Erde am Himmelsgewölbe anstiess, entstand aus dieser Verbindung I'itoi, ein kleiner bärtiger Mann mit weißem Haar. Schließlich entstand noch Coyote, der mächtige, aber trickreiche Götterbote. Die vier übernatürlichen Wesen bastelten weiter an der Welt, gaben ihr Gestalt und beleuchteten sie durch Sonne, Mond und Sterne. Erdmacher schuf Menschen aus seinem Körper, aber weil es keinen

Tod gab, war die Welt bald überfüllt, und die Menschen brachten sich gegenseitig um. Also zerstörten die Urzeitgötter die Menschen durch eine Flut; manche von ihnen wurden dabei zu Vögeln, Bäumen oder Felsen.

Die Schöpfer selbst überlebten die Flut, und obwohl I'toi erst als zweiter wieder aus dem Wasser emporkam, beanspruchte er für sich den Titel „Älterer Bruder" und übernahm von da an das Kommando. Als Erdmacher, I'itoi und Coyote neue Menschen aus Ton formten, waren die Geschöpfe Coyotes so deformiert, daß man sie über das Meer warf. Weil I'itois Menschen am besten gelungen waren, kam es zum Streit mit dem eifersüchtigen Erdmacher, der sich schließlich und unter der Verbreitung von Krankheiten in die Unterwelt zurückzog. Älterer Bruder konnte sich also darum kümmern, seine Geschöpfe mit ihrer Kultur und insbesondere ihren Zeremonien auszustatten. Als sich I'itoi am Ende an den Menschen verging, wurde er von ihnen getötet, kam aber nach vier Jahren wieder zum Leben und führte eine neue Bevölkerung aus der Unterwelt auf die Erde.

Erdmacher kommt im Ritual der Papago überhaupt nicht vor, während I'itoi als Schöpfer der Zeremonien im Wortsinn die Hauptrolle spielt: Seine Reden und Lieder werden in Ich-Form rezitiert; ihr Sprecher verkörpert den Gott, der seit dem Kommen der Spanier als Papago-Christus verehrt wird. Während diese Verkörperung den Papago selbst kaum bewußt ist, stellt man den Heiler und Samenbringer Navitcu in dramatischer Form als maskierten Clown dar. Ebenfalls nur im Zeremonial erscheinen die Regenwesen der vier Himmelsrichtungen. Coyote ist als Erzählfigur populär, verleiht Visionären aber auch Jagd- und Kriegsglück sowie Heilungskräfte. Von wichtiger praktischer Bedeutung sind die tiergestaltigen Schutzgeister, die dem Menschen beistehen, aber auch Krankheit über ihn bringen können.

Eine ausgeprägte Hochgottgestalt findet sich in Tirawahat („die weite Ausdehnung"), dem Schöpfergott der Pawnee, der am Anfang aller Dinge steht, in personifizierter Form aber als „unser Vater oben" bezeichnet wird. Zu Beginn des Ursprungsmythos finden wir ihn allerdings bereits mit seiner Frau Atira („aus Mais gemacht") im Kreise einer Götterversammlung. Diese Götter, durchwegs Gestirne, werden von Tirawahat mit der Durchführung seiner Schöpfung betraut. Morgenstern („Großer Stern") am Osthimmel ist als Krieger gekleidet, lenkt aber auch den Rat der Götter; der wunderschöne und mächtige Abendstern („Weiblicher Weißer Stern") am Westhimmel ist dazu bestimmt, mit Morgenstern das erste Pawneemädchen in die Welt zu setzen. Morgenstern besitzt auch einen Garten mit den Kulturpflanzen der Pawnee und eine Bisonherde. (Sonne, der jüngere Bruder von Morgenstern, und Mond sind von untergeordneter Bedeutung; abgesehen von ihren Funktionen am Himmel sind sie als Eltern des ersten Pawneeknaben erwähnenswert). Die vier Mächte des Westens, die Assistenten Abendsterns, sind Wind, Wolke, Blitz und Donner; sie sind die unmittelbaren Boten der göttlichen Befehle an die Menschen und kontrollieren auch die Nahrung. Dritte Kraft im Himmel nach Tirawahat ist Schwarzer Meteorstern im Nordwesten, der Lehrer der Menschen und verantwortlich für den Einbruch der Nacht und für die Tiere. In den südöstlichen Himmel stellte der Schöpfer den Roten Stern, der seither den Sonnenaufgang überwacht. Der Stern des Südens empfängt die Toten und herrscht über das Totenreich; sein Sohn Nordstern überwacht von seiner ruhenden Stellung aus die Menschen. Zwei andere Wesen im Norden verkörpern die kalten Winde und Schnee, von denen die Bisons nach Süden getrieben wurden. Wolfsstern (Sirius), die Sternbilder Bär und Puma sowie die von allen Sternen gebildete Wildkatze sind die vier für die Krieger zuständigen Himmelsmächte, deren ideale Eigenschaften sie verkörpern.

Neben den Himmelsgöttern kennen die Pawnee auch Erdgötter, die den Kriegern und Medizinmännern Kraft verleihen konnten: Wassermonster und Mutter Zeder teilen mit den Menschen die Geheimnisse der Tiere und Pflanzen; der Haubentaucher belauscht bei seinem Flug durch den Himmel die Geheimnisse der Medizinmänner des Himmels; die

Bären haben ihre Medizin selbst einst einem Menschen offenbart.

Tirawahat ist durch seine große Macht den Menschen entrückt. Meteoriten gelten als seine Kinder, und Meteorsteinen wird daher große Kraft zugeschrieben. Man anerkennt seine Allmacht, betet zu ihm und bringt ihm Rauch- und andere Opfer, aber andere Götter stehen den Pawnee viel näher.

Himmelswesen, allen voran die Sonne, beherrschen auch die Götterwelten im Südosten Nordamerikas. Meist wird die Sonne männlich gedacht. Für die Cherokee war sie eine Frau, die gemeinsam mit ihrem Bruder Mond als „unsere Großeltern" angesprochen wurde, eine Bezeichnung, die Zuneigung und Respekt andeutet. Auf Erden wurde die Sonne durch das heilige Feuer repräsentiert, dem man Speiseopfer darbrachte. Aber die Sonne war nicht der Schöpfer, denn sie wurde erst nach der Erde geschaffen, die von den Tieren in der damals übervölkerten Welt oberhalb des Himmels aus einem durch den Erdtaucher vom Meeresgrund geholten Stück Schlamm gebildet wurde. Die Sonne ist auch nicht im Sinne einer Abstammung die Großmutter der Cherokee, und das Feuer brachten die Donnerer in die Welt – um für die Urzeittiere nutzbar zu werden, mußte es aber erst von der Wasserspinne unter großer Gefahr von einer Insel geholt werden. Der Donner und seine zwei Donnersöhne waren ebenfalls dem Menschen freundliche Himmelsgottheiten. Auf der Erde lebte der vergöttlichte Fluß, in den vier Weltrichtungen die verschiedenen Tiergeister. Unter den bösartigen Monstern der Unterwelt ragt die gehörnte und geflügelte Schlange Uktena hervor; sie war jedoch ein von den Donnerknaben verwandelter Mensch und daher letztlich nicht mit den übernatürlichen Wesen der Oberwelt vergleichbar.

Hier klingt ein mythisches Thema an, das bei den Ojibwa und anderen Gruppen des Nordostens einen prominenten Platz in der Vorstellungswelt einnimmt: Der kosmische Konflikt zwischen den Wesen des Himmels, verkörpert durch die meist vogelgestaltigen, manchmal anthropomorphen Donnerer, und jenen der Unterwelt, auch hier gehörnte Schlangen, aber auch Raubkatzen („Unterwasserpanther"), Rotwild und Bären. Die Donnerer sind als eine Art Kriegsgötterkollektiv wichtig als Beschützer der Krieger, spenden aber auch Regen, während die Unterweltwesen mit Feuer und Kupfer, aber auch mit Nahrung verbunden gedacht werden. Obwohl eine Tendenz besteht, den Gegensatz oben–unten mit dem von gut und böse in Verbindung zu bringen, ist die Zuordnung keinesfalls so ausgeprägt wie im Südosten; alle übernatürlichen Wesen können helfen oder schaden, alle sind im Grunde zugleich gefährlich und nützlich, wenn man richtig mit ihnen umzugehen weiß. Die Winde oder andere Wesen, die mit den Himmelsrichtungen verbunden sind, haben häufig sehr individuelle Züge; manchmals sind sie wie die Donnerer in Gruppen unter Leitung eines Oberhaupts organisiert. Sonne und Mond sind, wie alle wichtigen Erscheinungen der Natur, *manitos*, aber keine herausragenden Gottheiten. Wenn *kitche manito* als letzte Quelle aller übernatürlichen Kraft (aber nicht als Schöpfer) personalisiert gedacht wird, dann existiert er weit entfernt im obersten Bereich der Himmelswelt.

Bei den Pueblovölkern und den Navajo im Südwesten Nordamerikas, deren Religion besonders ausführlich beschrieben wurde (was nicht heißt, daß sie auch wirklich bekannt ist und verstanden wird), finden sich unzweifelhaft die vielgestaltigsten Götterwelten des Kontinents. Im Gegensatz zu den bisher angesprochenen Vorstellungen, die dem Himmel einen mehr oder weniger deutlichen Vorzug geben, stehen hier wenigstens vordergündig die Erde und Unterwelt im Mittelpunkt des Interesses.

Die Anfänge der Welt und der Götter, deren Übergänge zu den Menschen fließend sind, liegen meist im Dunklen. Eine Navajo-Überlieferung berichtet von fünf übernatürlichen Windwesen, die in der Urzeit über dem Wasser schwebten und auf geheimnisvolle Weise die Erde schufen. Aus der Vereinigung von (weiblicher) Erde und (männlichem) Himmel entstanden die menschengestaltigen *diyin di-ne'é* („wissende Leute"), die beim Aufstieg durch die vier Unterwelten bis in die fünfte Welt der Gegenwart an klaren Umrissen gewinnen. Bereits in der untersten Welt entstanden Erster Mann und Erste Frau aus zwei vollkommenen Maiskolben; sie zeugten mehrere Zwillingspaare, die zu den Vorfahren der Menschen zählen. Vor dem endgültigen Auftauchen in die jetzige Welt kam es zum Streit zwischen dem Ersten Paar, und so wie sie trennten sich auch Männer und Frauen; da die Frauen sich nun selbst befriedigen mußten, gebaren sie eine Fülle von Ungeheuern, die auch nach Wiedervereinigung der Geschlechter und Eintritt in die fünfte Welt Gefahr und Schrecken verbreiteten. In der vierten Welt entstand schließlich noch Coyote aus einer weiteren Vereinigung von Himmel und Erde; er ist ein Trickster, aber als Meister der Verschlagenheit und Urheber des Zorns auch der erste Krieger.

Nachdem Erster Mann die Welt für die Menschen eingerichtet hatte, entdeckte er auf einem heiligen Berg ein aus einer schwarzen Wolke geborenes Kind, das als *'Asdzáá Nádleehé* („Changing Woman") zum wichtigsten *diyin*-Wesen der Navajo wurde. Sie verkörpert die sich im Jahreslauf verändernde Erde und ihre Vegetation und versorgt auf diese Weise die Menschen mit Nahrung. Aus ihrer Verbindung mit der männlichen Sonne gebar sie die Heldenzwillinge Monstertöter und Kind-des-Wassers, die auf ihren Reisen zu ihrem Vater Sonne in einer Serie von unglaublichen Abenteuern die Welt von den Ungeheuern befreiten und damit zu den Zwillingskriegsgöttern der Navajo wurden. Hunger, Armut, Alter und Schmutz überlebten, weil sie, wie Changing Woman ihren Söhnen erklärte, „irgendwo zwischen gut und böse sind. Armut und Hunger sind irgendwo zwischen dem, was Freude, und dem, was Schmerz bereitet. Deshalb sollen sie nicht vernichtet werden".

Nach der endgültigen Einrichtung der Welt zogen sich die *diyin*-Leute endgültig an die Erdränder zurück, bleiben jedoch im Ritual stets präsent. Die unzähligen Gottheiten, von denen etliche unter verschiedenen Namen in den Mythen erscheinen (und die von manchen Navajos als verschiedene Personen betrachtet werden), sind nämlich die Urheber der spezialisierten Zeremonien, die den Navajo zur Heilung und Abwehr von Krankheit und zur Herstellung des Idealzustands von *hózhó* („Schönheit“ oder „Harmonie“) dienen.

Die amerikanische Forscherin Gladys Reichard hat versucht, die *diyin*-Leute nach ihren Hauptcharakteristika zu unterscheiden. Auch wenn diese Klassifikation keine ist, die von den Navajo selbst so vorgenommen wird, gibt sie doch wenigstens einen Eindruck von der Vielfalt der göttlichen Personen und ihren Absichten. Changing Woman und Sonne etwa zählen zur Gruppe der „Überredbaren Gottheiten“, weil ihre Intentionen stets gut sind. Erster Mann und Erste Frau sind „Unzuverlässige Gottheiten“, weil ihr Verhalten unberechenbar ist; um ihre Hilfe zu erlangen, ist großer Aufwand erforderlich. Neben zahlreichen *diyin*, die Göttern und Menschen als Mentoren und Boten dienen, gibt es die zwischen Menschen- und Götternatur stehenden Heroen, wie die Zwillingskriegsgötter. Die Ungeheuer sind „Unüberredbare Gottheiten“, die man rituell fernzuhalten versuchen muß, weil sie dem Menschen nur Übles wollen. Die ihnen verwandten „Gefahren“ sind weniger individualisiert und letztlich auch kontrollierbar. Die bereits erwähnten „Wesen zwischen Gut und Böse“, wie Kälte, Schlaf und Not, sind mit ihren triefenden Nasen und kranken Augen zwar grauenvoll anzusehen, im Umgang aber mild und freundlich. Reichard vermutet allerdings, daß sich hinter einer großen Zahl der so unterschiedlichen Gottheiten die Sonne als eigentliche Triebkraft des Universums verbirgt.

Ähnlich figurenreich ist das Pueblo-Pantheon, aus dem die Navajo ja zahlreiche Anregungen übernommen haben. Die Sonne nimmt meist eine noch hervorgehobenere Stelle ein als bei den Navajo und steht bei den Zuni als „Träger des Lebenswegs“ gar an der Spitze der Götterwelt. Er ist Vater eines der beiden Zwillingskriegsgötter, die von ihren

Wohnorten in den Bergen Wind und Schnee schicken und bei den Zuni die Medizingesellschaften etabliert haben. (Der andere Zwilling ist Sohn des Regenwassers.) In den Keres-Pueblos ist Iyatiku, die Maismutter, auch die Mutter der Menschen, Herrin des Totenlands in der Unterwelt und Gründerin der Medizinbünde. Auch wenn sie Züge einer „Erdmutter" aufweist, ist sie nicht mit der Erde identisch, die als eigenes Wesen etwa bei den Hopi auch die Herrin der Tiere ist. (Die Hopi verehren ihrerseits einen männlichen Reifungsgott, dessen Körper mit Maiskörnern bedeckt ist.) Sterngötter, wie Morgenstern und Meteor, sind mit dem Krieg verbunden. Die Federschlange erinnert an vergleichbare Wesen im benachbarten Mexiko; während sich ihre Gestalt aus der Verbindung von Wolken und Wasser ableitet, ist sie in den Pueblos hauptsächlich für irdische Wasserquellen zuständig.

Auch in den Pueblos ist die Zahl der Gottheiten mit ihren sehr spezifischen Eigenschaften ungeheuer groß. Was sie von den *diyin*-Leuten der Navajo unterscheidet, ist ihre grundsätzlich gute Absicht den Menschen gegenüber. Böse ist nur die Hexerei, die ausschließlich Sache der Menschen ist.

Neben den Göttern gibt es in den Pueblos aber mit den Kachinas noch eine weitere Gruppe übernatürlicher Wesen, die dem Menschen näher stehen und im Rahmen der zwischen Wintersonnenwende und Juli stattfindenden Zeremonien von maskierten Tänzern verkörpert werden. Auch wenn es in den westlichen Pueblos über zweihundert einzelne benannte Kachinas mit typischer Kleidung und spezifischer Zuständigkeit gibt, sind sie dennoch Kollektivwesen und repräsentieren die Ahnen, die als Mittler zu den Göttern vor allem für den für die Feldfruchtbarkeit dienenden Regen sorgen. (Auch die um die Berggipfel unter der Führung der Stürme lebenden Wolken werden als übernatürliche Personen mit den Verstorbenen assoziiert.) Aber sie ermahnen auch, manchmal durchaus drohend, zur Einhaltung der gesellschaftlichen Normen.

So wie die Sonne bei den Zuni und die Maismutter bei den Keres, nimmt bei den Hopi der Gott Maasaw, eine Personifikation des Todes, die führende Stellung im Pantheon ein. Wie Iyatiku herrscht er über das finstere Totenreich der Unterwelt, wo die Verstorbenen zum regelmäßigen Gang der Sonne beitragen: Es ist das Fett der Toten, das die Brennkraft des Tagesgestirns erneuert. Maasaws Aussehen ist grauenerregend: seine Füße sind riesig, in der Hand hält er eine Keule, und sein Gesicht ist häßlich, hohläugig und blutverschmiert. Aber es ist nur eine Maske, die er trägt. Wenn er sie abnimmt, zeigt sich ein schöner junger Mann mit wallenden Haaren, Türkisschmuck und indigofarbenen Kleidern. Er half den Menschen beim Aufstieg in die jetzige Welt und ist der Besitzer des Landes, das er den Hopi zur Nutzung überträgt (was angesichts der Tatsache bemerkenswert ist, daß bei den Hopi die Frauen das Verfügungsrecht über das Land haben). Als Herr der Dunkelheit ist er auch Herr des Feuers und des Lichts, brachte den Menschen die Feuererzeugung bei und trägt durch die Wärme auch zur Feldfruchtbarkeit bei, teilt also auch in diesem Punkt eine Eigenschaft mit der Maismutter der Keres. In engem Zusammenhang mit seinen verschiedenen Aufgaben steht Maasaws Fähigkeit, Menschen ein langes Leben und Gesundheit zu gewähren. Als Beschützer des Hopi-Lands und als Todesgott betätigt er sich bei der Vernichtung von Feinden im Krieg.

Maasaws Frau Tuwapongtumsi ist übrigens eine Art Erdgöttin und Schwester des Reifungsgotts Muyingwa, der manchmal mit dem anderen Vegetationsgott Alosaka gleichgesetzt wird, dessen Frau Alosaka-wuqti gelegentlich mit der Erd- und Vegetationsgöttin Talatumsi identifiziert wird. Diese Götterdoubletten erinnern an das aztekische Mexiko, wo Eroberungen und Überlagerungen älterer Kulturen zu ähnlichen Verdoppelungen geführt haben. Bei den Hopi kommt als Erklärung zu den historischen Faktoren noch die Unterschiedlichkeit in den Überlieferungen der Verwandtschaftsgruppen und Dörfer.

Die dominante Stellung männlicher Gottheiten in den matrilinearen, bodenbautreibenden Gesellschaften der Hopi und Zuni mag verwundern; aber auch bei den Bodenbauern des östlichen Waldlands, insbesondere den Irokesen, spielen weibliche Gottheiten nicht jene gleichberechtigte Rolle, die Frauen in der menschlichen Welt einnahmen. Eine der wichtigsten Gottheiten der Eskimo, bei denen die Frauen nur geringe Bedeutung in Wirtschaft und religiöser Praxis hatten, ist hingegen weiblich konzipiert: die Meermutter.

Auf Baffinland heißt sie Sedna („die eine da unten"), bei den Polar-Inuit Nerrivik („der Fleischteller"), in Ostgrönland Imapukua („die Mutter des Meeres"); nur in Labrador war der Meergott ein Mann. Die Göttin ist manchmal halb Robbe, halb Frau, manchmal einäugig, manchmal eine Riesin. Aus den ihr von ihrem Vater abgeschnittenen Fingergliedern entstanden in der Urzeit die Tiere, deren Herrin sie daher ist. Wenn die Jagdtiere ausbleiben, weil die Menschen Tabus verletzt haben (vor allem die Vermengung der Produkte des Wassers und des Landes, ferner Regeln bezüglich Menstruation, Geburt und Tod), dann muß der Schamane ins Meer tauchen, um nach dem Rechten zu sehen. Wie die Menschenfrauen, die durch Geburt oder Tod einer Tabuperiode unterworfen sind, sitzt die Meerfrau mit dem Gesicht zur Wand in ihrem Haus am Meeresgrund, mit zottigem, verschmutztem Haar, in dem sich alle menschlichen Tabubrüche gefangen haben. Der Schmutz verstopft auch den Tieren den Ausgang aus ihrem Haus, und der Schamane muß ihr die Haare auskämmen und das Haus säubern, weil die fingerlose Göttin das nicht selbst zu tun vermag. So wie ihr Name variiert, wird auch die Geschichte entlang des arktischen Eismeeres in verschiedenen Varianten erzählt.

Für die meisten Eskimo ist die Meermutter die *inua* („Einwohnerin") des Meeres und die Herrin der Meerestiere, der eine andere Eignerin der Landtiere gegenübersteht. In der Zentralarktis aber verbindet sie beide Eigenschaften und übernimmt zudem noch Aufgaben wie Wetterkontrolle und die Durchsetzung der Lebensregeln, die sonst dem Windgott Sila („Luft, Verstand“) oder dem Mond zufallen. Letzterer ist ebenso ein *inua* des Monds, wie Sila einer der Luft ist. Durch ihre Ämterkumulation wird die Meermutter in der Volksreligion zum obersten Wesen des Pantheons, während in der Auffassung der Schamanen diese *inue* nicht nur weitgehend miteinander identifiziert werden, sondern zugleich auch ein *tornaq* (Geist) sind, über den der Schamane Macht erlangen kann. In einem im Herbst abgehaltenen Ritual locken die Schamanen die Meermutter in das Zeremonialhaus, um ihren Widerstand zu brechen. Wann, wie und warum die *inua* des Meeres zu ihrer erhabenen Stellung aufgestiegen ist, läßt sich bestenfalls mutmaßen. Vielleicht war es gerade die in der Zentralarktis ausgeprägte Bedeutungslosigkeit der Frauen für die Nahrungsgewinnung, die ihre Bedeutung als Quelle allen Lebens (und damit letztlich doch auch der Nahrung) in den Vordergrund rückten.

Den Aufstieg einer anderen weiblichen Gottheit an die Spitze der Götterwelt kann man hingegen wenigstens datieren und in den historischen Quellen verfolgen, auch wenn die Erklärung dieser plötzlichen Karriere weitgehend fraglich bleibt. Es handelt sich um Kokomthena, das Höchste Wesen der Shawnee, einer algonquinsprachigen Bevölkerung südlich der Großen Seen. Nach einer kurzen Skizze der Shawnee-Religion, die 1824 der Shawnee-Prophet Tenskwatawa einem amerikanischen Regierungsbeauftragten diktierte, steht an der Spitze des Pantheons „der Beender“ (gelegentlich auch als „Großer Geist“ bezeichnet), der die Welt geschaffen hat und die moralische Oberaufsicht über sie ausübt. Er wird dabei unterstützt von zwei Untergottheiten, von denen einer für die Weißen, der zweite für die Indianer zuständig ist. (In einer anderen Überlieferung der Shawnee wird die Erschaffung der Weißen einem anderen Schöpfer zugeschrieben.) Der für die Indianer verantwortliche Untergott, der von der untersten Himmelsetage aus seine Schutzbefohlenen überwacht, ist der Enkel von Waupoathee (oder Kokomthena), die als Zwischenträgerin zwischen ihm und dem Beender dient.

Schon um 1860 gab es aber unter den Shawnee unterschiedliche Meinungen, ob der Große Geist oder die Großmutter das Höchste Wesen sei. Sie übernimmt immer deutlichere Züge einer Schöpfergottheit, sei es als Neugestalterin der Welt nach der Zerstörung der ursprünglichen Welt durch eine Flut, sei es als ausführendes Organ des Beenders, der sich die Welt nur ausgedacht hat. Als das amerikanische Ethnologenehepaar Voegelin in den dreißiger Jahren des 20. Jh. bei den Shawnee forschte, war der männliche Schöpfer weitgehend verschwunden, und auch Kokomthenas Enkel spielte nur eine mindere und nicht unbedingt erfreuliche Rolle als Schöpfer böser Wesen und Verursacher von Katastrophen. Heute gilt er als harmloses Kind: Er spielt mit Kumuluswolken und formt aus ihnen zum Vergnügen der Menschen vergängliche Wolkentiere.

Kokomthena wird anthropomorph gedacht als alte Frau mit grauen Haaren, manchmal als Riesin, häufiger als eher klein. Sie hat mehrere Namen, darunter Papoothkwe („Wolkenfrau“, wohl identisch mit Waupoathee von 1824), und spricht neben dem Shawnee noch eine eigene Sprache, die nur kleine Kinder verstehen. In ihrem mit Rinde gedeckten Haus im Himmel flicht sie einen Korb, in dem nach Fertigstellung die guten Shawnee in den Himmel geholt werden sollen – aber jede Nacht kommt ein kleiner Hund und trennt das Geflecht wieder auf. Kokomthena ist eine gütige Großmutter, die die Menschen beschenkt, ihnen zwölf Gesetze gegeben und fast alle ihrer Zeremonien gestiftet hat.

Die Frage nach dem Grund für diese Entwicklung ist nicht eindeutig zu beantworten, zumal in der Epoche der Veränderung keine Umwälzungen im gesellschaftlichen Leben der Shawnee stattfanden, die eine Stärkung der Stellung der Frau bewirkt haben könnten. Man hat äußere Einflüsse dafür verantwortlich gemacht: seitens der Irokesen, bei denen, wie schon gesagt, keine dominante Göttin vorhanden war; aus der christlichen Marienverehrung, obwohl die

Shawnee wenig mit katholischen Missionaren zu tun hatten; oder von den Yuchi, bei denen Alte Frau aber auch nur eine nachgeordnete Gottheit war. Bei den benachbarten Cherokee war zwar die „Großmutter Sonne" das höchste Wesen, aber keine Schöpferin. Die Verehrung der Mutter Erde nimmt zwar in den Lehren des Shawnee-Propheten einen wichtigen Platz ein, aber Kokomthena ist sicher keine Erdgottheit. Es kann sich freilich auch um eine Entwicklung handeln, in deren Rahmen die Shawnee sich vom fernen Hochgott ab- und der zugänglicheren Großmutter zuwandten. Es kann aber umgekehrt auch der Fall sein, daß der Große Geist von Tenskwatawa, der von ihm seine Lehre empfangen hatte, in den Vordergrund gerückt wurde, sich aber langfristig gegen eine ältere weibliche Gottheit nicht durchsetzen konnte.

Transformer, Kulturheroen, Trickster

Für die große Mehrheit der indigenen Kulturen Nordamerikas war Schöpfung kein einmaliger und eindeutiger Akt, sondern ein andauernder, sich oft auch wiederholender und in sich widersprüchlicher Prozeß. Das stufenweise Auftauchen aus unteren Welten, die notwendige Neuschöpfung nach der Flut und das Schöpferpaar mit ungleichen Zielen sind bereits beispielhaft erwähnt worden. Oft kennen die Mythen keinen eigentlichen Schöpfer, sondern nur einen Transformer, der eine bestehende Welt umgestaltet, aber solche mythische Gestalten kommen auch gemeinsam mit Schöpfern vor. Den letzten Schritt in dem Prozeß stellt im allgemeinen die spezifische Unterweisung der Menschen in das richtige und angemessene Leben in der Welt dar, ein Schritt, der bald nach der Schöpfung erfolgen oder auch in relativ jüngerer Vergangenheit vollzogen werden konnte, vor allem, wenn es um die Reform eines irregeleiteten oder unzeitgemäßen Lebensstils geht. Diese Lehrer der Menschen werden als Kulturheroen bezeichnet.

Die Erschaffung und Einrichtung der Welt und die moralische Unterweisung ihrer Bewohner sind grundsätzlich ernste und verantwortungsvolle Aufgaben. Trotzdem spielen in den Schöpfungsgeschichten des indigenen Nordamerika immer wieder Personen eine Rolle, die sich durch sozialschädigendes Verhalten, als Dummheit getarnte Schlauheit, Täuschung und Lüge, Freßlust und nicht selten durch ein ungezügeltes Triebleben bis zum Inzest auszeichnen. Der amerikanische Ethnologiepionier und Mythenforscher Daniel Brinton hat diese besonders für Nordamerika charakteristischen ambivalenten Figuren 1886 erstmals als „Trickster" bezeichnet.

Paul Radin, amerikanischer Ethnologe polnischer Herkunft, hat 1956 ein Buch mit dem Titel *The Trickster* (schon 1954 in deutscher Sprache als *Der göttliche Schelm* erschienen) veröffentlicht, das vor allem durch die beiden Schlußkapitel des Kulturphilosophen Karl Kerényi und des Psychoanalytikers Carl Gustav Jung ein breiteres Leserpublikum ansprach. Radins Buch ist in erster Linie eine Interpretation von zwei Tricksterzyklen der Winnebago, wobei neben vergleichenden Aspekten ein Hauptinteresse der gestalterischen Kraft des begabten Erzählers gilt, der aus einem überlieferten Fundus ein neues Ganzes schafft. Kerényis Suche nach Parallelen in der antiken Mythologie, die in der bekannten Gleichsetzung des Exotischen mit dem Alten mündet, findet ihre Entsprechung in Jungs Archaisierung des Fremden: Für ihn spiegelt die Gestalt des Tricksters eine archetypische psychische Struktur, ein undifferenziertes menschliches Bewußtsein, das kaum die tierische Ebene verlassen hat.

Diese Deutungen illustrieren das Problem einer europäischen Sicht, die sich das Unbekannte durch Assimilation an das Bekannte verständlich machen will, anstatt es aus sich selbst heraus zu verstehen. Auch viele der neueren Untersuchungen zum Thema Trickster sind wenig hilfreich, weil sie den Begriff so weit ausdehnen, daß er auch Außenseiter aller Art, Clowns oder die Helden von Schelmenromanen umfaßt. Sie betrachten den Trickster als literarische

Figur oder als Persönlichkeitstyp, vergessen aber allzu oft, daß er in den nordamerikanischen Mythen in erster Linie ein übernatürliches Wesen ist.

Die siouxsprachigen Winnebago kennen zwei Trickster-Gestalten: den Hasen (meist als Sohn einer Jungfrau dargestellt) und einen alten Mann, den eigentlichen Trickster. Die Bedeutung des Namens Wakdjunkaga („der Trickreiche") ist etymologisch nicht nachvollziehbar und vielleicht hat man umgekehrt listige Menschen als „wie Wakdjunkaga" bezeichnet. Andere Sioux-Völker kennen auch Trickster, die aber anders heißen und vielfach anders aussehen; eine gewisse Verwandtschaft besteht zum Alten Mann Coyote, dem Schöpfer-Trickster der Crow. Die Vergleichbarkeit und weite Verbreitung der Trickster-Zyklen in Nordamerika wird zwar meist als Hinweis auf ein hohes Alter angesehen; die Unterschiede der Ausgestaltung selbst bei Völkern einer Sprachfamilie weisen aber nachdrücklich auf die ständigen Veränderungen der Erzählungen und der mit ihnen verbundenen Interpretationen hin. Aus Einzelfällen auf die Urzeit zu schließen, fällt daher einigermaßen schwer.

Der Wakdjunkaga der Erzählungen lebt außerhalb der sozialen Welt als Tabubrecher und Zerstörer heiliger Objekte, der keinen ethischen Maßstäben verpflichtet ist. Nach Radin stellt seine Geschichte in drastischer Form die Prozesse der Sozialisierung und Identitätsfindung dar. Seine (in Anlehnung an C. G. Jung) anfänglich „undifferenzierte und instinkthafte Kindhaftigkeit" kommt im Kampf seiner rechten gegen seine linke Hand zum Ausdruck sowie in der Weise, in der er Verpflichtungen vernachlässigt, um seinen Hunger zu stillen. Wenn Wakdjunkaga seinen Anus dafür bestraft, daß er nicht auf die gebratenen Gänse aufgepaßt hat, während der Trickster schlief, illustriert dies, wie er die Kontrolle über den eigenen Körper zu gewinnen lernt. Seine Sexualität ist anfangs noch unspezifisch, und weil er seinen Penis ohnehin nur in einer Schachtel auf dem Rücken trägt, kann er sich leicht auch in eine Frau verwandeln, den Sohn des Häuptlings heiraten und von ihm Kinder bekommen.

Seine Verkleidung als Frau wird entdeckt, als er von der Schwiegermutter ums Feuer gejagt wird und dabei seine Vulva verliert. (Die besonders strenge Meidung der Schwiegermutter bei den Winnebago macht diese Episode für Winnebagos besonders skandalös.) Danach wird Wakdjunkaga ein normaler Mann mit Frau und Kindern. Seine gigantischen Genitalien werden endlich richtig an seinem Körper plaziert und vom Backenhörnchen auf menschliche Größe zurecht gebissen: Die Reste werden ins Wasser geworfen und verwandeln sich in Nutzpflanzen. Der biologischen Reifung folgt keine soziale: In mehreren Episoden mißglücken seine Versuche, gegenüber Besuchern das Gebot der Gegenleistung für erlangte Gaben zur Anwendung zu bringen. Erst am Ende erinnert er sich seiner eigentlichen Aufgabe und bringt kleinere Veränderungen an der Welt an.

Die von Radin mitgeteilte Einstellung der Winnebago gegenüber Wakdjunkaga ist zwiespältig: Traditionalisten sahen in ihm den Kulturheros und spielten seine Untaten und Anstandsverletzungen herunter; die Anhänger der synkretistischen Peyotereligion lehnten ihn als Teufel ab. Freilich erkannte man in ihm auch die Verkörperung aller schlechten Eigenschaften der Winnebago selbst, und doch kann man in der Satire auf die Winnebago-Gesellschaft nicht die primäre Funktion des Tricksterzyklus sehen. Daß die zwiespältige Einschätzung nicht neu war, ist daraus zu entnehmen, daß schon der Schöpfer Erdmacher nicht verstehen konnte, warum Wakdjunkaga, den er als erste heilige Person und Kulturheros erschaffen hatte, nichts Rechtes zustande brachte. Der Hase mußte schließlich das verrichteten, was Wakdjunkagas Aufgabe gewesen wäre.

Auch wenn Wakdjunkaga vor allem im Rahmen des Rituals der Medizingesellschaft Opfer dargebracht werden, nimmt er in der religiösen Praxis der Winnebago eine mindere Rolle ein. Man ordnet ihm die zweite von vier nacheinander geschaffenen und vertikal von oben nach unten angeordneten Welten zu, deren erste ein Werk Erdmachers war; Welten drei und vier stammen von Schildkröte und Hase.

Radin hält dieses Schema für eine Spekulation der religiösen Spezialisten, und tatsächlich scheint es das Resultat der Integration verschiedener heterogener Ideen zu sein. Die weltschöpferischen Leistungen, die bei den Crow der Alte Mann Coyote vollbringt, werden bei den Winnebago dem von der Schöpfung zum Schöpfer aufgestiegenen „Großen Geist" Erdmacher zugeschrieben. Aber auch als Kulturheros mußte Wakdjunkaga einigermaßen erfolglos bleiben, weil die heutige Welt erst ein Werk des Hasen ist. So überwiegt am Ende seine Rolle als Gegenbeispiel zum korrekten Verhalten, ohne daß er die kreativen Qualitäten des Widerspruchs verkörpern kann.

Den hasengestaltigen Kulturheros und Trickster scheinen die Winnebago von ihren algonquinsprachigen Nachbarn übernommen zu haben. Als Nanabosho der Ojibwa ist ihm bereits im 19. Jh. durch Henry Rowe Schoolcraft eine gewisse literarische Prominenz zuteil geworden. (Aus dieser Quelle zog der Dichter Longfellow die Eigenschaften, die er in seinem Versepos *The Song of Hiawatha* irrigerweise dem Kulturheros der Irokesen zugeschrieben hat; für die meisten Weißen war Indianer eben Indianer.)

Die in zahlreichen Varianten überlieferte Geschichte von Nanabosho erzählt von der jungfräulichen Tochter der Großmutter Erde, die durch Strahlen der Sonne geschwängert wird. Bei der Zwillings- oder Mehrlingsgeburt wird die Mutter durch seinen Bruder Feuerstein getötet. Nanabosho, der auch in menschlicher Gestalt auftritt, wird von seiner Großmutter als Hase aufgezogen. Er stiehlt für die Großmutter das Feuer von Nachbarn und bringt, indem er seine Mutter rächt, den Tod in die Welt. Gemeinsam mit seinem adoptierten Wolfsbruder erregt er durch übermäßigen Jagderfolg das Mißfallen der für das Wild zuständigen Unterwassermanitus, die Wolf als den eigentlichen Jäger töten. Nanabosho übt Rache an den Unterwasserwesen, gelangt dabei in den Besitz von Medizingeheimnissen. Schließlich versuchen die *manitos* Nanabosho durch eine Überflutung der Welt zu töten. Er kann sich auf wunderbare Weise retten und schafft mit Unterstützung des Erdtauchers eine neue Welt, die er für den Gebrauch der Menschen einrichtet.

Im Rahmen dieses Erzählzyklus kommen viele der Episoden vor, die den Stoff der Wakdjunkaga-Erzählung ausmachen; umso deutlicher wird der Zwiespalt zwischen den Wohltaten des Kulturheros und seiner lächerlichen Fehlerhaftigkeit. Als Gründer der Medizingesellschaft, aber auch in vielerlei anderer Hinsicht kommt Nanabosho relativ große Bedeutung auch für die praktische Religion zu.

In der irokesischen Version des Schöpfungsmythos sind der Kulturheros Tharonhiawagon („Saftling") und sein Zwillingsbruder Tawiskaron („Feuerstein") Enkel der Himmelsfrau, die durch ein Loch im Himmelsgewölbe auf das Weltmeer zustürzte, in dem die Moschusratte als Erdtaucher die Erde auf dem Rücken der Schildkröte errichtete. Die Einrichtung der Welt ist hier ein Werk der gegensätzlichen Zwillinge, wobei der von seiner Großmutter unterstützte Tawiskaron die idealen Schöpfungsversuche seines Bruders konterkarierte. Daß Tharonhiawagon keine Züge eines Tricksters trägt, mag damit zusammenhängen, daß er in der heute vorherrschenden Fassung des irokesischen Glaubens zum Hochgott geworden ist, während dem am Ende getöteten Bruder keine Bedeutung mehr zugemessen wird.

Ähnlich wie bei den Winnebago haben im Plateaugebiet westlich der Rocky Mountains kulturelle Einflüsse der Nachbarschaft zum Nebeneinander einer Mehrzahl von Transformergestalten geführt, ohne daß sie hier jedoch in ein gemeinsames Ordnungsschema gepreßt worden wären. Bei den Binnensalish, z. B. den Thompson oder Cœur d'Alène, nimmt dabei der Trickster Coyote (wie in weiten Teilen des amerikanischen Westens) die beherrschende Stellung ein. Daneben aber begegnen wir drei Brüdern von der Pazifikküste, die ihre übernatürlichen Kräfte hauptsächlich dazu verwenden, alles, was ihnen in den Weg kommt, in Stein zu verwandeln und damit heute noch bestehende Felsen zu schaffen. Konsequenterweise werden sie schließlich selbst zu Felsen. Auf ihren Wanderungen flußaufwärts begegnen die drei dem flußabwärts wandernden Transformer Wurzelkind, dem die Großmutter verraten hatte, daß sein Vater eine der Wurzeln ist, die seine Mutter täglich im Wald als Nahrung sammelte. Beschämt verließ Wurzelkind seine Familie und begann eine Wanderschaft, auf der er verschiedene Wesen, die er des Kannibalismus beschuldigte, in nützliche Dinge verwandelte, zur Verbreitung der Wurzeln beitrug und schließlich anstelle von Coyote zum Mond wurde. Auch Alter Mann, der Trickster der nördlichen Plains, taucht in den Erzählungen der Binnensalish gegen das Ende der mythischen Epoche auf. Beim Kräftemessen mit Coyote zeigt sich, daß Alter Mann der „Große Häuptling" ist: Er nimmt ihn mit sich und sperrt ihn in ein großes Haus aus Eis. Seine Ankündigung, eines Tages würden er und Coyote wiederkommen, die Welt verändern und die Toten in die Welt der Lebenden zurückbringen, läßt christlichen Einfluß aus direkter missionarischer Quelle oder über die Geistertanzbewegung des 19. Jh. vermuten (vgl. Kapitel 5 unten).

Die Einrichtung der Welt für die Menschen durch übernatürliche Transformer stellt im allgemeinen den Beginn der heute bestehenden Ordnung dar. Wenn man die in Nordamerika weit verbreiteten Flutmythen, die mit dieser Periode verbunden sind, materialistisch deuten wollte, könnte man die Leistungen der Kulturheroen als notwendige Anpassung an die nacheiszeitlichen Umweltverhältnisse sehen. Die Notwendigkeit zur Anpassung an Veränderungen im natürlichen und sozialen Umfeld der indigenen Völker blieb aber auch nach dem Abschmelzen der großen Gletscher bestehen. So ist es nicht erstaunlich, daß uns in einigen Fällen Kulturheroen entgegentreten, denen deutlich jüngere Anpassungsleistungen zugeschrieben werden.

Die Cheyenne etwa haben im späten 17. oder frühen 18. Jh. ihre ursprüngliche Heimat in den Waldländern am oberen Mississippi verlassen, ihre Dörfer aus Erdhäusern in der Nähe ihrer Maisfelder aufgegeben und waren auf den

Steppenlandschaften der Plains zu nomadisierenden Bisonjägern geworden. Dazu kam, daß sich die Cheyenne zu dieser Zeit mit einer anderen algonquinsprechenden Gruppe, den Suhtai, verbanden. Die dramatischen Veränderungen der sozialen Ordnung, die Aneigung eines völlig neuen Lebensraums und die Umstellung der Wirtschaftsweise erforderten nun auch eine spirituelle Neuorientierung der Migranten. Sie wurde durch zwei mythische Kulturheroen bewerkstelligt, den Cheyenne Motseyoef („Stehende Süßwurzel", Sweet Medicine) und den Suhtai Tomsivisi („Aufrechte Hörner"). Beide erhielten im Inneren des heiligen Bergs Bear Butte in den Black Hills von South Dakota Belehrungen und Kultgegenstände vom Schöpfer Maheo.

Motseyoef, der bereits als Knabe seine außergewöhnlichen Fähigkeiten demonstrierte, indem er in einer Versammlung von Ritualisten seinen Kopf vom Körper trennte und anschließend wieder aufsetzte, wurde von Maheo mit den vier Heiligen Pfeilen betraut, zwei für die Jagd und zwei für den Krieg, Symbole der Männlichkeit und der Stammeseinheit und zugleich ein Unterpfand der andauernden Bindung an den Schöpfer. Tomsivisi erhielt den Heiligen Büffelhut als Symbol der Fruchtbarkeit und der jährlichen Erneuerung der Erde. Zu den aus diesen Schenkungen abgeleiteten großen Ritualen, der Pfeilerneuerung und dem Sonnentanz, kam noch die ebenfalls von Motseyoef eingeführte Massaum-Zeremonie, in der die Schenkung der Erde rund um den Black Butte an die Cheyenne und ihre Beziehung zu den lokalen übernatürlichen Mächten festgehalten und erneuert wurde. Es heißt von Motseyoef, daß er vier Menschenalter lang gelebt habe, als junger Mann im Sommer, gereift im Herbst, vom Alter geschwächt im Winter und wieder verjüngt im Frühjahr. Nach anderen Nachrichten kehrte er immer wieder in Krisenzeiten zu seinem Volk zurück. Bei seinem Abschied prophezeihte er das Kommen der Weißen, die Ausrottung der Bisons und eine schwere Zukunft für die Cheyenne.

Kulturheroen einer jüngeren Vergangenheit sind auch die Gründer des irokesischen Völkerbunds, der Seneca Deganawida und der Mohawk Hiawatha. Ihre Tat wird heute meist ins 16. Jh. verlegt. Nach irokesischer Überlieferung war es eine Epoche, in der Kriege zwischen den verwandten Stämmen und selbst zwischen Dörfern, Sippen und Familien zu Tod, Schrecken und Hexerei unter den Irokesen geführt hatten. Deganawida war das Kind einer Jungfrau, der die herausragende Bedeutung ihres Sohns bereits in einem pränatalen Traum geoffenbart worden war. Das Kind selbst überlebte mehrere Tötungsversuche und wuchs zu einem schönen und aufrechten Mann heran, der aber wegen seiner Friedensliebe ein Außenseiter blieb. Durch seine Wundergaben gelang es ihm jedoch, den fünf verfeindeten Völkern klar zu machen, daß er vom Schöpfer dazu bestimmt war, das Große Gesetz des Friedens zu verkünden. Gemeinsam mit dem nach dem Tod seiner sieben Töchter trauernden Hiawatha war es ihm nicht allein möglich, die Irokesen von der Notwendigkeit der neuen Ordnung zu überzeugen, sondern auch Thadodaho, dem Anführer und Oberhexer von Onondaga, „die Schlangen aus den Haaren zu kämmen" und damit zu bezähmen. Sie begruben alle Waffen unter dem Baum des Friedens, und Deganawida setzte die Häuptlinge der neuen Liga ein und verkündete das Große Bindende Gesetz göttlichen Ursprungs.

Sowohl die irokesischen Kulturheroen als auch ihre beiden Cheyenne-Kollegen waren Menschen, die neues Wissen als göttliche Instruktionen an ihre Völker weiterleiteten. Ihre eigene langsame Vergöttlichung, markiert durch Merkmale wie Jungfrauengeburt oder übernatürliche Fähigkeiten, erfolgte in historischer Zeit. So wie diese geschichtlichen Personen mögen auch andere herausragende Neuerer in früheren Epochen in die Götterwelt des indigenen Nordamerika eingegangen sein.

3

Religiöses Wissen und Handeln

Das Bild, das sich die westliche Welt lange Zeit von den Religionen ferner Völker schuf, war von der Unterstellung der Unvernunft geprägt. „Traumfurcht" und „Gespensterglauben" galten als Triebkräfte und Ausdruck eines von Unwissenheit geleiteten irrationalen Handelns. Die christliche Zivilisation und ihre Sendboten sahen sich in dieser Hinsicht als Aufklärer, deren erste Aufgabe darin bestand, den „Heiden" angesichts des teuflischen Blendwerks die Schuppen von den Augen zu nehmen und ihnen zur Erkenntnis der Wahrheit zu verhelfen.

Und doch zeigte sich bei näherer Betrachtung, daß diese Menschen genauso wie Europäer ihre Vernunft einsetzten, um zu Entscheidungen über Belange ihrer alltäglichen Lebensführung zu gelangen, daß sie dabei aber teilweise von unterschiedlichen Voraannahmen (wie der Beseeltheit der Natur) ausgingen. Auch ihre religiösen Anschauungen und Handlungen ruhten auf einer breiten empirischen Grundlage, die nur unter anderen Rahmenbedingungen zustande kam. Zu behaupten, irrationale Ängste, Hoffnungen oder Empfindungen spielten für das menschliche Handeln keine Rolle, wäre töricht, zumal wir davon täglich an uns selbst und an anderen Zeuge werden. Diese Tatsache stellt freilich keine Eigentümlichkeit „primitiven Denkens" dar, so wie Erfahrung und ihre praktische Umsetzung keine Vorrechte von Leuten sind, die in Nationalstaaten leben oder ihr Wissen einem Stück Papier anvertrauen.

Es kann kaum erstaunen, daß in Kulturen, in denen der Umgang mit den nicht-menschlichen Wesen nicht oder nur wenig vom Leben in der „wirklichen Welt" abgelöst wird, Vernunft und Empirie in allen Formen des Handelns eine vergleichsweise große Rolle spielen. Annahmen über die Wirklichkeit gründen sich also auch im Hinblick auf die Beurteilung des Übernatürlichen in hohem Maß auf eigene Erfahrungen, auf Mitteilungen aus glaubhafter Quelle sowie auf Schlußfolgerungen, die man aus diesen Tatsachen ziehen kann. Die Religionen des indigenen Amerika unterscheiden sich nun voneinander unter anderem in der relativen Bedeutung, die entweder der eigenen Erfahrung oder der Autorität der Überlieferung bei der Gewinnung von religiösem Wissen beigemessen wird. Beide Formen des Wissenserwerbs ermöglichen die Entstehung von Spezialistentum, das seinerseits die Rolle der Autorität und die Kontrolle über den Zugang zu Kenntnissen über das Übernatürliche sowie den angemessenen Umgang mit ihm verstärkte.

Erfahrung: Träume und Visionen

Das Christentum weist der Autorität der Heiligen Schrift und der überlieferten Lehrmeinung einen deutlich höheren Stellenwert zu als der persönlichen religiösen Erfahrung. Es liegt zum Teil in diesem Unterschied begründet, daß der empirische Aspekt indigener Religionen als im Grunde nicht religiös und in einigen seiner Erscheinungsformen auch als irrational angesehen wurde und wird. Die Vermutung der Irrationalität bezieht sich auf die Tatsache, daß in vielen der nordamerikanischen Kulturen der Erfahrungsgewinn nicht allein im Wachzustand möglich war, sondern genauso gut oder gar noch besser im Traum oder in absichtlich veränderten Bewußtseinszuständen.

Träume und Visionen sind für einen Teil der indigenen Religionen tatsächlich von zentraler Bedeutung (und werden als besonders „exotisch“ auch gerne in den Vordergrund gestellt). Gerade deshalb erscheint es nützlich, auch auf die Wichtigkeit von Wacherfahrungen für religiöse Vorstellungen hinzuweisen. Wie auch für andere Völker Nordamerikas waren Blitz und Donner für die nördlichen Ojibwa Lebenszeichen des falkengestaltigen Donnervogels. Tatsächlich treten die ersten, von Süden anrückenden Gewitter eines Jahres im Lebensraum der nördlichen Ojibwa im April auf, dem Monat, in dem auch die Zugvögel aus dem Süden erscheinen. Die Gewittertätigkeit endet im Oktober mit dem Abflug der sommerlichen Vogelbesucher. Die Schlußfolgerung, der Donner müsse vogelgestaltig sein, ist ebenso naheliegend wie die Annahme einer beachtlichen Größe des Wesens, die sich aus der Mächtigkeit der optischen und akustischen Erscheinungen ergibt, die ihm zugeschrieben werden.

Überdies, so berichtet Hallowell vom Berens River in Manitoba, sei ein solcher Donnervogel in einem Ausnahmefall auch „in freier Wildbahn" gesichtet worden: Diese Beobachtung durch ein Kind sei allgemein in Zweifel gezogen und schließlich nur akzeptiert worden, weil ein anderer Zeuge den ungewöhnlichen Anblick bestätigte – er hatte den Donnerer in genau derselben Gestalt im Traum gesehen. Die Ojibwa sind also weder leichtgläubig noch unvernünftig, wenn sie Blitz und Donner als von einem mächtigen Vogel verursacht denken; sie prüfen die Evidenz, und dazu gehören auch die Träume. Erfahrungen dieser Art bieten den subarktischen Jägern, die auf ihren Jagdzügen alle Sinne in einem für Außenstehende kaum glaublichen Maß geschärft haben, eine fortwährende Bestätigung ihrer Annahmen über die Beseeltheit der Natur.

Lowie erzählte man bei den Crow vom legendären Krieger Big-iron, der – verärgert über den Lärm des Donners – aus seinem Zelt stürzte und dem Donner mit einer Keule drohte, die er von seinem Schutzgeist erhalten hatte. Nachdem vier Versuche des Donners, Big-iron mit einem Blitz zu treffen, fehlgeschlagen waren, brauchte dieser nur noch die Keule zu erheben – und bald war kein Wölkchen mehr am blauen Himmel zu sehen. In diesem und ähnlichen Fällen bestätigte der Erfolg die Richtigkeit der Annahmen über den möglichen Umgang mit nicht-menschlichen Mächten.

Die Einsicht in die Bedeutung von Träumen für die menschliche Erfahrung der Welt lag schon E. B. Taylors

Animismustheorie zugrunde. Seine Meinung, das Leben der „Primitiven“ sei für sie wie „ein langer Traum“ und die „Wilden“ hätten „keinen klare Unterscheidung zwischen Einbildung und Wirklichkeit“ gemacht, stellte sich freilich bald als Irrtum heraus. Traum- und Wacherfahrung werden immer unterschieden, oft aber als einander ergänzend erachtet. Viele, keineswegs aber alle Völker Nordamerikas können als Zeugen für die Wichtigkeit des Traums bei der Erklärung der Welt aufgerufen werden; die Bandbreite ihrer Praktiken läßt jedoch erkennen, daß die Deutung der Erlebnisse von Schläfern keineswegs einheitlich ist.

Bei den Hopi und anderen Pueblovölkern spielt der Traum als Quelle religiöser Kenntnis keine kulturell anerkannte Rolle. Trotzdem nehmen die Hopi ihre Träume, die vielfach von Bildern aus ihrer religiösen Vorstellungswelt und Erfahrung durchzogen sind und die den Konflikt zwischen dem Individuum und den Zwängen der alles beherrschenden Gesellschaft und ihren religiösen Institutionen verarbeiten, sehr ernst. Einen schlechten Traum muß man sofort weitererzählen, sonst geht er in Erfüllung; einen guten Traum muß man bei sich behalten, um zu verhindern, daß er sich verflüchtigt. Das Wort für Traum *(dimoki)* bezeichnet auch einen zum Begräbnis gebündelten Leichnam oder ein Bündel des lebensspendenden Mais, das man am Rücken trägt. Träume – Bündel von Gedanken – sind Erlebnisse der Seele im Zustand des Schlafs, der dem des Todes vergleichbar ist, und werden von den Hopi als Kommentare der Seele zum Leben des Träumers verstanden. Auch bei den Navajo sind Träume bestenfalls Vorzeichen von Glück oder Unglück, aber kein Weg zur Erlangung übernatürlicher Kenntnisse oder Kraft.

Ganz anders bei den Mohave, die nicht allzu weit von den Hopi entfernt am Unterlauf des Colorado River Schwemmland bebauen. Für sie war der Traum die einzige Quelle von Wissens. Nach ihrer Ansicht konnte man Wissen nicht wirklich erlernen; jeder Mann mußte es im Traum selbst erwerben. Natürlich lernten auch die Mohave durch Beobachtung und Nachahmung; aber diese Kenntnisse waren wertlos ohne die entsprechende Traumerfahrung. „Glück“ bedeutet „gutes Träumen“, weil einem im Traum die notwendigen Fähigkeiten verliehen werden, um ein erfolgreicher Krieger zu werden, Glück bei Frauen zu haben oder im Glücksspiel zu gewinnen. Aber auch die Mythen müssen geträumt werden, weil die mündliche Überlieferung die tatsächliche Teilnahme am mythischen Geschehen nicht ersetzen kann, die einem der Traum bietet. „Ich war dabei, ich sah den Gott Matavilya“, vermag nur der Träumer zu Recht behaupten. (Die Praxis führte oft zu Streit, weil verschiedene Träumer jeweils die Version ihres Traums für die einzig richtige hielten.)

Die nördlichen Ojibwa, die Naskapi und die anderen nördlichen Algonquin träumten keine Mythen; für sie war der Traum die wichtigste Gelegenheit, bei der sich ihnen nicht-menschliche Wesen zeigten – daher auch die höhere Beweiskraft des geträumten Donnervogels gegenüber dem in freier Wildbahn gesehenen. Die Traumbesucher *(pawáganak)* der Ojibwa gewährten bereitwillig Lebenshilfe und führten den Jäger zu seiner Beute. Auch hier ist der eintretende Jagderfolg ein empirischer Beleg für die Wahrheit der übernatürlichen Voraussage.

Neben diesen mehr oder weniger spontanen Träumen wurde die Traumerfahrung bei den Ojibwa und ihren Nachbarn auch aktiv gesucht. Während der Pubertät hielt man Knaben dazu an, in einem absichtlich herbeigeführten Traum einen Schutzgeist zu erwerben. (Mädchen konnten das auch tun, mußten aber nicht; für einen Mann war ein Schutzgeist jedoch eine absolute Notwendigkeit.) Schon von klein auf ließ man die Kinder oft tagelang fasten; dies diente als Training für Zeiten schlechten Jagderfolgs, aber auch als Vorbereitung für das Traumfasten. Wenn der rechte Zeitpunkt dafür gekommen war, errichtete man im Wald eine Plattform in den Ästen eines Baums, die der Fastende nicht verlassen durfte. Man war sicher, daß das hungernde und frierende Kind über kurz oder lang – meist in der vierten Nacht – das Mitleid einer nicht-menschlichen Person erregen würde, die sich ihm im Traum offenbarte. Zwischen Traumsucher und Traumbesucher wurde ein Pakt fürs Leben geschlossen. Einerseits verlieh der Schutzgeist das Gefühl der Geborgenheit, das der Heranwachsende durch Verlassen der heimischen Nestwärme verlor; andererseits lehrte er den Knaben auch Lieder, Rituale und die Herstellung eines „Heiligen Bündels", in dem wie in einem tragbaren Hausaltar die Utensilien verwahrt waren, die man brauchte, um die Beziehung mit den *pawáganak* aufrecht zu erhalten.

Man bezeichnet diese Art von absichtlich herbeigeführten Träumen als „Visionen", auch wenn sie im Schlafzustand auftreten. Die Grenze ist allerdings fließend, und nach mehrtägigem Fasten in der Einsamkeit ist der Körper wohl auch so geschwächt, daß sich der Unterschied zwischen Wach- und Traumerfahrung tatsächlich verwischt. Nicht alle Träume der Ojibwa waren „visionär", und nicht alle Visionen waren ihnen willkommen. Die visionssuchenden Kinder warnte man besonders vor übelwollenden oder schwächlichen Traumbesuchern, und man bereitete sie darauf vor, den Unterschied zwischen erwünschten und unerwünschten *pawáganak* zu erkennen.

Zu den Verpflichtungen dem Traumbesucher gegenüber zählte bei den Ojibwa oft ein gewisses Maß an Geheimhaltung. Die Bindung war schließlich ein sehr persönliche; die verliehenen Fähigkeiten waren individuell und spezifisch. So erworbenes Wissen wurde zu esoterischem Sonderwissen, das nicht mit der Gemeinschaft zu teilen war, obwohl diese letztlich von seiner Anwendung profitierte.

Die Naskapi kannten zwar kein Traumfasten als Institution der Emanzipation von Heranwachsenden, sahen aber in den Träumen eine Offenbarung, in der nicht-menschliche Wesen überlebensnotwendiges Wissen vermitteln. Vor allem Jagdträume wurden bewußt angestrebt, indem man sang, die Trommel schlug, bestimmte Nahrung oder Getränke (einschließlich Alkohol) zu sich nahm oder meditierte. Essen, nicht Fasten, förderte das Träumen, denn der Verzehr von Fleisch galt als freundliche Geste gegenüber den „Arteignern", die der Seele des Träumers begegneten. Traumbesucher lockte man auch durch das Anlegen auffallender Kleidung an: Ein Naskapi verwendete mit Erfolg eine rote Krawatte, die ihm der Ethnologe Frank Speck geschenkt hatte. „Ich traumjage einen Bären", sagten die Naskapi, und wenn der Seele die Jagd gelang, dann konnte man auch mit dem wirklichen Jagderfolg rechnen. Träume, in denen keine nicht-menschlichen Personen auftraten, galten als Vorzeichen. Von Frauen zu träumen, brachte jedenfalls Glück. In anderen Fällen mußte man das Knochenorakel zur Deutung heranziehen.

Aus den irokesischen und huronischen Missionsstationen berichteten die französischen Jesuiten im 17. Jh. ebenfalls vom Traumfasten, das aber nicht die zentrale Bedeutung wie bei den Algonquin gehabt zu haben scheint und im 19. Jh. gänzlich verloren gegangen ist. Trotzdem konnte Pater Fremin 1668 von den Seneca behaupten, sie hätten „eigentlich nur eine einzige Gottheit – den Traum". Er spielt damit auf die Bedeutung an, die spontanen Träumen als den „geheimen Wünschen der Seele" von den Irokesen zugemessen wurde. Die möglichst prompte Erfüllung der Seelenwünsche (von den Jesuiten als „Traumtyrannei" gebrandmarkt) war wichtig für das Wohlergehen des Träumers und der Gemeinschaft. Auch Angstträume (Marterung als Kriegsgefangener, Abbrennen des Hauses) wurden wenigstens in symbolischer Form ausgelebt. Die Mißachtung eines Traums führte zu schwerer Krankheit; gleichzeitig wurden aus Trauminhalten Krankheiten diagnostiziert und auf die angemessene Therapie geschlossen. In zeremonieller Form mußten (und müssen noch heute in stark abgeschwächter Form) die Träume erraten und ihr Inhalt verwirklicht werden.

Wenn Pater Lalemant die huronischen Träume die „Hauptquelle all ihres Wissens" nannte, so bezog er sich insbesondere auf die prophetischen Träume, in denen der Kulturheros oder Gottheiten als Vermittler von Wissen in Erscheinung traten. Aus vergleichbaren Träumen leitete man die Berufung zu religiösen oder politischen Aufgaben ab.

Auch für viele Völker der Plains waren (und sind) Träume und Visionen als Mittel der Kommunikation mit nicht-menschlichen Wesen von zentraler Bedeutung. Bei den Lakota handelte es sich meist um Erscheinungen im Wachzustand. Da spontane Visionen weitgehend alten Männern und Frauen sowie religiösen Spezialisten vorbehalten waren, mußten derartige Erfahrungen absichtlich durch *hanbleceya* („Weinen um eine Vision") herbeigeführt werden. Wie bei den Ojibwa war die Suche nach einem lebenslangen Schutzgeist für heranwachsende Knaben so gut wie verpflichtend, Mädchen konnten eine Vision durch Aussetzen eines Bündels mit ihrem ersten Menstrualblut anstreben. Aber auch erwachsene Männer sollten vor jedem bedeutenden Unternehmen auf Visionssuche gehen; schließlich konnte man in Lebenskrisen (bei eigener Krankheit oder bei Krankheit von Ehefrauen oder Kindern) den *wakan* eine Visionssuche, die den Charakter eines Opfers besaß, als spätere Gegenleistung für sofortige Hilfe geloben.

Vor dem eigentlichen *hanbleceya* standen die Reinigung des Körpers und die Stärkung der Seele durch ein Schwitzbad, vor einer wichtigen Visionssuche auch die Beratung durch einen *wakan*-Mann, der den Visionär dazu ermahnte, ohne schlechte Gedanken in die Zeremonie zu gehen. Als bester Platz, um Visionen zu erhalten, galten die Spitzen einsamer Hügel, an denen der nur mit einem Fell oder einer Decke bekleidete Sucher ohne Nahrung und Getränk so lange stehend oder liegend in Gebetshaltung ausharrte, bis sich ein *wakan*-Wesen seiner erbarmte oder solange er den Entbehrungen standhalten konnte. Ein Erfolg war nicht garantiert. Das Wesen konnte sich selbst oder durch einen Boten in bestimmter oder unbestimmter Gestalt offenbaren und kommunizierte mit dem Visionär in Lakota, in Gebärdensprache oder in der Sprache der *wakan* und verlieh ihm Wissen und Fähigkeiten jeweils besonderer Art. Bei Visionen, die man aus Anlaß einer Krankheit gelobt hatte, erhielt man meist spezifische Heilungskräfte, die man in Zukunft für die Gemeinschaft nutzbar machen mußte. Im Gegensatz zu den Ojibwa war bei den Lakota der Inhalt der Vision nicht geheim, sondern wurde nach der Rückkehr mitgeteilt und in der Gemeinschaft interpretiert.

Bei manchen Plainsvölkern, wie den Cheyenne oder Crow, konnte die Visionssuche auch Selbstmarterung und Opfer des eigenen Fleischs beinhalten, um eine Gegengabe der nicht-menschlichen Wesen zu erlangen. Die Sonne war meist der Adressat dieser härtesten Form der Visionssuche, und auch die Lakota glaubten, daß die Sonne, in die man unverwandt blicken mußte, die besten Gaben gewährte.

In der Einschätzung der in der Vision empfangenen übernatürlichen Gaben verließen sich die Crow auf die beobachtbaren Ergebnisse ihrer Anwendung. Blieb der erwartete Erfolg aus, gab es mehrere Möglichkeiten. Vielleicht war der nicht-menschliche Spender zu schwach, vielleicht hatte der Visionär eine wichtige Anweisung nicht befolgt, möglicherweise war er aber einem Wesen aufgesessen, das ihn mit falschen Versprechungen hinters Licht geführt hatte.

Ähnliche Formen der Entbehrung wie auf den Plains finden sich im Rahmen der Visionssuche bei den Papago im südlichen Arizona, wo der persönliche Zugang zu übernatürlichen Kräften neben dem organisierten Ritual des Jahresablaufs stand, das dem Gemeinwohl diente und Feldfruchtbarkeit, Nahrung und den Fortbestand einer geordneten Welt garantieren sollte. Einsamkeit, Fasten, Enthaltsamkeit, kalte Bäder und die Beachtung bestimmter Verbote sollten hier aber nicht das Mitleid der übernatürlichen Wesen hervorrufen, sondern dienten der Reinigung von den schädlichen Nebenwirkungen der auf Kriegszügen, beim Töten eines Adlers oder auf „Salzpilgerschaften" zum Pazifischen Ozean erworbenen Kräfte. Die tiergestaltigen Geister, die sich dem Fastenden offenbarten, wurden von dessen Reinheit angezogen, und ihre Gaben ergänzten nur jene, die aus den vom Ratgeber des Visionärs, seinem „zeremoniellen Vater", gelernten Liedern und Gebeten bezogen wurden.

Innere und äußere Reinheit galt häufig als Voraussetzung für den Erwerb übernatürlicher Gaben. Als Mittel dazu dienten neben der Säuberung durch Schwitz- oder Tauchbäder Erbrechen, geschlechtliche Enthaltsamkeit und die (so gut wie für alle rituellen Anlässe geltende) Meidung von Menstrualblut. Bei den Küstensalish im Staat Washington glaubte man, daß Unreinheit den Menschen für die Schutzgeister besonders abstoßend machte und fastete deshalb bis zu vierzig Tage vor der Vision. Bei den Küstensalish finden sich auch zwei Variable der Visionspraxis, die bisher noch nicht erwähnt wurden: die Erblichkeit und soziale Differenzierung von Schutzgeistern und die Unterscheidung zwischen der Kraft, die Laien erlangen können, und jener der Spezialisten.

Jedermann (einschließlich der Frauen) konnte hier einen Schutzgeist erwerben (wobei die der Frauen stets schwächer waren als die der Männer); überwiegend geschah dies während der Pubertät durch Fasten und Tauchen mit schweren Steinen, konnte aber auch später erfolgen. Selbst wenn Schutzgeister in einer Familie vererbt wurden, mußte ihre Hilfe durch eine erneute Vision legitimiert werden. Die Tendenz zur Vererbung erklärt sich aus dem Vorhandensein sozialer Klassen, wobei der Zugang zu den mächtigen Schutzgeistern zu den Vorrechten ranghoher Personen zählte. Mit dem Erwerb eines einflußreichen übernatürlichen Beschützers wäre grundsätzlich ein sozialer Aufstieg möglich gewesen, doch hielten sich die Schutzgeister offenbar an die Klassenschranken. Während die Crow sagen konnten, daß jemand arm sei, weil er keine Vision erlangt hatte, gilt hier, daß jemand keine herausragende Vision erlangen konnte, weil er arm war.

Vor allem in jenen Fällen, in denen grundsätzlich alle Personen (oder wenigstens Männer) einen Schutzgeist erwerben konnten, unterschieden sich Laien von Spezialisten nur durch die Zahl ihrer Schutzgeister oder die Bedingungen, unter denen die besonderen Fähigkeiten verliehen wurden. Auch dort, wo (wie bei den Eskimo oder im Großen Becken) nur ein Teil der Bevölkerung in den Genuß übernatürlicher Gaben kam, die dann als Kennzeichnen des Spezialisten dienten, waren die erworbenen Kräfte bei allen

Unterschieden der Stärke letztlich von ein und derselben Art. Die Küstensalish in Washington unterschieden hingegen Laien- und Spezialistenschutzgeister (und die jeweils gleichnamigen Kräfte). Viele Geisthelfer der Laien reisten das Jahr über um die Welt und verursachten anläßlich ihres jährlichen Besuchs im Winter bei ihren Schützlingen Anfälle eines Unwohlseins. Diese milde Form der Besessenheit galt aber nicht als Krankheit, sondern als willkommenes Zeichen der Rückkehr der Reisegeister. Ihre Gaben bezogen sich auf die Jagd verschiedener Tiere, Fischfang, das Auffinden von Wasserleichen, Korb- und Mattenflechterei, Kriegsglück oder den Erwerb von Reichtum. Reichtumsspendende Beschützer waren sehr gefragt, aber sie waren selten und wurden zumeist ebenso in der Oberschicht vererbt wie die Jagdgeister, die das Wild von selbst tot vor der Haustüre verenden ließen. Die Geister der Spezialisten blieben das ganze Jahr über bei ihren Adepten und verliehen die Fähigkeit zur Heilung, aber auch zur Schädigung von Personen.

Nicht immer und überall waren große persönliche Anstrengungen notwendig, um in den Genuß übernatürlicher Gaben zu gelangen. Ein Crow, der auf dem Feld übernachtete, auf dem Tabak angebaut wurde, konnte damit rechnen, daß er vom Tabak im Traum neue Lieder lernte. Die nördlichen Paiute (Paviotso) des Großen Beckens legten sich zur Visionssuche einfach an einem Platz zu Schlaf nieder, von dem bekannt war, daß er von mächtigen Wesen besucht wurde. Die Naskapi fasteten nicht, sondern erlangten Träume durch Essen und Trinken.

Gemessen an der Bedeutung, die Drogen zur Erlangung übernatürlicher Erfahrung in Mittel- und Südamerika besitzen, ist die Seltenheit ihrer Verwendung in Nordamerika bemerkenswert. Die auf dem Subkontinent heimischen Arten des Tabaks haben zwar eine stärkere Wirkung auf den Organismus als die uns geläufigen Formen und wurden auch regelmäßig im Rahmen der Visionssuche verwendet. Trotzdem unterstützte ihre Wirkung im günstigsten Fall die Traumerfahrung, rief sie aber nicht hervor.

Ausnahmen finden sich hauptsächlich in Kalifornien. Bei den zentralkalifornischen Yokuts tranken erwachsene Visionssucher einen Tabakabsud, der zum Erbrechen führte und den Traumschlaf förderte. Bei den benachbarten Tübatulabal schluckten die jugendlichen Visionäre mit Kalk vermengte Tabakbällchen, aber auch lebende Ameisen, deren Bisse einen Zustand der Bewußtlosigkeit bewirkten, der den ganzen Tag anhielt. Die Mohave, die überwiegend spontan träumten, bedienten sich gelegentlich eines Absuds aus den Blättern der halluzinogenen Stechpalme (Datura), um in einen viertägigen Schlaf zu verfallen und sich dabei Spielglück zu erträumen.

Eine besondere Ausprägung fand der Gebrauch von Datura im südlichen Kalifornien, wo ein Getränk aus zerstampften Daturawurzeln im Rahmen eines kollektiven Initiationsrituals für Knaben im Anschluß an eine Fastenperiode eingenommen wurde. Im Zustand der Berauschung erschienen den Initianden tiergestaltige Wesen, die ihnen Lieder beibrachten und damit eine bleibende Bindung zum Visionär herstellten, der ein lebenslanges Tötungsverbot gegenüber allen Tieren der Spezies beachten mußte. (Nur vereinzelt finden sich Hinweise auf ein ähnliches Ritual im Küstenland von Virginia – am anderen Ende des Kontinents.)

In nacheuropäischer Zeit ist nicht nur von den Naskapi Alkohol dazu verwendet worden, Traum- oder Visionserlebnisse zu stimulieren. Zu ganz besonderer Bedeutung ferner stieg der Gebrauch des halluzinogenen Peyotekaktus im Rahmen der synkretistischen Peyotereligion, über die später noch ausführlicher zu berichten sein wird (vgl. Kapitel 5).

Schon diese wenigen Beispiele illustrieren die Bandbreite der individuellen Traum- und Visionserfahrung als Mittel der Erlangung oder Legitimation besonderer Kenntnisse und Fähigkeiten. Nicht überall stellte der universelle persönliche und unmittelbare Zugang zu übernatürlichen Mächten durch Träume oder Visionen einen kulturellen Wert dar. Neben der gänzlichen Ablehnung dieser Praxis in den Pueblos findet sich die Beschränkung auf Spezialisten, die mehr oder minder stark ausgeprägte Unterscheidung zwischen Laien und Spezialisten, und die Differenzierung des Zugangs nach der gesellschaftlichen Stellung. Männer, deren Erfolg in Jagd und Krieg oft gefahrvolle Einzelleistungen erfordert, haben allgemein eine stärkere Affinität zu Schutzgeistern als Frauen, deren geschlechtsspezifische Reproduktionsfähigkeit andererseits oft als ihnen innewohnende Kraft erachtet wird, die wie alle geheimnisvollen Kräfte potentiell gefährlich ist.

Autorität: Mythen, Heiligtümer, Rituale

Da Religion immer ein gesellschaftliches Phänomen ist, kann sie nicht ausschließlich auf individueller Erfahrung beruhen. Auch dort, wo sich die Beziehungen zu nicht-menschlichen Personen auf Träume oder Visionen gründen, spielt die Autorität der Überlieferung von religiösem Wissen eine tragende Rolle. Ohne die Anleitung von Verwandten oder Spezialisten könnten die Traumsucher niemals die Erfahrungen machen, die in Einklang mit den Erwartungen ihres sozialen Umfelds im Hinblick auf den korrekten Umgang mit machtvollen Wesen stehen. Erst die Überlieferung schafft ein gemeinsames Wissen über die Welt, die den Mittelpunkt des Handelns (und damit auch des religiösen Handelns) bildet.

In „traditionalen" Gesellschaften dient gemeinhin die überlieferte Vergangenheit zur Legitimation der Autorität. (Wie wir heute wissen, besteht diese Überlieferung nicht nur aus dem, was tatsächlich von Generation zu Generation weitergegeben wird. Weil Gesellschaften in ständiger, oft unmerklicher Veränderung begriffen sind, ist die Rechtfertigung gegenwärtiger Verhältnisse unter Berufung auf das ungebrochene Vorbild der Vergangenheit immer teilweise eine Fiktion. Das Fehlen schriftlicher Festlegungen erleichtert diesen Vorgang erheblich.) Was nach bestimmten Regeln überliefert wird, gilt daher als wahr. Die religiöse Überlieferung im indigenen Nordamerika (und in anderen vergleichbaren Gesellschaften) besteht aus Texten, materiellen Zeugnissen und rituellen Handlungen.

Texte sind vor allem die Mythen – meist Berichte über eine Zeit, in der die Welt und ihre Bewohner noch nicht ihre heutige Gestalt besaßen; manchmal auch über spätere Ereignisse, für die es keine Augenzeugen oder Ohrenzeugen von Augenzeugen mehr gibt. Sie entziehen sich (sieht man etwa von den Mythenträumen der Mohave ab) der Erfahrung, sind aber keine *Glaubens*artikel, sondern werden als Wissen angesehen, eben weil sie auf der Autorität der Tradition fußen. Hinsichtlich ihrer Glaubwürdigkeit werden sie von den Erzählern und Zuhörern gegenüber anderen Formen der mündlichen Überlieferung durchwegs höher eingeschätzt und deutlich abgegrenzt.

So unterschieden die Winnebago in ihren Erzählungen zwischen *waikan* („was heilig ist") und *worak* („was erzählt wird"). Die Cree stellten die *âtalôhkâna* (Mythen und Heldenzyklen) den *âcimôwina* (historischen Berichten) gegenüber. Für die Cahuilla gab es „wahre Geschichten" (wozu die Mythen zählten) und „erfundene Erzählungen". Diese weit verbreitete Einschätzung wurde bei den Menominee des westlichen Seengebiets durch unterschiedliche Entlohnung des Erzählers deutlich gemacht: Die Rezitation heiliger Mythen erforderte die Bezahlung einer substantiellen Belohnung und überdies Tabakopfer, erfundene Geschichten konnte man schon für eine kleine Gegenleistung zu hören bekommen, während Berichte über historische Begebenheiten kostenlos waren; die Wertzuschreibung reflektiert den Aufwand für die Bewahrung und korrekte Wiedergabe, aber auch die unterschiedliche kulturelle Bedeutung der Texte. (Bei den Apache wurden die Zuhörer beschenkt, weil ihnen der Erzähler „die Nacht gestohlen" hatte. Hier werden Respekt und Aufmerksamkeit honoriert.)

Seit den frühesten Tagen der Begegnung mit den Europäern bekamen die indigenen Völker zu hören, ihre „wahren Geschichten" über die mythische Zeit seien falsch. Der englische Pelzhändler William Henry, der als Gefangener bei den Seneca um die Mitte des 18. Jh. seinen Gastgebern die biblische Geschichte erzählt hatte und dafür mit der Rezitation des irokesischen Schöpfungsmythos belohnt worden war, konnte sich nicht der Kritik an dieser „Fabel“ enthalten. Die biblische Geschichte sei glaubwürdiger, weil sie in schriftlicher Form für alle Zeiten unveränderbar aufgezeichnet sei, während die irokesische Erzählung ja doch nur von der Mutter auf die Tochter über die Generationen weitergegeben werde. Was er übersah, war die Tatsache, daß in schriftlosen Gesellschaften dem gesprochenen Wort eine ähnliche Bedeutung beigemessen wird, wie in schriftführenden Gesellschaften der Schrift.

Der Navajo-„Sänger“ Torlino, dessen Sohn eine amerikanische Schule besucht und dem Vater vom anderen Wissen der Weißen erzählt hatte, warnte im späten 19. Jh. den Armeearzt Washington Matthews, daß seine Wahrheit eine andere sei: „Ich werde Dir die Wahrheit sagen. Ich werde Dir alles erzählen, was ich von den alten Männern gehört habe, die mich unterrichtet haben, so gut ich mich daran erinnern kann. Ich schäme mich vor der Erde; ich schäme mich vor dem Himmel; ich schäme mich vor der Morgenröte; ich schäme mich vor der Abenddämmerung; ich schäme mich vor dem blauen Himmel; ich schäme mich vor der Dunkelheit; ich schäme mich vor der Sonne; ich schäme mich vor dem, was in mir steht und zu mir spricht. Manche dieser Dinge blicken mich stets an. Ich bin niemals unbeobachtet. Daher muß ich die Wahrheit sagen. Das ist es, warum ich immer die Wahrheit sage. Ich halte mein Wort fest an meine Brust.“

So gut wie überall unterlagen die „heiligen Geschichten“ bestimmten Beschränkungen hinsichtlich Zeitpunkt, Anlaß und Rahmenbedingungen der Wiedergabe. Meist waren Winternächte dafür reserviert, und nicht nur, weil dann oft mehr Zeit zur Verfügung stand. Die südwestlichen Ojibwa meinten, der Sommer sei ungeeignet, weil zu diesem Zeitpunkt die tiergestaltigen *manitos* hören könnten, daß von ihnen gesprochen wird. Viele Völker, darunter die Winnebago, die Küstensalish und die Bewohner der Pueblos, machten die mögliche Anwesenheit von Schlangen im Sommer für das Erzählverbot verantwortlich.

Bei den Küstensalish mußten sich Erzähler und Zuhörer während der Erzählung flach hinlegen, „um keinen Buckel zu bekommen". Das Gebot markierte in jedem Fall die besondere Bedeutung der Situation. Ähnliches gilt für das Verbot der Jicarilla Apache, nach einer Erzählnacht tagsüber zu schlafen; überdies bemalte man im Morgengrauen die Gesichter der Zuhörer mit roter Farbe.

Das Erzählen der mythischen Geschehnisse unterschied sich von anderen mündlichen Äußerungen oft durch bestimmte Stilmittel wie wiederkehrende Eröffnungs- und Abschlußphrasen oder gehobene Redeweise. So bemerkte auch William Henry bei den Seneca, daß sein Gesprächspartner beim Erzählen des Mythos in die „Zitierform" wechselte. Eine neuere Untersuchung zur rituellen Sprechweise der Seneca macht deutlich, daß die Autorität derartiger Texte durch die gehäufte Verwendung von Partikeln mit der Bedeutung „In der Tat" und „Es ist wahr", vor allem in der Kombination „Und so ist es in der Tat wahr", betont wird. Rituelle Texte der Fox enthalten oft nach jedem Wort oder jeder Phrase den Einschub „so ist es" und am Satzbeginn die Beteuerung „wahrlich".

So wie die mündlich überlieferten Texte ein autoritatives Zeugnis der besonderen Beziehungen zwischen Menschen und höheren Mächten darstellten, gab es auch tradierte Gegenstände, die sich auf dieses Verhältnis bezogen und es sichtbar dokumentierten. Während aber Mythen als leichtes Gepäck auch von nomadisierenden Jägern und Sammlerinnen auf ihren jahreszeitlichen Wanderungen mitgenommen wurden, fanden sich die materiellen Quellen übernatürlichen Wissens nur bei seßhaften Bevölkerungen. Der Grund dafür lag weniger in der Beschränkung der Transportmöglichkeiten als in die Tatsache, daß erst die Seßhaftigkeit entscheidend zur Bildung stabilerer sozialer Gruppen, zur Anhäufung von Gütern und Privilegien sowie zu ihrer Vererbung beigetragen hat.

Während bei den nomadisierenden Jägergruppen die persönliche Beziehung des Jägers zu den Arteignern der Jagdtiere im Vordergrund der Bemühungen um ein Wohlergehen in der Welt stand, wurde bei seßhaften Bevölkerungen zunehmend die Sicherung des Gemeinwohls bedeutsam. Das besondere Verhältnis zu mächtigen nicht-menschlichen Personen war nicht mehr lediglich individuell, sondern kollektiv, und es beruhte notgedrungen in höherem Ausmaß auf Autorität anstelle von Erfahrung.

Visionäre besaßen oft Gegenstände, in denen sich die übernatürlichen Gaben manifestierten. Im östlichen Nordamerika waren es meist „Heilige Bündel“, deren Inhalt ihnen zur Kommunikation mit ihren Schutzgeistern diente. In Kalifornien verliehen die „Traumhelfer“ ihren Schützlingen Talismane (z. B. ein Wieselfell, einen Bergkristall oder eine Kette aus Muschelschalenperlen), deren Wirksamkeit meist nach einmaligem Gebrauch verloren ging, die manchmal aber durch eine neue Vision wieder „aufgeladen“ werden konnten. Als persönliche Gaben waren diese sakralen Gegenstände und ihre Wirkung eigentlich nicht auf andere übertragbar. Zahlreiche Ausnahmen finden sich aber vom westlichen Seengebiet bis auf die nördlichen Plains: Bei den Crow konnten etwa die aus Visionen abgeleiteten Bemalungen von Kriegsschilden, denen eine besonders schützende Wirkung zugeschrieben wurde, bis zu viermal wiederholt und die Schilde verkauft werden.

Ebenso gab es Gegenstände, die entweder im Besitz einer Sippe, eines Bunds, eines Dorfs oder eines Stammes waren und die gemeinsame Beziehung zu bestimmten höheren Mächten repräsentierten. Die Verantwortung für die korrekte Verwahrung solcher heiligen Dokumente oblag eigenen Kustoden – ein Amt, das häufig vererbt wurde. In anderen Fällen waren auch die dem Gemeinwohl dienenden Bündel Privatbesitz und konnten nach eigenem Ermessen weitergegeben, bzw. verkauft werden. Zugehörige Mythen, die den Besitz legitimierten, erzählen von der ursprünglichen Begegnung eines Menschen mit einem höheren Wesen (oder einer entsprechenden Vision), von den verliehenen Gaben und vom Ursprung des Gegenstands, der den geschlossenen Bund repräsentiert. Diese der israelitischen Bundeslade vergleichbaren Heiligtümer waren vielfach Zentrum kollektiver Rituale.

So berichten die Lakota, daß einst zwei Jäger eine wunderschöne, in weißem Leder gekleidete Frau trafen, die ein Bündel auf dem Rücken trug. Während einer der Männer, der sich an ihr vergehen wollte, von ihr auf magische Weise durch Schlangen getötet wurde, wurde der Überlebende ins Lager zurückgeschickt, um die Ankunft der Frau anzukündigen. In einem eilig hergerichteten Zelt übergab die Frau dem Anführer die Heilige Pfeife als Mittel der Kommunikation mit *Wakantanka*, erläuterte die Symbolik der Form und gab Anweisungen für ihre Verwendung in den damit eingerichteten sieben heiligen Riten der Lakota. Schließlich verwandelte sie sich in ein rotbraunes Bisonkalb, ein weißes Bisonkalb und endlich in einen schwarzen Bison. Das originale Geschenk der Weißen Bisonkalbfrau wird bis heute als gemeinsames spirituelles Erbe der mittlerweile in unabhängigen politischen Einheiten organisierten Lakota bewahrt. Es steht selbst nicht im Zentrum kultischer Verehrung, war aber Vorbild für die in den heiligen Riten der Lakota verwendeten Pfeifen.

Die röhrenförmige heilige „Flachpfeife" der Arapaho befand sich schon vor Erschaffung der Welt im Besitz des Schöpfers. Sie repräsentiert einen archaischen Typ ohne abgewinkelten Pfeifenkopf (und verdankt dieser Tatsache wohl ihren Namen). Da sie selbst nicht gesehen werden darf, wird sie bei zeremoniellen Anlässen wie dem Sonnentanz nur in eingepackter Form als Bündel ausgestellt. Ihrem Hüter obliegt auch die Bewahrung des Ursprungsmythos, der gegenüber Nicht-Arapahos geheimgehalten wird und dessen Rezitation vier volle Nächte dauert.

Die Skidi Pawnee nannten die Bündel, die sich im Eigentum der Dörfer oder des Stammes befanden, „eingewickelter

Regen". Sie enthielten neben einer Pfeife und Tabak das zum Räuchern verwendete Wohlriechende Gras, Pigmente, Maiskolben („Mutter Mais"), Tierfelle und Vogelbälge sowie gelegentlich einen Skalp. Diese „öffentlichen" Bündel waren Geschenke der Sterngottheiten an die Menschen und wurden von den erblichen politischen Anführern bewahrt. Deren Frauen trugen die eigentliche Sorge für sie außerhalb der zeremoniellen Verwendung; von den Zeremonien selbst, bei denen die Bündel geöffnet wurden, waren die Frauen allerdings wegen der Gefahr ihrer Unreinheit ausgeschlossen. Für die mit den Bündeln verbundenen Rituale waren hingegen nicht ihre Kustoden zuständig, sondern die Priester. Bündel dienten in erster Linie der Förderung der Stammeswohlfahrt und, wie ihre Bezeichnung andeutet, der Fruchtbarkeit. Daneben besaß jedes Dorf wenigstens ein Kriegsbündel. Die untergeordneten Bündel wurden als „Sack" bezeichnet, gingen auf Visionen von Tierpersonen zurück und waren mit Krankheit und Heilung verbunden.

Während die privaten Bündel bei den Mandan nicht übertragbar waren und nach dem Tod des Besitzers mit ihm bestattet wurden, wurden die dem kollektiven Ritual dienenden Bündel grundsätzlich vererbt. Da hier der Inhaber des Bündels auch der des damit verbundenen zeremoniellen Wissens war, mußte der spätere Besitzer sich rechtzeitig in die Rechte einkaufen, um die nötigen Kenntnisse vom Vorbesitzer zu erwerben. Wie die Schilde der Crow konnten die Bündel der Mandan von ihren Besitzern insgesamt viermal verkauft werden.

Bei den Nootka auf Vancouver Island besaßen die erblichen Häuptlinge ortsfeste heilige Schreine, in denen neben geschnitzten Figuren übernatürlicher Wesen die Gebeine der Ahnen aufbewahrt wurden, denen diese Wesen einst das Ritual zur Anlockung von Walen und Fischen geschenkt hatten. Seine Benutzung war mit denselben Entbehrungen verknüpft wie die Visionssuche: Vier Nächte lang nahm der Häuptling kalte Bäder im Meer, die von der Ebbe bis zur Flut dauerten, rieb sich mit Zweigen von Nadelbäumen ab und betete. Er und seine Helfer mußten während der viermonatigen Dauer der Zeremonien geschlechtlich enthaltsam leben. Die Heiligkeit der Schreine sei so groß, erzählt man, daß einst ein Wolf – selbst ein Tier von außergewöhnlicher übernatürlicher Kraft – beim Betreten eines solchen Orts tot umfiel. Im übrigen entsprechen die Schreine jenen, die manchmal von Vätern von Zwillingen (die als Verkörperung des Lachs galten) errichtet wurden, um die jährlichen Züge der Fische an die Oberläufe der Flüsse zu befördern.

Heilige Orte illustrieren ebenfalls den Unterschied zwischen Erfahrung und Autorität: Die Felsen oder Gewässer, an denen etwa die Ojibwa Tabakopfer darbringen, sind Wohnsitze nicht-menschlicher Personen, denen man unmittelbar gegenübertritt. Von ihnen unterscheiden sich die mythisch-historischen Schreine der Papago oder der Navajo, die davon Zeugnis ablegen, daß hier einst mächtige Wesen geweilt haben.

Neben den tradierten Worten und Dingen stellen viele rituelle Handlungen in der Sicht der Ausführenden einen Teil jener Offenbarung des Übernatürlichen dar, die ihren Vorfahren seit Anbeginn der Welt zuteil geworden ist. In manchen Fällen handelt es sich um eine stilisierte Wiedergabe des mythischen Geschehens selbst, in anderen um die Ausführung von Anweisungen, die in der Vergangenheit von Göttern, Schutzgeistern oder Kulturheroen den Menschen gegeben worden waren. Wie im Fall der heiligen Geschichten und Dinge wird die Autorität des Rituals durch den ihm erwiesenen Respekt und die aus seinem Mißbrauch folgende Bestrafung der Frevler deutlich gemacht.

Viele kollektive Rituale vermitteln den Teilnehmern einen Ersatz für den individuellen Zugang zu übernatürlichen Wesen, indem diese oder ihre Wirkung in symbolischer, epischer oder dramatischer Form dargestellt werden. Sowohl das Individuum wie das Übernatürliche werden von der Gesellschaft gewissermaßen domestiziert und damit unter Kontrolle gebracht. In der Repräsentation des Übernatürlichen gibt es freilich erhebliche Unterschiede.

Die Mädchenpubertätszeremonie der Western Apache ist ein bis heute praktizierter Übergangsritus, der nach der Erstmenstruation abgehalten wird und die junge Frau auf ihre künftige Rolle vorbereiten soll. „Sie vorbereiten", *nai'es*, ist auch der Name dieser wichtigsten öffentlichen Zeremonie der Apache. In ihrem Rahmen stellt das Mädchen symbolisch die Göttin „Changing Woman" dar, deren Rolle als erste Mutter im Vordergrund steht. Durch Vermittlung des Zeremonialleiters erlangt die Kandidatin die Kraft und Eigenschaften von „Changing Woman" (Fruchtbarkeit, Beweglichkeit, langes Leben). Neben diesen für das ganze Leben gültigen Gaben verfügt die junge Frau vier Tage lang über die Fähigkeit zur Krankenheilung und Wetterkontrolle: Sie kann Kranke ohne spezielles Ritual heilen und Regen herbeiholen. Obwohl sie mit „Changing Woman" nur zum Zweck der Kraftübertragung gleichgesetzt wird und niemand sie für die Göttin selbst hält, werden ihr wenigstens kurzfristig göttliche Fähigkeiten zugeschrieben.

Anders bei den maskierten Auftritten des Bunds der „Falschgesichter" bei den Irokesen. Hier sind die Masken nicht nur Abbilder der übernatürlichen Waldwesen, die im mythologisch erklärten Auftrag des Schöpfers (und als Erscheinungen in Visionen) für die Krankenheilung zuständig sind, sondern lebende Wesen. Durch Anlegen der Maske verkörpert der menschliche Träger das jeweilige Wesen, das auf diese Weise tatsächlich selbst die Heilung ausführt. Analoges gilt für die Kachinas der Pueblos, die ebenfalls von Angehörigen von Bünden verkörpert werden und durch ihre Auftritte in den Dörfern vor allem für Regen und Fruchtbarkeit sorgen. In beiden Fällen teilen Maskenträger und Zuschauer die Einschätzung, daß leibhaftige übernatürliche Wesen unter den Menschen anwesend sind.

Die Maskentänze, die von den Bünden der Kwakiutl im Rahmen des Winterzeremonials abgehalten wurden, waren Dramatisierungen des mythischen Kontakts zwischen den Ahnen der Tänzer und übernatürlichen Wesen, die ihnen bestimmte Kräfte („Schätze") verliehen hatten. Sie dienten den

Mitgliedern der lokalen Oberschicht zur Schaustellung und damit zur Bestätigung der von den Vorfahren erworbenen und an sie vererbten Privilegien, darunter eben jenen Kräften. Die Tänze waren somit einerseits eine eindrucksvolle dramatische Wiederbelebung der mythischen Ereignisse, zugleich jedoch auch Demonstrationen der Kräfte der ererbten Schutzgeister, die (wie die der benachbarten Küstensalish) im Winter an die Nordwestküste zurückkehrten. Auch wenn die Besessenheit der Tänzer nur gespielt war (wie das bei der komplizierten Dramaturgie gar nicht anders möglich war), erlebten doch wenigstens die nicht-initiierten Zuseher die tatsächliche Anwesenheit der mächtigen Wesen. Aus der hier offenbaren Diskrepanz zwischen geheimem Sonderwissen und Allgemeinwissen entwickelt sich langfristig der Unterschied zwischen Glauben und Wissen.

Für seine Träger konnte auch das tradierte rituelle Wissens eine Quelle der Kraft bedeuten. Da seine Weitergabe einen Verlust an Lebenskraft nach sich zog, gaben die Priester der Pawnee ihr volles Wissen über die Dorf- und Stammesrituale erst kurz vor ihrem Tod weiter: Eine vorzeitige Preisgabe hätte das eigene Leben verkürzt.

„Priester" und „Schamanen"

Zu den ältesten und aufschlußreichsten Bilddokumenten aus dem indigenen Nordamerika zählen die Aquarelle, die der Siedler und spätere Gouverneur John White unter den Algonquinvölkern der ersten englischen Kolonie in Nordamerika im heutigen North Carolina anfertigte, und die durch Stiche, die Theodor de Bry 1590 als Illustrationen dem ersten Teil seiner Sammlung „westindischer" Reisen anfügte, weite Verbreitung erfuhren. Zwei davon zeigen Darstellungen recht unterschiedlicher religiöser Spezialisten: Der eine, ein älterer, erfahrener Mann in zeremonieller Tracht, wird als „Priester" der Stadt Secota bezeichnet; er lebt im Tempel des Orts, in dem neben den mumifizierten

Leichen verstorbener Häuptlinge auch das hölzerne Abbild des Gottes Kiwasa aufgestellt ist, und „murmelt seine Gebete Tag und Nacht". Das andere Bild zeigt den „Flieger" oder „Beschwörer" in leichtfüßiger Bewegung und mit einem schwarzen Vogelbalg als Haarschmuck; seine rituellen Gesten seien „seltsam", heißt es, „... und oft wider die Natur"; er habe gute Beziehungen zu Teufeln, von denen er allerhand Geheimnisse erfrage, weshalb die Ortsansässigen seinen Worten großen Glauben schenkten, „die sich oft als wahr herausstellten".

Hätte John White 300 Jahre später gelebt, er hätte den „Flieger" wohl als „Schamanen" bezeichnet. Seine Gegenüberstellung nahm den fundamentalen Gegensatz vorweg, den Johann Georg Müller 1855 in seiner Unterscheidung zwischen dem von Priestern bestimmten „südlichen Kultdienst" mesoamerikanischer Prägung und dem aus Sibirien mitgebrachten „nördlichen Geisterglauben" der Schamanen zugrunde legte. Was der britische Sozialanthropologe E. E. Evans-Pritchard über den Unterschied zwischen Priestern und Propheten in besonders griffiger Form gesagt hat, läßt sich auch auf den angeblichen Gegensatz Priester-Schamane beziehen, der die ganze ethnologische Religionsforschung durchzieht: „Während durch den Priester der Mensch zu Gott spricht, spricht durch den Propheten Gott zu den Menschen". So findet sich diese polare Gegenüberstellung bis in die neueste Literatur, nur sanft gemildert durch die Beteuerung, daß die Übergänge zwischen Priestern und Schamanen oft fließend seien. Trotz der Ehrwürdigkeit seines Alters ist aber der Gegensatz in seiner Vereinfachung und in seinen Begriffen irreführend.

In seiner Grundkonstruktion beruht der Gegensatz auf dem Kontrast zwischen Vertrautem („Priester") und Fremdem („Schamanen"). Tatsächlich werden mit der ersten Bezeichnung überwiegend religiöse Spezialisten bezeichnet, die recht viel mit den aus Europa bekannten Priesterschaften gemein haben. „Priester" sind religiöse Spezialisten, die dank ihrer Ausbildung in der Lage sind, die komplexen Zeremonien eines alljährlich in gleicher Weise ablaufenden Ritualkalenders durchzuführen; die Regelmäßigkeit der Abläufe wird meist begleitet vom Vorhandensein permanenter Kultstätten, Professionalisierung, organisiertem Klerus und einer Tendenz zu Routine und geschäftsmäßiger Abwicklung der heiligen Handlungen. In einfachster Gegenüberstellung sind „Schamanen" alle anderen religiösen Spezialisten: Sie arbeiten ohne festen Ritualkalender, ohne feste Kultstätten, oft nur nebenberuflich, meist nicht organisiert, dafür um so mehr inspiriert und auf der Grundlage einer persönlichen Berufung sowie eines intimen Verhältnisses zu übernatürlichen Wesen.

In seiner klassischen Studie *La Chamanisme et les techniques archaïques de l'extase* (1951) hat Mircea Eliade versucht, der üblichen Gleichsetzung der Ausdrücke „Schamane", „Medizinmann", „Zauberer" und „Magier" durch eine engere Definition des Begriffs „Schamane" entgegenzuwirken. Bei allem Widerspruch zu manchen Schlußfolgerungen des Autors haben sich spätere Definitionen meist recht eng an Eliade angelehnt: Schamanismus sei eine spezialisierte Ekstasetechnik, die zu einem Trancezustand führt, in dem nach Meinung der Betroffenen die Freiseele den Körper verläßt und zum Himmel auf- oder in die Unterwelt absteigt, um dort vor allem in fremdem Interesse tätig zu sein; zu den besonderen Fähigkeiten des Schamanen zählen nach Eliade der „magische Flug" und die Herrschaft über das Feuer. Ausgangspunkt für die Phänomenologie des „Schamanismus" (der selbst keine Religion ist, aber in verschiedenartigen religiösen Systemen eine Rolle spielt) ist Sibirien, woher auch die Bezeichnung stammt. Das tungusische Wort *šaman* läßt sich wahrscheinlich auf die altaische Wurzel *sa-* („wissen") zurückführen. Für Eliade ist daher der sibirische und zentralasiatische Schamanismus die typische, wenn auch nicht älteste Form.

Die Besiedlung Amerikas aus dem Raum, in dem sich – allerdings viel später – diese typische Form des Schamanismus findet, hat den Wortgebrauch in der amerikanistischen

Forschung stark beeinflußt. „Schamanismus" gilt allgemein als Erbe der ursprünglichen Einwanderer. Das mochte noch vor einem halben Jahrhundert angehen, als man den Zeitpunkt der Besiedlung Amerikas in eine relativ junge Vergangenheit verlegte. Die heute angenommenen 25.000 Jahre oder mehr lassen das Problem in einem anderen Licht erscheinen, zumal der sibirische Schamanismus in seiner rezenten Form offenbar wesentlich jüngeren Ursprungs ist. Lediglich in der Region rund um die Beringstraße, in der auch nach Ende der Eiszeit immer wieder Kontakte zu Sibirien bestanden haben, mögen gewisse engere Übereinstimmungen mit dem asiatischen Schamanismus auf direkte Zusammenhänge hindeuten. In der Mehrzahl der Fälle muß man aber davon ausgehen, daß der amerikanische „Schamanismus" das Ergebnis eigener Entwicklungen aus ähnlichen Voraussetzungen darstellt.

Ähnlichkeiten mit Sibirien sind am deutlichsten erkennbar in den eskimoischen Kulturen entlang der Küsten des arktischen Eismeers, deren relativ große Gemeinsamkeiten von Alaska bis Grönland auf eine sehr junge Expansionsbewegung zurückgeführt werden kann. Hier findet man tatsächlich Spezialisten (meist *angakot*, sg. *angakoq*, bzw. Varianten davon), die sich in Ekstase versetzen können. In diesem Zustand wird der *angakoq* von einem seiner Hilfsgeister besessen, er schickt seine Hilfsgeister aus oder seine eigene Seele reist in die Unterwelt, um die menschlichen Tabubrüche aus den Haaren Sednas zu kämmen. Die auf diese und andere Weise bewerkstelligte Sicherung der Nahrungsversorgung zählte ebenso zu seinen Aufgaben, wie die Heilung von Kranken, die Beeinflussung des Wetters, die Vertreibung böswilliger Geister, die Vorhersage der Zukunft, das Auffinden verlorener Gegenstände, aber auch die Erklärung der Welt, auf der seine Praxis letztlich beruhte. Die magischen Fähigkeiten des *angakoq* verliehen ihm große Macht, die er auch zum eigenen Vorteil oder zum Schaden anderer nutzen konnte. Das Berufungserlebnis, in dem eine Person von einem außermenschlichen Wesen für die Tätigkeit angeworben wurde, war meist mit Krankheitszuständen und symbolischem Tod verbunden; weitere übernatürliche Helfer und vor allem eine Ausbildung durch ältere *angakot* konnten das Repertoire des Spezialisten erweitern. Das für Sibirien typische Schamanenkostüm besteht bei den Eskimo meist nur aus Kopfschmuck und Gürtel.

Da Schamanismus kein Vollzeitberuf war, gingen die *angakot* auch der normalen Wirtschaftstätigkeit nach. Trotzdem nahmen sie als Außenseiter eine gewisse Sonderstellung in der Gesellschaft ein. Im übrigen war nicht jeder spirituelle Praktikant ein *angakoq*. Bei den Netsilik-Inuit gab es z. B. neben dem ekstatischen Schamanen zwei weitere Spezialisten, die mit Hilfe ihrer schwächeren Schutzgeister Krankheiten heilten oder verborgene Ursachen diagnostizierten. Die richtigen Schamanen der Eskimo waren überwiegend Männer; Frauen befaßten sich meist nur mit den einfacheren Praktiken der *angakot*.

Das Beispiel der mit den Algonquin verwandten Yurok in Nordwestkalifornien illustriert die Vielfalt der Spezialisierungen in einer seßhaften Wildbeutergesellschaft. Hier waren die *kegeyowor* (sg. *kegey*) fast ausschließlich Frauen der Oberschicht, wobei der Beruf meist von der Mutter auf die erwachsene Tochter weitergegeben wurde. Voraussetzung war aber auch hier ein Berufungserlebnis, das in einem spontanen Traum, häufiger in einer gesuchten Vision erfolgte. In ihm zwang der Totengeist einer verstorbenen *kegey* oder ein Tierwesen die Initiandin zum Verschlucken eines oft ekelerregenden Gegenstands. Die von diesem „Schmerz" verursachte Krankheit mußte von einer anderen *kegey* behandelt werden, die so zu ihrer Mentorin wurde. In einem zehntägigen öffentlichen Ritual zeigte die Adeptin Anzeichen einer heiligen Verrücktheit, verlor das Bewußtsein und mußte ihren „Schmerz" herauswürgen und danach quer über das Tanzhaus wieder mittels eines Saugrohrs ansaugen und schlucken. In der Folge gewann sie weitere „Schmerzen" durch Besuche von speziellen „Gebetssitzen" in den Bergen, wo sie wohl auch von anderen *kegeyowor* die nötigen Berufsgeheimnisse erlernte. Nach neuerlicher Demonstration ihrer Fähigkeit, mit den „Schmerzen“ umzugehen, arbeitete sie jahrelang fast unbezahlt als Gehilfin einer anderen *kegey*. Erst nach einer „Reifeprüfung“ wurde sie selbst *kegey*.

Krankenheilung durch Absaugen der „Schmerzen“ ihrer Patienten (wodurch sie ihre eigenen „Schmerzen“ vermehrte) und Weissagung waren die Hauptaufgaben der *kegey*. Andere Fähigkeiten (z. B. das Auffinden verlorener Objekte) konnten hinzutreten. Bei der für den Patienten kostspieligen Behandlung fiel die *kegey* in Trance, diagnostizierte die Krankheitsursache und heilte sie, wenn es die Spezialisierung ihrer „Schmerzen“ zuließ. Von Seelenreisen in die Ober- oder Unterwelt der *kegeyowor* wird nichts berichtet.

Zur Abwehr von Schaden (Tod, Krankheit, Unfall) verwendeten die Yurok-Gebetsdoktoren (*kwes'oye'ey*; auch *tenowok*, „die Gebildeten“) ererbte oder gekaufte Gebetsformeln, die aber nur durch Training (Fasten, Reinigung, Enthaltsamkeit, Besuch von wirkkräftigen Orten in den Bergen und vor allem Denken) aktiviert werden konnten. Die *'umeloyik* waren Kinderärztinnen, die durch Dampf und Tanz heilten und in den tiefer gelegenen Hügeln in Einsamkeit fasteten, um sich für ihre Tätigkeit zu qualifizieren. Mit *pegahsoy* bezeichnete man einen Seher, der heilte, indem er vergangene Missetaten und Tabuverstöße, die als Schatten für alle sichtbar wurden, identifizierte und nach Abforderung eines Geständnisses beseitigte. Diese Fähigkeit wie auch das ausgiebiges Training in den Bergen teilte der *pegahsoy* mit den *kegeyowor*. Die *weskweloy* waren Krieger, die an Kraftorten in Visionen mächtige Hilfsgeister (z. B. einen der Donnerbrüder, gehörnte Wassermonster) erworben hatten; im Kampf gerieten sie (wie die Berserker) in einen ekstatischen Zustand, indem sie unglaubliche Taten vollbrachten. Sie arbeiteten gegen Bezahlung, dienten aber wie die *kegeyowor* dem Gemeinwohl. Schließlich gab es, wenigstens in der Theorie, das Spiegelbild der *kegeywor*, die

Hexer (*'uma'ah*), die man auch anheuern konnte, um anderen zu schaden, indem sie im Zustand der Ekstase „Schmerzen" in sie „schossen"; obwohl sie als Abschaum der Yurok-Gesellschaft galten, mutmaßte man doch, daß die meisten Männer der Oberschicht nicht nur wohltätige Seher, sondern auch Hexer waren – letzteres, um sich gegen Rivalen verteidigen zu können.

Bei den nördlichen Paiute im Großen Becken hatte nur ein kleiner Teil der Männer und Frauen Traum- und Visionserlebnisse, in denen ihnen die Geister verstorbener Spezialisten, „Arteigner" oder die in Seen lebenden zwerghaften Wasserbabies und Wasserschlangen unterschiedliche Fähigkeiten oder Kräfte (*puha*) verliehen. Die Träume erfolgten spontan, die Visionen wurden durch Übernachtung in Berghöhlen gesucht. Es bestand eine Tendenz zur Weitergabe der Fähigkeiten in der Familie, doch blieb das Traumerlebnis Voraussetzung. Jenseits der im Traum erhaltenen Anweisungen ist nichts über eine Ausbildung oder Lehrzeit bekannt; ebenso fehlen Prüfungen und Demonstrationen der *puha.* Zu den zentralen Aufgaben zählten Krankenheilung und die Vorbereitungen zur Gabelbockjagd (für letztere mußte man von diesem Tier geträumt haben); in beiden Fällen gerieten wenigstens die mächtigeren *puha*-Besitzer in einen eher leichten Trancezustand. Es gab auch Krieger-*puha*, die vor allem Unverwundbarkeit gegen Kugeln beinhaltete, doch ist nicht bekannt, ob hier ekstatische Zustände auftraten. Wetterbeeinflussung und Hellsichtigkeit gehörten meist zum Programm der *puha*-Leute, wurden aber nicht als zentrale Aufgaben angesehen. Hexerei galt lediglich als asoziale Form des *puha*-Gebrauchs.

Alle Mohave-Heiler erhielten ihre Fähigkeiten vom Gott Mastamho; individuelle Hilfsgeister waren unbekannt. Allerdings träumten die Heiler jeweils nur von bestimmten Heilkräften, die sie dann selbst anwenden konnten. Die Behandlung von Kranken bestand im Absingen von Liederzyklen, in denen in schwer verständlicher Form auf Themen aus der Mythenwelt angespielt wurde, ohne daß ein Trancezustand erreicht worden wäre. Diese Heiler, die in der Literatur allgemein als Schamanen bezeichnet werden, standen so gut wie allesamt im Verdacht, die Ernte zu verderben und andere Menschen zu töten, und wurden daher selbst Opfer von Mordanschlägen.

Bei den südöstlichen Ojibwa von Parry Island im Lake Ontario unterschied man noch im 20. Jh. vier verschiedene Ritualisten. Der *kusbindugeyu* war Seher und Saugdoktor, der durch seine Hilfsgeister (besonders den Donner, aber auch Eulen) in die Lage versetzt wurde, Verborgenes zu sehen. In seinem Ritual, das auch bei Tag durchgeführt wurde, lockte er mittels einer Rassel seine Hilfsgeister an, die sich durch einen dumpfen Aufprall am Boden bemerkbar machten. Diese *manitos* öffneten dem Seher die Augen und ließen ihn unter anderem Krankheitsursachen erkennen, die er durch Absaugen aus dem Körper entfernen konnte. Ein in höherem Maß spezialisierter Seher war der *djiskiu* oder „Zeltschüttler", der seine Tätigkeit ebenfalls mit Unterstützung besonderer Hilfsgeister (allen voran die Schildkröte) ausübte. Er errichtete ein oben offenes zylindrisches oder konisches „Zelt", in deren Inneres er sich bei Dunkelheit zurückzog, um seine Helfer herbeizurufen. Die einlangenden *manitos* nahmen auf den Zeltstangen Platz, versetzten die Konstruktion in wilde Bewegung, erteilten dann aber über den als Übersetzer dienenden *djiskiu* bereitwillig Auskunft über Ereignisse in der Ferne oder Zukunft und über verborgene Dinge (darunter Krankheitsursachen). Daß eine der Zeltstangen oft als Opferbaum gestaltet ist, hat Interpreten ebenso an die Bedeutung des Weltenbaums als Pfad zu Ober- und Unterwelt im sibirischen Schamanismus denken lassen, wie sie Ähnlichkeiten im eindrucksvollen Beiwerk der Vorstellung (Zeltschütteln, Stimmenimitation, Selbstentfesselung) erkennen wollten. Die Reisen zur Beobachtung entfernter Ereignisse oder das Auffinden verlorener Gegenstände erledigte allerdings nicht die Freiseele des Ritualisten, sondern war Aufgabe der Hilfsgeister. Trotz entsprechender Vermutungen gerieten die *djiskiu* nicht in

Besessenheit – wobei Besessenheit für den eigentlichen Schamanismus ohnedies untypisch ist.

Die *wabeno* waren – wenigstens in jüngerer Zeit – Kräuterdoktoren und Hersteller von wirkkräftigen Amuletten und bezogen ihre Fähigkeiten aus Visionen des Morgensterns oder der Sonne, die aber an der Behandlung nicht unmittelbar beteiligt waren. Früher hatten sie offenbar auch andere Aufgaben, unter anderem im Zusammenhang mit dem Krieg. Was sie den Schamanen ähnlich macht, ist ihre Fähigkeit, mit heißen Steinen oder Feuer zu hantieren. Noch weniger mit Schamanismus zu tun haben die *mide*, die leitenden Funktionäre der Medizingesellschaft, in der heilkundliches Wissen aller Art gepflegt wurde. Das Initiationsritual stellte zwar in dramatischer Form Tod und magische Wiederbelebung der Kandidaten dar, aber weder Ekstase noch Seelenreise spielten eine Rolle. Die Funktionäre werden von der Forschung zwar manchmal als „Priester" tituliert, die Medizingesellschaft aber allgemein als „schamanistisch" abgestempelt.

Beispiele dieser Art ließen sich beliebig fortsetzen. Sie zeigen, daß selbst das Kriterium der Ekstase problematisch ist: Bei den Paiute oder Inuit wären nur die mächtigeren *puhagem* oder *angakot*, die wirklich in Trance verfielen, Schamanen – die betreffenden Völker sahen das allerdings nicht so. Bei den Yurok gerieten sowohl *kegeyowor* wie *weskweloy* in Trancezustände, ohne ihre Seele auf Reisen zu schicken, und beide hatten ihre Kräfte von übernatürlichen Wesen erworben. Aber nur die *kegeyowor* werden gemeinhin als „Schamanen" akzeptiert, weil sie Heiler sind und nicht Krieger. Der Gebrauch von *puha* befähigte hingegen die Paiute zu medizinischen oder militärischen Karrieren – oder zur Leitung der Gabelbockjagd.

Die verfügbaren Informationen machen deutlich, daß es sich bei den nordamerikanischen „Schamanen" (oder Nicht-Priestern) um eine heterogene Gruppe gehandelt hat. Daß sie alle als „Schamanen" bezeichnet werden, liegt unter anderem daran, daß viele ältere Bezeichnungen, wie

Magier, Zauberer, Hexer und selbst Medizinmann, als diskreditierend empfunden werden und daher nicht mehr im Gebrauch stehen. Die Gleichsetzung aller Medizinmänner mit Schamanen hat aber letztlich mehr Unklarheit gestiftet, als Nutzen gebracht.

Der kleinste gemeinsame Nenner, der sich nach Durchsicht des Materials findet, ist Befähigung der Ritualisten für ihr Amt durch unmittelbaren Zugang zu außermenschlichen Kräften, der einer eigenen Erfahrung entspringt. Das Ausmaß des zusätzlich erlernten Wissens ist hingegen sehr unterschiedlich. Der Zusammenhang mit der generellen Schutzgeistsuche oder einer übernatürlichen Erfahrung durch Träume ist offensichtlich. Man hat daher auch schon die allgemeine Visionssuche als „demokratisierten Schamanismus“ bezeichnet. Richtiger wäre es freilich, die Tätigkeit der Spezialisten als qualifizierte Form der Visionssuche zu werten, wobei die gewonnenen Fähigkeiten nicht mehr nur zum persönlichen Gebrauch, sondern im Dienst der Gemeinschaft eingesetzt werden.

Das Paradoxon dieser „inspirierten“ Ritualisten besteht darin, daß ihr Zugang zu übernatürlichen Mächten zwar auf persönlicher Erfahrung beruht, diese Erfahrung an die anderen Mitglieder der Gemeinschaft aber nur durch Autorität vermittelt werden kann, über die sie von Natur aus nicht verfügen. Dies ist der Grund dafür, daß diese Ritualisten sich, wo immer sie auftreten, durch Demonstrationen ihrer außergewöhnlichen Befähigungen legitimieren müssen. Sie können Teile ihres Körpers nach Belieben ablösen, sich in Sekundenschnelle einen Bart wachsen lassen, oder sie hantieren mit Feuer oder heißen Gegenständen, wie der Paiute *puhagem*, der ein Eisenmesser im Feuer erhitzte und es dann in den Mund steckte, so daß es „zischte wie ein heißes Eisen, das man ins Wasser steckt“. Ihren Flügen durch die Luft, manchmal in Vogel-, manchmal in Menschengestalt, verdankt z. B. der „Flieger“ auf John Whites Zeichnung seinen Namen. Derartige Kunststücke haben keine oder nur oberflächliche Beziehungen zu den eigentlichen

Aufgaben des Ritualisten und sind auch unabhängig von der jeweiligen Spezialisierung. Der unterhaltende Charakter solcher Schaustellungen war untrennbarer Bestandteil der Vorstellungen der Zeltschüttler und ihrer Kollegen.

Weit verbreitet ist in den Darbietungen der „inspirierten" Ritualisten das Sprechen in fremden Sprachen oder archaischen Formen des eigenen Idioms. Dies hat hier (anders als die Verwendung von Archaismen im priesterlichen Kult) nichts mit Alter als Ausdruck der Legitimität der Überlieferung zu tun, sondern mit der Meinung, daß das Alte und/oder Fremde besonders mächtig und wirkkräftig ist.

„Inspirierte" Ritualisten finden sich in Nordamerika in allen Gesellschaften, in denen die Jagd eine herausragende Rolle spielt, weil der Kontakt mit den „Arteignern" selbst oder mit vergleichbaren Wesen eine zentrale Rolle bei der Existenzsicherung spielt. Dazu zählen auch die bodenbautreibenden Völker außerhalb des trockenen Südwestens, wo die Jagd und ihre religiöse Einbettung am deutlichsten hinter andere Notwendigkeiten wie die Sicherung von Regen zur Erhaltung der Feldfruchtbarkeit tritt. Mit der Seßhaftwerdung auf der Grundlage von Fischfang, spezialisierter Sammelwirtschaft und Bodenbau entstehen dann auch religiöse Ämter, die sich in erster Linie auf die überlieferte Autorität außermenschlicher Mächte stützen.

Die Seßhaftigkeit bringt auch eine Spezialisierung und Differenzierung der Ritualisten mit sich. Bei den Eskimo ist der *angakoq* gleichermaßen Heiler und Seher und trägt durch seine periodische Befreiung der Tiere aus der Unterwelt auch zur Existenzsicherung bei. Bei den nördlichen Paiute sind Heiler, Gabelbockjagdleiter, Wetterzauberer, Krieger und Seher alle *puhagem*, wenngleich in der Praxis nicht jeder über alle entsprechenden Kräfte verfügt. Wo jeder Jäger (und Krieger) Zugang zu einem persönlichen Schutzgeist hat, ist ein derartig ausgeprägter Generalismus der „inspirierten" Ritualisten nicht erforderlich, und die Medizin tritt als Hauptaufgabe häufig so sehr in der Vordergrund, daß man von „Medizinmännern" spricht.

Schon die individuelle Schutzgeistsuche führte zu persönlichem Sonderwissen, das sich mit der Spezialisierung der „inspirierten" Ritualisten weiter vertiefte. Sobald die Größe der dauerhaft zusammenlebenden Bevölkerung anwuchs, entstand nicht nur die Notwendigkeit zu integrativen Ritualen, sondern auch die Möglichkeit zur Bildung von Gruppen, die gemeinsames religiöses Sonderwissen pflegten. In Gesellschaften, die aus mehr oder weniger autonomen Sippen bestehen, verfügen diese Verwandtschaftsverbände auch über ihre eigenen Rituale, in denen die Erklärung und Bestärkung der eigenen Identität im Mittelpunkt steht. Die Übernahme der damit verbundenen zeremoniellen Teilzeitämter ist nicht allein von persönlichen Neigungen, sondern insbesondere von der Stellung in der Verwandtschaftsgruppe bestimmt.

Unter den Einrichtungen, die der durch die Sippenautonomie drohenden Aufsplitterung der Gesellschaft entgegenwirken, zählen die auf freiwilligem Zusammenschluß beruhenden Bünde, die im indigenen Nordamerika vielfältige Formen und Aufgabenstellungen besaßen. So kann man Bünde, die der Pflege kollektiver Überlieferungen dienten und deren Mitgliedschaft oft erblich war, von solchen unterscheiden, deren Grundlage ähnliche Visionserfahrungen waren. Freilich erforderte auch bei erblichem Anspruch auf Mitgliedschaft die eigentliche Aufnahme eine förmliche Initiation, während andererseits bei seßhaften Gruppen auch Visionen gelegentlich vorbestimmt waren. In den Medizingesellschaften der Pawnee waren z. B. alle Männer zusammengeschlossen, die ihre Vision von einem gewissermaßen angeborenen tiergestaltigen Schutzgeist erhalten hatten, der sich später in Visionen offenbarte. Bei den Omaha war die Mitgliedschaft in vergleichbaren Bünden weitgehend erblich, weil Visionserlebnisse und die aus ihnen stammenden Privilegien innerhalb der Verwandtschaft weitergegeben wurden.

Nach ihrer primären Funktion kann man vor allem Medizin-, Kriegs-, Fruchtbarkeits- und Handwerksbünde unterscheiden. Obwohl die Idee der Geselligkeit als Aspekt des Bundwesens nicht zu unterschätzen ist, besteht seine zentrale Bedeutung in der Pflege und Weitergabe spezieller Kenntnisse, deren religiöser Charakter unübersehbar ist. Von den Plains sind etwa Handwerksbünde bekannt, in denen Frauen bestimmte handwerkliche Tätigkeiten exklusiv ausübten, weil die als heilig geltenden Techniken gemeinsam mit dem erforderlichen rituellen Wissen nur in diesen Bünden weitergegeben wurden.

An besonderen Organisationsformen ist auf die bei den Mandan und Hidatsa am oberen Missouri und in ihrem Umfeld existierenden Bünde hinzuweisen, die in Altersklassen oder Rangstufen gegliedert waren. Dort wo Männer- und Frauenbünde nebeneinander bestanden (wie bei den Irokesen, in Teilen der Prärien und Plains und in den Pueblos), ergänzten sie sich gegenseitig in ihren Aktivitäten oder arbeiteten im zeremoniellen Bereich zusammen. Oft war die Mitgliedschaft aber auch gemischt. Frauenbünde förderten zwar die Stellung von Frauen im rituellen wie im gesellschaftlichen Bereich, hoben aber niemals gänzlich die Bevorzugung der Männer in religiösen Belangen auf.

Die in Nordamerika eher ungewöhnliche Form einer Organisation, der alle männlichen Mitglieder einer Gruppe angehören, findet sich nur in Kalifornien und bei den Yupik in Südwestalaska. Die Männer benutzten ein großes Gemeinschaftshaus als Versammlungsstätte und richteten Zeremonien aus, deren esoterische Aspekte vor Frauen und nichtinitiierten Kindern geheim gehalten wurden. Diese „inklusiven Männerbünde" (die keine Bünde sind, weil ihnen die Grundlage der freiwilligen Mitgliedschaft fehlt) stellen letztlich eine sehr einfache Form der Organisation einer Gesellschaft in zwei Hälften dar, zwischen denen wechselseitige Verpflichtungen bestehen und die dadurch wie Bünde dem Zusammenhalt der Gruppe dienen. Hälften, deren Mitgliedschaft durch Abstammung oder Geburtsreihenfolge bestimmt wurde, spielen vor allem in der zeremoniellen Organisation eine zum Teil tragende Rolle.

In mehreren der oben ausgeführten Beispiele wurde auf das Fehlen einer Unterscheidung zwischen der sozial nützlichen Anwendung übernatürlicher Gaben und ihrem Mißbrauch („Hexerei") hingewiesen. Die Meinung, daß grundsätzlich die Wesen, welche die entsprechenden Fähigkeiten verliehen, weder gut noch böse, sondern nur mehr oder weniger mächtig und unberechenbar sind, ist ebenso weit verbreitet, wie die Beobachtung, daß es gute und böse Menschen gibt. Der menschliche Gebrauch von Macht bringt immer die Möglichkeit des Mißbrauchs mit sich.

Dort, wo „Hexerei" vollständig geächtet und als Kernübel der Gesellschaft betrachtet wird (wie in den Pueblos oder bei den Navajo), lehnt man auch unschädliche „inspirierte" Ritualisten ab, weil der direkte zeremonielle Verkehr mit übernatürlichen Wesen einer auf Autorität fußenden Kultorganisation vorbehalten war. Aber selbst dort, wo „inspirierte" und auf Autorität begründete Religiosität nebeneinander vorkamen, wie vor allem in den Bodenbaugebieten des östlichen Nordamerika (einschließlich der Prärien), bestand eine Neigung dazu, die „guten" Ritualisten den „bösen" Hexen gegenüberzustellen.

Gebet und Opfer

Gebete und Opfer sind Grundformen der Kommunikation mit nicht-menschlichen Personen im Wachzustand und finden sich in jeder Form des Kults als Ausdruck der Bitte oder des Danks. Sie schließen sich an die Formen des Umgangs mit menschlichen Personen an und sind von Erwartungen der (wenn auch nicht immer unmittelbaren) Gegenseitigkeit geprägt: Verbale und nicht-verbale Handlung sind dabei meist eng verbunden und treten sowohl in der persönlichen Auseinandersetzung mit übernatürlichen Mächten als auch in der durch Spezialisten vermittelten Form auf.

Bei den Copper-Inuit hörte der kanadische Ethnologe Diamond Jenness von einem Mann, der beim Ausbruch einer Epidemie zu einem großen Stein an der Küste ging, in dem ein Geist (*tornraq*) lebte. Nachdem er sich mit einer Schnur an den Stein gebunden hatte, sagte er dem *tornraq*, daß er nicht zu sterben wünsche, und bat ihn, sein Leben zu erhalten. Dann nahm er sechs Paar Fäustlinge, je zwei für sich, seine Frau und sein Kind, und band sie als Opfer an den Stein. Er führte später sein Überleben auf dieses Gebet samt Opfer zurück. Spontane Gebete dieser Art finden sich auch dort, wo es festgefügte, überlieferte Formen gibt.

Vor allem Gebete, die im Zusammenhang mit wiederkehrenden Opfern (wie den regelmäßigen Speiseopfern nach erfolgreicher Jagd oder vor dem Konsum von Nahrung) gesprochen werden, neigen zu Stilisierung und Formelhaftigkeit wie das folgende „Tischgebet" der Arapaho. „Unser Vater, höre uns, und unser Großvater! Ich erwähne auch alle, die scheinen [die Sterne], den gelben Tag, den guten Wind, das gute Holz, und die gute Erde. Alle Tiere, hört mich unter der Erde. Tiere über der Erde und Wassertiere, hört mich. Wir werden eure Nahrungsreste essen. Laßt sie gut sein. Laßt langen Atem und Leben sein. Laßt die Menschen sich vermehren, die Kinder aller Altersstufen, die Knaben und Mädchen, die Männer aller Alter und die Frauen. Die Nahrung wird uns stärken, so lange die Sonne sich bewegt. Höre uns Vater, Großvater! Wir bitten um Gedanken, Herz, Liebe, Glück. Wir werden essen." Nicht immer sind derartige Gebete so ausführlich, auch wenn oft hinter einer einfachen symbolischen Handlung eine umfangreiche Gebetsmeinung steht.

Lieder, als eine gesungene Variante von Gebeten, stellen meist eine verschlüsselte Form der Botschaft dar, die, wenn das Lied selbst nicht zu den in einer Vision erhaltenen Gaben zählten, auf eine Vision oder auch auf mythische Ereignisse Bezug nimmt.

Die Gebete, die Navajo-Ritualisten im Rahmen von Heilungszeremonien sprechen, sind untrennbarer Teil ritueller Handlungen, wobei bestimmte Strukturformen von Gebeten mit bestimmten Typen von Zeremonien übereinstimmen.

Sie beziehen sich auf den mythischen Ursprung des jeweiligen Rituals und verbinden ein einfach formuliertes Anliegen mit einer vielschichtig-poetischen Evokation mythischer Bilder. In ihrer Wechselbeziehung mit den rituellen Handlungen erhalten sie trotz ihrer scheinbaren Formelhaftigkeit stets lebendige und emotionale Bedeutung.

Für die Navajo sind Gebete nicht leere Worte, sondern Personen, die zwischen den Menschen und den *diyin* vermitteln, die sich nach Ende der Schöpfung zurückgezogen haben, Gebete sind Boten zu diesen alten und fernen Mächten und zu der von ihnen geschaffenen Abhilfe für die der Welt innewohnenden Unzukömmlichkeiten.

Navajo-Gebete werden von Opferbündeln mit Muschelschalen und Schmucksteinen und von Gebetsstäben begleitet (wie sie in vergleichbarer Form im Ganzen Südwesten Nordamerikas, aber auch auf den Plains vorkommen). Bei den Navajo bestehen sie aus mit Tabak gefüllten Abschnitten von Riedrohren, deren Enden mit Pollen verschlossen sind und erinnern an die mythische Erzählung, in der ein *diyin* die Opfergaben zurückwies, bis ihm Tabak dargebracht werde: Das gemeinsame Rauchen stellte zwischen dem *diyin* und dem Boten jene soziale Beziehung her, die eine Voraussetzung für die Hilfeleistung darstellt, ja den *diyin* in gewisser Weise zur Hilfe zwingt.

Im westlichen Nordamerika weit verbreitet waren vererbbare Spruchformeln, deren Gebrauch ein gewisses Maß an Ausbildung und zeremonieller Reinheit voraussetzte. Die *šiwíl* der Halkomelem vom Fraser River in British Columbia bestanden (ähnlich der Sprache mancher „inspirierter" Ritualisten) aus Worten einer unbekannten Sprache und konnten Krankheiten verursachen und heilen, Jagd und Fischfang befördern oder zwischenmenschliche Beziehungen beeinflussen. Nach den verfügbaren Informationen richten sich die Sprüche der Halkomelem an das Tageslicht als mächtigem Wesen, erinnern an Gebete und werden auch von einfachen rituellen Handlungen begleitet. Der Besitz eines *šiwíl* erübrigt die Suche nach einem persönlichen Schutzgeist.

Die umfangreichen Spruchformeln der Cherokee haben sich unter anderem dank ihrer Verschriftlichung in der seit dem frühen 19. Jh. verwendeten Silbenschrift in großer Zahl erhalten. Die zugehörigen rituellen Handlungen, die ihnen ursprünglich Sinn und Wirkung verliehen haben, sind hingegen in wesentlich geringerem Ausmaß bekannt oder gar lebendig. Was als lediglich magisch wirksamer Text erscheint, ist offenbar nur ein fossiles Bruchstück einer verschütteten Sinnwelt. Navajo-Gebetstexte ohne rituellen Zusammenhang und mythologische Kenntnisse würden einen ähnlichen Eindruck erwecken.

Tabakopfer fanden sich nicht nur bei den Navajo (die darüber hinaus wie die Pueblo-Leute auch Maismehl und Blütenstaub bei Gebeten und anderen rituellen Akten opferten). Ihre Verbreitung erstreckte sich auch auf Gruppen wie die Naskapi, die Tabak erst nach dem Kommen der Europäer kennengelernt hatten, weil sie außerhalb des Verbreitungsgebiets der teils wilden, teils kultivierten Nicotiana-Arten lebten. Wie die Gebete der Navajo wurde Tabak selbst vielfach als Bote zu den nicht-menschlichen Wesen betrachtet; gemeinsam mit Feuer, Wasser und Adlern wurde er etwa von den Shawnee zu den vier „Wahrheitsträgern" gezählt. Für die Ojibwa war Tabak eine Gabe des Kulturheros Nanabosho an die Menschen, die damit über etwas verfügten, das die höheren Mächte begehrten, aber nur von den Menschen erhalten konnten.

Hatten die Naskapi auf der Bärenjagd das gleichermaßen begehrte wie verehrte Tier in seiner Höhle ausgeforscht, forderte man ihn durch Zuruf auf, ans Tageslicht zu kommen und bot ihm an, die Tabakspfeife für ihn anzuzünden. Nachdem man ihn erlegt hatte, legte man Tabak in seinen Mund und rauchte mit ihm. Dies ist nur ein kleines Detail aus dem umfangreichen Ritual, das sich um einen getöteten Bären rankt und sich in verschiedener Form in weiten Teilen des nördlichen Nordamerika (und Asiens) findet.

Die Opfergaben richteten sich unmittelbar an das tote Tier (bzw. seine Seele), weil Bären bei den Naskapi keinen

Arteigner besitzen, die ansonsten die Adressaten der Opfer waren. Neben Tabak war es vor allem Nahrung (bei den Jägern also Fleisch), die nach der Jagd, besonders aber beim ersten Jagderfolg der Saison oder dem eines jungen Jägers, dargebracht wurden. Diese Opfer bildeten offensichtlich das Vorbild für ähnliche Erste-Früchte-Opfer der bodenbautreibenden Völker im östlichen Nordamerika.

Tieropfer im engeren Sinn waren in ihrem Vorkommen durch die Tatsache beschränkt, daß nur der Hund so gut wie überall in Nordamerika als Haustier gehalten wurde. Allerdings wurden Hunde nicht überall gegessen, weil sie vor allem in den Jagdlagern wichtigere Aufgaben zu erfüllen hatten, als im Kochtopf zu landen. Bei den seßhaften Völkern im nordöstlichen Nordamerika fanden Hunde hingegen ausgedehnte zeremonielle Verwendung. So waren die Fox der Meinung, der Hund sei ein *manito*, dessen Verzehr anderen *manitos* angenehm sei. War hier also der Genuß von Hundefleisch selbst ein ritueller Akt, fanden sich bei anderen Völkern regelmäßige Hundeopfer. Das am besten bekannte Beispiel ist das Opfer von Albinohunden durch die Irokesen, das heute noch in symbolischer Form bei den Onondaga praktiziert wird.

Es geht auf die Anweisung des Schöpfers Tharonhiawagon zurück, der im 17. Jh. einem Onondaga in Gestalt eines Zwergs erschien und die Opferung von Hunden, Wampumperlen und Sonnenblumenkernen beim Traumdeutungsfest im Rahmen des Mittwinterzeremonials forderte. Dort trat ein Repräsentant Tharonhiawagons auf, dessen Wunschtraum erraten werden mußte. Nach einem oder zwei Fehlversuchen wurden schließlich seine Wünsche erraten: Hunde (Fleischnahrung), Brot (Pflanzennahrung) und Wampum (als Symbol der Wertschätzung und Aufrichtigkeit). Heute treten bunte Bänder an die Stelle von Hund und Wampum; früher tötete man bis zu zehn weiße Hunde (die Anzahl der Sippen bei den Onondaga) und verbrannte sie als Opfergabe.

Vor allem im südöstlichen Waldland (teilweise aber auch darüber hinaus) waren in der frühen Zeit des Kontakts mit

Europäern offensichtlich noch verschiedene Formen von Menschenopferungen im Gebrauch. In den meisten Fällen sind die verfügbaren Informationen unzureichend, um ein einigermaßen verläßliches Bild dieser Praxis zu zeichnen. Lediglich bei den Skidi Pawnee blieb eine Form des Menschenopfers bis ins 19. Jh. lebendig, und die Skidi-Priester konnten um die Jahrhundertwende das Ritual und seine Hintergründe noch recht genau beschreiben.

Das Opfer richtete sich an den Morgenstern und betraf ein junges Mädchen eines fremden Stammes, das auf Grund eines Gelöbnisses im Rahmen eines eigenen Kriegszugs gefangen genommen wurde und einige Zeit bei den Pawnee lebte. Gute Behandlung des Kinds war wichtig, denn es mußte zum bestimmten Zeitpunkt freiwillig das Gerüst besteigen, an das es gebunden wurde, bevor man es durch Pfeilschüsse tötete. Das Blut des Mädchens ließ man auf Bisonfleisch tropfen, das danach verbrannt wurde. Das Opfer war eingebettet in eine mehrtägige Zeremonie mit vielfältigen kosmischen und mythologischen Bezügen, wurde (wenigstens zuletzt) zwar nicht jährlich abgehalten, galt aber als notwendiger Akt zur Erhaltung des göttlichen Wohlwollens.

Der mythologische Hintergrund bezieht sich auf den Auftrag des Schöpfers Tirawahat an den Morgenstern, mit dem Abendstern das erste Pawneemädchen zu zeugen, was Abendstern mit ihrer zahnbesetzten Vagina zu verhindern suchte. Morgenstern obsiegte nach längerem Kampf und machte damit auch Abendsterns Herrschaftsanspruch zunichte. Als Gegenleistung für diese Garantie des Vorrangs der Männer forderte Morgenstern das Opfer eines kriegsgefangenen Mädchens. Es gibt nun deutliche Hinweise darauf, daß es ursprünglich auch eine komplementäre Opferung eines Knaben gegeben hat, dessen Ursprung in einem ähnlichen Konflikt zwischen Sonne und Mond, den Eltern des ersten Pawneeknaben, begründet lag. Die Segnung des Bisonfleischs beim Mädchenopfer weist auf die wachsende Bedeutung der Bisonjagd gegenüber dem Bodenbau seit Einführung des Pferds hin; das wohl mit dem Maisbau verbundene Knabenopfer scheint von den Pawnee entsprechend früher aufgegeben worden zu sein.

In vielen Details weist das Opfer für den Morgenstern bei den Pawnee erstaunliche Parallelen zu Opferpraktiken des alten Mexiko auf. Der Zusammenhang ist im einzelnen nicht eindeutig zu klären. Offensichtlich ist aber, daß im östlichen Nordamerika vor allem die rituelle Marterung und Tötung von Kriegsgefangenen und andere Praktiken im Zusammenhang mit der Kriegsführung, die deutliche Beziehungen zur Sicherung der Feldfruchtbarkeit besitzen, in diesem größeren Rahmen zu sehen sind.

4

Lebenslauf und Jahreslauf

Der fließende Übergang zwischen menschlichen und nichtmenschlichen Personen in einer beseelten Welt brachte es mit sich, daß sich die Wirkung des Übernatürlichen in allen Bereichen des Lebens bemerkbar macht. Spezialisierung im Umgang mit dem Unbegreiflichen führte zwar dazu, daß manche Personen, Orte, Dinge oder Handlungen „heiliger“ waren als andere, für den Laien blieben aber Alltagswelt und Religion stets untrennbar verknüpft.

Die Vielfalt dieser Berührungen und die Vielfalt der Lösungsmodelle für wiederkehrende Existenzprobleme durch die indigenen Kulturen Nordamerikas kann in den folgenden Beispielen nur angedeutet werden.

Lebenskrisen: Menstruation und Medizin

Weil Ordnung und Beständigkeit den Menschen ein Gefühl der Berechenbarkeit und Sicherheit verleihen, werden Veränderungen oder Störungen der Ordnung grundsätzlich als Bedrohung angesehen. Andererseits sind biologische und soziale Veränderungen ein regelmäßiger Teil des menschlichen Lebens: Geburt, Reifung, Heirat, Vermehrung, Alterung und Tod sind universelle Erscheinungen, denen besondere Beachtung geschenkt wird. Wie der französische Orientalist und Ethnologe Arnold van Gennep in *Les Rites des passage* (1909) feststellte, ähneln sich bei aller kultureller Verschiedenheit die in solchen Situationen zur Anwendung kommenden Übergangsriten in ihrem Grundmuster: Trennung vom bisherigen Zustand, Übergang und Eingliederung in die neue Rolle. Dieser ritualisierte soziale Prozeß ist deshalb auch aus religiöser Sicht von großer Bedeutung, weil vor allem die mittlere Phase – die Überschreitung der Schwelle zwischen den Lebensepochen – von unabwägbaren Gefahren überschattet wird, deren tiefere Ursache man meist außerhalb des Menschen vermutet.

Häufig waren Frauen sowohl während der Schwangerschaft als auch nach der Entbindung bestimmten Beschränkungen unterworfen, die von Speiseverboten bis zu mitunter sehr langen Trennungen von ihrer Familie reichten. Zwar gab es nirgendwo in Nordamerika ausgeprägte Formen des Brauchs der Couvade, bei welcher der Kindsvater die Entbindung etwa durch Imitation der Wehen unterstützte und nach der Geburt gleichsam im Kindbett verblieb, während die Mutter ihre normale Arbeit wieder aufnahm; recht weit verbreitet waren aber Verhaltensmaßregeln vor, während und nach der Entbindung, die den väterlichen Anteil an der Geburt symbolisierten. Daß derartige Speise- oder Arbeitsverbote religiöser Natur waren, zeigen die ihrer Mißachtung folgenden übernatürlichen Strafen. Nur selten sind wir allerdings über die spezifischen Hintergründe dieser Tabus informiert. Von den Ojibwa von Parry Island erfuhr man immerhin, die Freiseele des Ungeborenen würde mit der Seele eines Tiers leiden, das vom Vater nur verletzt und nicht sofort getötet würde.

Das menschliche Leben beginnt üblicherweise mit einer Eingliederung. Mit der Namensgebung, deren Bedeutung weit in das künftige Leben hineinragt, ist in der Regel die Verleihung einer sozialen Identität an ein neugeborenes Kind verbunden. In der Vorstellung der Inuit hingegen wurde der bereits existierenden Namenseele eines kürzlich verstorbenen Menschen, die sich seit dem Tod ihres letzten Trägers in einem heimatlosen Übergangszustand befand, durch Reinkarnation ein neuer Körper zugewiesen. Dieselbe Namensseele konnte in mehreren Personen wiedergeboren werden (und wurde es auch meist), die dadurch in einem besonderen Verhältnis zueinander standen.

Bei den südwestlichen Ojibwa erfolgte die Verleihung eines Namens an ein Kind durch einen Paten des gleichen Geschlechts, der auf der Grundlage seiner in Traumerlebnissen erlangten Fähigkeiten ausgesucht wurde. Die Namen stammten aus der Vision des Paten, und mit der Benennung war auch ein Transfer eines Teils der damit verbundenen Kräfte verbunden. Früher verlieh der Namensgeber zwei Namen: seinen eigenen, der ihm von seinem Paten gegeben worden war, und einen aus seinem Traum. Der erste galt als heilig, verband alle, die den selben Namen trugen und wurde weder in der persönlichen Anrede noch gegenüber Fremden verwendet. (Ebenfalls heilig und geheim waren die Namen, die man in der eigenen Vision erhielt.) Zur Anrede gebrauchte man Verwandtschaftsbezeichnungen oder Spitznamen. Wurde das Kind krank, holte man den Paten, um die Namenskraft zu stärken. Namen wurden übrigens nur im Frühjahr oder Sommer verliehen, weil dann die meisten *manitos* anwesend waren.

Wo Sippen vorhanden waren, wie etwa bei den Sauk und Fox, waren die Namen Eigentum der Verwandtschaftsgruppe und wurden im Rahmen eines Namensgebungsrituals verliehen, bei dem ein sippeneigenes Namenbündel und ein Hundeopfer eine zentrale Rolle spielten. Namen waren hier also gemeinsames, in mythischer Zeit geheiligtes Erbe. Aus solchen Praktiken entwickelten sich die Namenstitel, die an der Nordwestküste zu den erblichen Privilegien zählten.

Die offizielle Inanspruchnahme dieser Namenstitel erfolgte an der Nordwestküste im Rahmen des sogenannten „Potlatch“ (aus dem Wort für „geben“ in der lokalen Handelssprache abgeleitet), die durch Geschenke des Veranstalters an die Gäste geprägt waren, mittels welcher der Reichtum innerhalb der Gesellschaft umverteilt wurde. Bei den Tlingit waren diese Feste Teil von Totengedenkfesten, in deren Rahmen der Titel des Verstorbenen von seinem Nachfolger angenommen wurde, während bei den Kwakiutl die Übertragung von Rechten und Titeln zu Lebzeiten erfolgte. Der religiöse Charakter des Potlatch ergibt sich aus der Annahme, daß alle Privilegien des Adels (die „Schätze“) auf

Geschenke der nicht-menschlichen Personen an die Ahnen der Sippen zurückgingen. Bei Inanspruchnahme dieser Rechte mußte der mythische Bund erneuert werden. Dabei opferten die Menschen ihren Reichtum, um durch Reinkarnation der Namenstitel den Fortbestand der übernatürlichen „Schätze“ zu sichern, so wie die übernatürlichen Wesen in ihrer irdischen Tiergestalt sich den Menschen opferten, um deren Fortleben zu gewährleisten.

Bei den Kwakiutl wurden diese Namenstitel am Beginn der winterlichen Zeremonialzeit abgelegt und durch „heilige Namen“ ersetzt. Zwar war im Winter die sonst übliche Gliederung in soziale Klassen aufgehoben, zum Glück zählten aber auch die heiligen Namen zu den ererbten Privilegien. Wie die Ojibwa-Visionssucher bekamen auch die inspirierten Heiler der Kwakiutl von ihren Schutzgeistern Namen verliehen (z. B. „Besitzer des Lebens“, „Lebendigmacher“), die den Übergang in das „Berufsleben“ signalisierten. Sie wurden immer verwendet, wenn man Dienste des Heilers in Anspruch nahm.

In den Pueblos gab es verschiedene Formen der Namensgebung, aber wenn ein Kind am Tage eines Kachina-Tanzes geboren wurde, konnte es den Namen von einem der Kachinas erhalten. Die Neugeborenen wurden unter Nennung ihres Namens der aufgehenden Sonne gezeigt. Damit war ein Gebet um langes Leben verbunden. Bei den Keres malte man Tierspuren auf die Wangen von Knaben; bei Mädchen trug man Maismehl und -pollen auf, während man das Lied sang, zu dem einst Iyatiku, die Maismutter, der Sonne dargeboten worden war.

Durch das Einsetzen der Menstruation ist bei Frauen der Übergang zum Stadium der Reife eindeutiger markiert, als beim männlichen Geschlecht. Fast überall war dies der Anlaß, die Heranwachsenden mit den weit verbreiteten Tabus vertraut zu machen, die mit der Menstruation verbunden waren – einem Zustand, der vor allem im rituellen Bereich als potentiell gefährlich galt. Dazu zählten insbesondere die Trennung von der männlichen Lebenswelt durch Aufsuchen eigener Menstruationshäuser oder -zelte, Nahrungsverbote und andere Verhaltensmaßregeln. Vielfach wurden aus diesem Anlaß Feste oder spezielle Riten abgehalten. Bei den Lakota errichtete man in einem Zelt einen Altar, auf den man neben einem Bisonschädel verschiedene Ritualbehelfe (wie Pfeife und Tabak) und ein neues Kleid legte. Ein Medizinmann betete zu den *Wakan kin* und *Taku wakan*, vor allem aber zum Bison, den er anrief, das Mädchen in eine richtige Bisonfrau zu verwandeln. Für die Lakota sind Bisons nicht nur als Quelle des Lebensunterhalts ein Symbol der Welt, sondern auch eines der Fortpflanzung. Nachdem die Verwandlung symbolisch vollzogen war, legte die junge Frau das neue Kleid an, wurde mit der Frisur der Frauen versehen und mußte sich in der für Frauen verbindlichen züchtigen Weise hinsetzen.

Die Frisur der heiratsfähigen Mädchen (hier aufwendig in der Form von Schmetterlingsflügeln arrangiert) war auch bei den Hopi ein Symbol des Erwachsenseins. Sie durfte erstmals im Anschluß an ein viertägiges Ritual getragen werden, bei dem eine Gruppe von Mädchen in einem abgedunkelten Raum und unter Beachtung von Speisetabus (Fett, Flcisch, Salz) riesige Mengen von Mais zu Mehl mahlte. Meist fand das Ritual unabhängig von der Erstmenstruation statt – wie überhaupt Menstruation für die Hopi keine rituelles Thema war. Dort, wo das Ritual mit der Erstmenstruation zusammenfiel, bestand für die Mädchen das Verbot, sich in dieser Periode den Kopf mit den Fingern zu kratzen.

Die statt dessen verwendeten Kopfkratzer sind gemeinsam mit Trinkröhrchen, die zur Einnahme von Flüssigkeiten verwendet werden mußten, typische Geräte zur Erfüllung der Tabus bei der ersten Menstruation nicht nur in weiten Teilen Nordamerikas, sondern auch in der übrigen Welt. Das Überwiegen von übernatürlichen Strafen bei Mißachtung dieser Regeln gegenüber Belohnungen bei ihrer Erfüllung wirft ein bezeichnendes Licht auf die Ängste der Männer, die mit den Anzeichen der Fortpflanzungsfähigkeit der

Frauen verbunden waren. Die großen Welterneuerungszeremonien der Männer in Nordkalifornien dienten in erster Linie dazu, den vom Menstrualblut in die Welt gebrachten Gefahren entgegenzuwirken.

Vergleichbare Rituale für Knaben an der Schwelle zur Geschlechtsreife gab es aus einsichtigen Gründen nicht. Visionserlebnisse oder erste Jagd- und Kriegsleistungen waren einschneidende und von religiösem Zeremonialismus umgebene Erfahrungen. Ebenso wie die in dieser Lebensphase erfolgenden Initiationen in Bünde oder stammesweite Zeremonialorganisationen betonen sie die Tatsache, daß „Mannbarkeit“ in erster Linie eine Frage der gesellschaftlichen Einschätzung ist.

Die Knaben, die man bei den Patwin und ihren Nachbarn im nördlichen Kalifornien im Alter von zehn bis vierzehn Jahren in die sogenannten „Kuksu“-Bünde einführte, wurden zu diesem Zweck eingefangen und mit Gewalt in das Zeremonialhaus gebracht, in dem sie bis zu drei Monate bleiben mußten. Fasten oder Enthaltsamkeit von Fett und Fleisch, die Verwendung von Kopfkratzern, manchmal auch vorgeschriebene Körperhaltungen oder Bewegungseinschränkungen erinnern an die Menstruationstabus (man hat in diesem Zusammenhang auch von „Menstruationsneid“ gesprochen) und begleiteten die Einweihung der Knaben in das Geheimwissen des Bunds. Am Ende dieser Periode legten sie ihren Kindernamen ab und erhielten den Namen eines verstorbenen Verwandten.

Im 17. Jh. beobachteten die erstaunten englischen Kolonisten in Virginia die öffentlichen Teile des Huskenaw-Rituals der örtlichen Algonquinvölker. Eine Gruppe von Knaben im Alter von zehn bis fünfzehn Jahren wurde mit weißer Farbe bemalt und zu einem Baum geführt, wo sie von mit Ruten ausgerüsteten Männern bewacht wurden. Nachdem fünf Tempelpriester trotz heftigen Widerstands der Wächter die Knaben der Obhut der Eltern entrissen hatten, begannen die Frauen zu weinen und die Vorbereitungen für ein Begräbnis zu treffen, während die Männer sich aus den Zweigen des Baums Kopfschmucke fertigten. Die Knaben wurden in ein abgelegenes Tal gebracht, wo man sie (so berichtete man den Engländern, die dorthin nicht folgen durften) wie Leichen aufstapelte und anschließend angeblich als Opfer an den blutsaugerischen Gott Kiwasa ins Feuer warf. Später erfuhren die Engländer freilich, die Kinder seien gar nicht gestorben, sondern würden nur neun Monate lang in einem Zeremonialhaus im Wald festgehalten und zu Priestern ausgebildet.

Erst als fast ein Jahrhundert danach die alte Religion bereits fast völlig verschwunden war, wurde bekannt, daß die Initianden, die alle aus der Oberschicht stammten, einen aus einer Wurzel (wahrscheinlich Datura) bereiteten Trank verabreicht bekamen, der sie erst närrisch machte und dann alles Vergangene vergessen ließ. Bei ihrer Rückkehr in die Dorfgemeinschaft hatten sie ihr kindliches Betragen verlernt und konnten somit ein neues Leben beginnen. In dramatischer Form wurde im Huskenaw die Idee von Tod und Wiedergeburt zum Symbol des Übergangs nicht nur von der Kindheit ins Erwachsenenalter, sondern auch vom Laien- in dcn Priesterstand versinnlicht. Der strafende Gott Kiwasa, dem sie nun im Tempel dienten, hatte sie selbst dazu erwählt und ihm waren sie „geopfert" worden.

Der Eheschließung wurde im indigenen Nordamerika so gut wie nirgendwo große religiöse Bedeutung beigemessen. Sie war ein vor allem von sozialen, wirtschaftlichen und nur zum Teil auch persönlichen Erwägungen bestimmter Akt, der die Zustimmung oder Förderung durch das Übernatürliche nicht erforderte. Ähnliches gilt für den Vorgang der Alterung, der – wie die Pubertät – bei Frauen durch Eintritt der Menopause deutlicher markiert war als bei Männern. Die Aufhebung ritueller Beschränkungen für Frauen ist daher auch das am weitesten verbreitete Phänomen in diesem Zusammenhang. Wo Altersklassen vorhanden waren, spiegelten sie sichtbar den häufig angenommenen Zuwachs an spiritueller Kraft mit fortschreitendem Lebensalter.

Daß Krankheit nicht zu den planmäßigen Krisen des Lebenszyklus zählt, macht den Umgang mit dieser ständigen Bedrohung um so schwieriger. Da abgesehen von aus Unfällen oder Tierbissen herrührenden Verletzungen ihre Ursachen nicht unmittelbar ersichtlich sind, erscheinen die Symptome der körperlicher Veränderung besonders bedrohlich. Mehrere weit verbreitete Erklärungen für die Entstehung von Krankheiten finden sich nicht nur in Amerika: Verstöße gegen Tabuvorschriften oder (was vielfach dasselbe ist) respektloses Verhalten gegenüber außermenschlichen Wesen kann unmittelbar zu Störungen der normalen Körperfunktionen führen; besonders Tiere (bzw. ihre Arteigner) gelten häufig als in diesem Sinn „rächende Geister". Auch der Kontakt mit diesen notorisch unberechenbaren Wesen an sich, mit Totengeistern oder mit Fremden ist höchst gefährlich und kann unter Umständen auch zur Besessenheit führen; persönlich gedachte Naturphänomene wie Wind oder Blitz stehen häufig als Verursacher im Verdacht, seltener nimmt man die Existenz eigener krankheitserregender Wesen (wie die Gottheit „Krankheitsspender" bei den Winnebago) an. Der zeitweise Verlust der Seele (oder einer der Seelen) stellt eine lebensbedrohliche Krankheit dar und wird ebenso häufig den Machinationen von Hexen (oder dem sozial schädlichen Gebrauch übernatürlicher Fähigkeiten durch Menschen) zugeschrieben wie das Eindringen von Fremdkörpern in den menschlichen Körper.

Die reine Behandlung der Symptome durch pflanzliche Wirkstoffe ohne Rücksicht auf die eigentlichen Ursachen wurde meist als wenig effektiv angesehen; das dazu notwendige Kräuterwissen erforderte kaum den Zugang zu höheren Mächten, wenn man davon absieht, daß auch die Heilpflanzen Geschenke dieser Mächte waren. Aber schon für die korrekte Diagnose der übernatürlichen Krankheitsursachen waren normalerweise besondere spirituelle Fähigkeiten erforderlich und erst recht für ihre Heilung. Von den entsprechenden Praktiken inspirierter Ritualisten war bereits die Rede. Die Bezeichnung „Medizinmann" für solche Personen ist übrigens die wörtliche Übersetzung entsprechender Ausdrücke in verschiedenen indigenen Sprachen (z. B. Lakota *pejuta wicaša*).

Bei den Navajo wird bis heute klar zwischen Kräuterkundigen, Diagnostikern und Heilern unterschieden. Die Diagnostiker sind Seher, die nicht allein Krankheitsurssachen ausmachen können, sondern auch verborgene Wasserquellen oder verlorene Gegenstände. Ihre übernatürlichen Fähigkeiten gelten als angeboren, müssen aber durch erlerntes Ritual ergänzt werden; ihre Techniken erinnern zum Teil an die inspirierter Heiler. Das gilt vor allem für das „Handzittern", das mit einer Vibration von Armen oder Beinen beginnt, schließlich aber den ganzen Körper erfaßt und bis zur Ekstase führt. Die beiden anderen Techniken sind das „Erlauschen" von Krankheitsursachen und das „Anstarren" von Sonne, Mond oder Sternen. Die Diagnostiker stellen auf diese Weise fest, welches Ritual zur Heilung angemessen ist, und verweisen zu dessen Durchführung an den Heiler (*hataali*, „Sänger").

Der Sänger ist ein Spezialist, der sich in jahrelangem, kostspieligem Studium die nötigen rituellen Kenntnisse zur Durchführung einer der zahlreichen zwei- bis fünftägigen Heilungszeremonien angeeignet hat. Im Rahmen dieser „Gesänge" oder „Wege" wird Mythenmaterial, das sich auf Ursprung und Heilung der jeweiligen Krankheit bezieht, in einer Mischung aus Gebet, Gesang, Trockenmalerei und rituellen Handlungen unter Zuhilfenahme spezieller Ritualgeräte und reinigendem Räucherwerk dargeboten. Durch die derart angerufene Hilfe der *diyin* wird der Patient geheilt und der angestrebte Zustand der Harmonie wieder hergestellt.

Die Navajo-„Sänger" widmen sich in kürzeren Segnungsriten auch der Krankheitsvorbeugung. Diese zählte ebenfalls zum festen Programm der meisten Medizingesellschaften, die allein durch ihre Organisationsform (manchmal mit mehreren zunehmend esoterischen Graden der Mitgliedschaft) auch dort „priesterliche" Züge annahmen, wo die Befähigung zur Mitgliedschaft durch Traum oder Vision erworben wurde. Selbst in den Pueblos, die ekstatischen Zuständen reserviert gegenüberstanden, wurden in Medizingesellschaften zu Diagnosezwecken Rauschzustände durch Drogen (wie Datura) erzeugt – und man demonstrierte die Autorität der übernatürlichen Macht durch ähnliche Tricks (z. B. das Verschlingen langer Holzstäbe) wie anderswo die durch Visionen inspirierten Ritualisten.

Im Ritual der Medizingesellschaft, die bei Algonquinvölkern des westlichen Seengebiets und bei den Winnebago verbreitet war, spielten symbolische Darstellungen von Tod und Wiederbelebung eine wichtige Rolle. Damit in Zusammenhang stand das tröstliche Versprechen einer Wiederbelebung nach dem physischen Tod durch Reinkarnation.

Ähnlich wie bei der Geburt sowohl die Eltern als auch das Kind auf ihren Wegen über die Schwellen zu neuen Lebensepochen in unterschiedlicher Weise rituellen Beschränkungen unterworfen sind oder übernatürlichen Beistand erhalten, stellt auch der Tod eine Situation dar, die für den Sterbenden eine grundlegendere Veränderung mit sich bringt als für die trauernden Hinterbliebenen. Der Tote verfügt sich zumeist in eine andere Form der Existenz, die Überlebenden müssen aus der Ausnahmesituation der Trauer wieder in das normale Leben der Gemeinschaft zurückgeführt werden.

Es ist vor allem der in der Nähe des Leichnams verbleibende Totengeist, der die Lebenden möglicherweise gefährdet oder mit Schrecken erfüllt. Nicht überall war freilich die Geisterfurcht so ausgeprägt wie bei den Navajo und den Apache, die nach dem Tod alle Besitztümer des Verstorbenen (außer was ihm an Grabbeigaben mitgegeben wurde, aber einschließlich seines Wohnsitzes) zerstörten, den Toten möglichst sofort bestatteten, sein Grab mieden und bei der Beerdigung alles taten, um den Totengeist in die Irre zu führen und seine Rückkehr in die Gemeinschaft zu verhindern. Die Geister hatten nämlich Sehnsucht nach den Lebenden, die sie mit sich ins Totenland nehmen wollten. Vor allem die Geister von Hexen (und niemand konnte ganz sicher sein, daß der Tote keine Hexe war) kehrten meist in Form von Eulen oder dunklen Gegenständen zu den Lebenden zurück und verursachten Krankheiten.

Insbesondere an der Nordwestküste und in Kalifornien durften nicht nur die Namen der Verstorbenen nicht mehr ausgesprochen werden, sondern auch Worte, die an diese Namen erinnerten. Bei den Halkomelem wurden die tabuisierten Bezeichnungen durch Umschreibungen ersetzt; das ursprüngliche Wort konnte erst dann wieder verwendet werden, wenn der Name auf ein neugeborenes Kind übergegangen war.

In vielen Teilen des östlichen Waldlands gönnte man den Toten hingegen einen längeren Zeitraum, um sich vom Diesseits vollständig zu verabschieden. Man versorgte die Geister am Grab mit Nahrung und Tabak, hielt aber nach einem oder mehreren Jahren ein Abschiedsfest, um den Geist endgültig aus dieser Welt zu bannen. Die Algonquin im nördlichen Küstenland von Virginia und die Huronen bewahrten die Knochen der Verstorbenen so lange in ihren Häusern auf, bis sie im Rahmen eines großen Totenfests gemeinsam mit den seit dem letzten Fest Verstorbenen in einer Art Massengrab beigesetzt wurden. Die Periode bis zur endgültigen Trennung von den Toten war häufig zugleich die Trauerzeit, in der die Hinterbliebenen – vor allem die wegen ihrer Nähe zu den Toten besonders gefährdeten Ehepartner – Beschränkungen aller Art unterworfen waren. Bei den Fox fand die Trauerzeit einen versöhnlichen Abschluß, indem man eine andere Person anstelle des Verstorbenen adoptierte, auf diese Weise die entstandene Lücke im Netzwerk der Verwandtschaft schloß und die Seele des Toten zufriedenstellte.

Bei entsprechenden Festen in Südkalifornien und bei den Yuma am unteren Colorado River stellte man lebensgroße Abbilder der Verstorbenen aus Zweigen und Leder her und veranstaltete zu ihrer Ehre ein Scheingefecht, in dem die Feinde besiegt wurden. Nach einer letzten kollektiven Demonstration des Trennungsschmerzes verbrannte man die Abbilder und das eigens errichtete Trauerhaus, so wie man ein Jahr zuvor bereits den Toten selbst, sein Haus und seine Habe verbrannt hatte.

Eine offenbar geringere Geisterfurcht war dort vorhanden, wo Totengeister zu Hilfsgeistern von Ritualisten oder zu Schutzgeistern der Lebenden werden konnten, wie bei den Crow, wo sie vor allem beim Auffinden verlorener Personen oder Gegenstände behilflich waren. Vielfach ist die Fähigkeit des Umgangs mit den Toten und der Nutzung der möglichen Gaben der Geister eine Frage der sozialen Stellung und der damit verbundenen Macht der Lebenden. Die Nootka hatten es grundsätzlich sehr eilig, ihre Toten durch ein in die hölzerne Hauswand gemachtes Loch an ihre entlegenen Ruhestätten zu bringen. Gleichzeitig spielten Leichen, Totenschädel und Skelette eine wichtige Rolle in den Wal- und Fischanlockungsritualen, die von den Häuptlingen an ihren Schreinen abgehalten wurden.

Die Nootka und ihre Nachbarn an der Nordwestküste hatten keine Vorstellung eines Totenreichs. Ihrer Meinung nach irrten deshalb die Totengeister ziellos durch die Welt. Bei den Algonquin von Virginia hatten angeblich nur die Mitglieder der Oberschicht ein Leben nach dem Tod zu erwarten, während die sterblichen Überreste der Gemeinen in den Gräbern verrotteten. Grabbeigaben in diesen Gräber lassen allerdings vermuten, daß auch die Gemeinen ein Fortleben erwarten konnten, wenngleich wahrscheinlich nicht im selben Jenseits wie ihre Anführer.

Vorstellungen von Belohnung oder Bestrafung im Jenseits für das Verhalten im Diesseits durch Einweisung in verschiedene Totenreiche waren so selten, daß man ihr Vorkommen gerne als Einfluß des Christentums deutet, doch gibt es entsprechende Berichte schon im späten 16. Jh. aus dem Küstenland von North Carolina. Weiter verbreitet war die Meinung, daß nur die Seelen der guten Menschen ins Jenseits kamen, während die der bösen als Geister ruhelos umherirrten. Auch die Todesursache konnte eine Rolle für das Schicksal spielen, das die Seele im Jenseits erwartete.

Die Menominee z. B. glaubten, daß die Seelen Erstochener im Totenland mit den Füßen nach oben tanzten. Bei den Lakota wurden die Seelen der im Kampf besiegten Krieger im Totenland zu Dienern der Sieger, bei den Winnebago barg der Tod auf dem Schlachtfeld das Versprechen der Reinkarnation in sich.

Aus den Berichten von (Schein)toten, die wieder ins Leben zurückgekehrt waren, besaßen die Völker, die an ein Fortleben nach dem Tod glaubten, Nachrichten über diese andere Welt und den Weg, der zu ihr führte. Bei den Lipan Apache kamen die Verstorbenen an Wacholderbäumen vorbei, an denen die Körperteile von im Leben verstümmelten Menschen hingen, die diese vor Eintritt in das Totenland zurückerhielten. Nahe dem Eingang in diese Welt stand eine alte Frau mit einer Kaktusfrucht, deren Genuß eine Rückkehr ins Leben ebenso unmöglich machte, wie das Rauchen aus den Pfeifen der auf neue Gesprächspartner wartenden verstorbenen Männer.

Die Jenseitswelt der Ojibwa lag im Westen oder Süden und stand unter der Herrschaft des Kulturheros Nanabosho oder seines Wolfsbruders. Nahrung gab es reichlich, auch wenn das, was dort Fleisch war, sich im Diesseits als verfaultes Holz herausstellte. Getanzt wurde viel, aber nur bei Nacht, da man tagsüber schlief. In diese weitgehend glücklichen Jagdgründe gelangte man über einen schwankenden Balken, der einen Fluß überspannte, alle Kinder sowie ungeschickte Erwachsene abwarf und sie dadurch in Fische verwandelte.

Bei manchen Eskimogruppen kamen die Seelen, aber auch die ihrer Jagdtiere, in die vom Mond regierte Welt oberhalb des Himmelsgewölbes, wo es dementsprechend immer genug zu essen gab. Der relativ kurze Aufenthalt dort bis zur Wiedergeburt wurde durch häufig stattfindende Fußballspiele verkürzt: „Ballspieler“ ist daher auch die grönländische Bezeichnung für die Toten.

Die Lösung des latenten Widerspruchs zwischen persönlichen Zielen und den Anforderungen der Gesellschaft obliegt der Politik. Das Ausmaß, in dem Entscheidungen über das Gemeinwohl an ausgewählte Personen übertragen werden und Macht ausgeübt wird, ergibt sich aus den Lebensumständen der Gruppe. Das gleiche gilt für die Art und Weise, in der Politik und Religion miteinander verflochten sind, denn daß sie es sind, steht außer Frage. Die Trennung von Kirche und Staat ist schwer durchzuführen, wo es weder Kirche noch Staat gibt, vor allem aber dort, wo die Auseinandersetzung mit den nicht-menschlichen Mächten alle Lebensbereiche durchdringt.

Weil letztlich alle indigenen Gesellschaften Nordamerikas auf der Grundlage von Verwandtschaftsbeziehungen aufgebaut waren, spielte Verwandtschaft überall eine wichtige Rolle im politischen Prozeß. Mit wachsender Seßhaftigkeit und Gruppengröße wandelte sich die Bedeutung der Verwandtschaft für die gesellschaftlichen Weichenstellungen und wurde durch andere Einrichtungen ergänzt. Wie im Bereich der religiösen Organisation gewann in der Politik tradierte Autorität gegenüber persönlicher Fähigkeit und Erfahrung an Gewicht, und die Spezialisierung von Ämtern und Aufgaben verdrängte das frühere Generalistentum.

In den Jäger- und Sammlergesellschaften der Arktis, der Subarktis und des Großen Beckens bildeten kleine Gruppen von Familien mit insgesamt wenigen Dutzend Mitgliedern den Kern von mobilen Gruppen, deren Zusammensetzung im Verlauf des Jahres und über die Jahre hinweg Schwankungen unterworfen war. Die ausgeprägte Unabhängigkeit der Familien verhinderte die Entstehung großer sozialer Unterschiede. Führungspersönlichkeiten konnten sich nur durch erwiesene Leistung als gute Jäger durchsetzten – solange sie erfolgreich blieben. Unter solchen Bedingungen hatten religiöse Spezialisten, die durch mächtige Schutzgeister einen Wissensvorsprung hinsichtlich der zentralen

Überlebensfragen der Gruppe besaßen, einen gewissen Vorteil. Sie konnten mit ihren Techniken herausfinden, wo es Jagdwild gab oder warum es ausblieb, sie wußten, wie sich das Wetter wenden würde, und sie konnten rechtzeitig vor Gefahren warnen. Wenn sie durch ihre besonderen Fähigkeiten nicht zu sehr in eine Außenseiterrolle gedrängt wurden, konnten sie selbst Führungsrollen übernehmen.

Vor allem bei Eskimogruppen der zentralen Arktis und bei den utoaztekischen Gruppen im trockenen Westen Nordamerikas gab es immer wieder Schamanen oder andere inspirierte Ritualisten als Anführer. Weder waren ihre Fähigkeiten notwendige Voraussetzungen für Führerschaft, noch erlangten alle einflußreichen religiösen Spezialisten auch politische Führungsrollen. Nichts war freilich verbindlich festgeschrieben. Krieg war wegen der geringen Gruppengröße und der dünnen Besiedlung häufig unbekannt. Kam es dennoch zu Kämpfen, hatten die, denen entsprechende Gaben in Träumen verliehen worden waren, bessere Chancen, aber auch besondere Pflichten gegenüber der Gemeinschaft.

Viele der politisch selbständigen Einheiten in Kalifornien waren kaum größer als die eben genannten mobilen Jäger- und Sammlergruppen. Aber ihre Seßhaftigkeit führte oft zur Entstehung von Häuptlingstum und sozialen Unterschieden, die sich auf ererbte Rechte gründeten. Obwohl der Zugang zu übernatürlicher Macht ein persönlicher war, gab es eine deutliche Tendenz zur Weitergabe der entsprechenden Fähigkeiten in Familien. Umgekehrt suchten auch politische Anführer ihre Stellung durch Erwerb gewisser übernatürlicher Kräfte zu stärken. Ähnliches galt in größerem Maßstab für die Fischervölker der Nordwestküste. Erbliche Ämter und übernatürliche Erfahrung waren zwar getrennte Sphären, die aber dort überlappten, wo der Zugang zu bestimmten religiösen Geheimnissen durch die Abstammung von bestimmten Ahnen vorbestimmt war. Visionäre Erfahrungen und inspirierte Praktiken allein konnten prestigeträchtig sein und zu sozialem Ansehen führen, änderten aber nichts am angeborenen Stand der Person.

Bei vielen seßhaften Bodenbauern des östlichen Nordamerika (und oft auch bei den Völkern der Plains, die ihre Seßhaftigkeit erst nach Übernahme des Pferds aufgegeben hatten) standen Friedenshäuptlinge, die ihr Amt ererbt hatten, den Kriegshäuptlingen gegenüber, die durch erwiesene Leistung in diese Position gelangt waren. Ganz ähnlich wurden religiöse Kenntnisse in Sippen vererbt oder durch persönliche Erfahrung gewonnen. Sowohl Friedens- wie Kriegshäuptlinge konnten ihre Stellung durch Hinweis auf ererbte oder erworbene übernatürliche Kräfte legitimieren. Auch in der Organisation der Bünde war dieser Unterschied greifbar, wobei der religiöse Wissenstransfer durch Kauf und Verkauf ein Moment hinzufügte, das die Starrheit dieses Gegensatzes relativierte. Die Bünde mit ihren abgestuften Graden und Funktionären waren ein wesentlicher Ort des religiösen Spezialistentums und bildeten die Grundlage für die Entwicklung von Priesterschaften, deren kollektives Ritual vielfach in engem Zusammenhang mit der durch die politische Führung repräsentierte Einheit und Identität der Stämme stand.

Herausragende Entwicklungen dieser Art fanden sich im südöstlichen Nordamerika, wo es im Einzugsgebiet des Mississippi und seiner Nebenflüsse und an der Küste des Golfs von Mexiko in voreuropäischer Zeit unter mesoamerikanischem Einfluß zur Bildung großer Zeremonialzentren gekommen war, die mit politischer Zentralisierung Hand in Hand gingen. Diese Zentren waren zum Zeitpunkt der ersten europäischen Kontakte zum Teil bereits verschwunden oder befanden sich im Niedergang. Eingeschleppte Seuchen trugen in der Folge dazu bei, daß kaum eine dieser Kulturen bis in eine Zeit überlebte, in der ausführlichere Beschreibungen von ihnen angelegt werden konnten. Unter den frühen Nachrichten, die wohl nur den matten Abglanz einer vergangenen Pracht wiedergeben, liefern die Berichte über das Häuptlingstum der Natchez am unteren Mississippi noch das vollständigste Bild der Verbindung von Religion und politischer Macht in dieser Region.

Im Zentrum der Religion der Natchez stand Coyocop-Chill („Oberster Coyocop“), auf dessen Güte die gesamte Schöpfung einschließlich der Coyocop-Théchou („Dienstbare Coyocop“) zurückging, wobei *coyocop* eine mit *manito* oder *wakan* vergleichbare Bedeutung gehabt haben mag. Dieser Gott hatte auch den ersten Mann geschaffen – über die erste Frau berichtete „das alte Wort“ seltsamerweise nichts, obwohl die Natchez ihre Abstammung in weiblicher Linie rechneten. Den Ursprungsmythos der Herrscherdynastie dieses Volks erfuhr der französische Kolonist Le Page du Pratz aus dem Munde des Wächters des Haupttempels („Meine Aufgabe verpflichtet mich all das zu wissen, wonach du fragst“). Danach sei einst ein Mann mit seiner Frau unter den Natchez erschienen, dessen Aussehen so strahlend war, daß man ihn für einen Boten der Sonne halten mußte. Aus dem Himmel habe er gesehen, wie die Natchez nicht recht zu leben wüßten, und so sei er gekommen, um sie eines Besseren zu belehren. Um Coyocop-Chill zu gefallen, dürften sie niemanden töten außer zur Verteidigung des eigenen Lebens; keinen Ehebruch begehen; nicht stehlen, niemals lügen; immer müßten sie großzügig beim Teilen der Nahrung sein. Als man ihm die Häuptlingswürde anbot, zierte sich der Götterbote zuerst, ließ sich aber dann doch überreden. Seine Neuordnung der Natchez-Welt umfaßte die Einsetzung seiner Familie als Dynastie und die Errichtung eines Tempels, zu dem nur die Herrscherfamilie Zugang haben sollte, der auch die Kommunikation mit Coyocop-Chill vorbehalten blieb. Einziges Objekt der Verehrung war das Feuer der Sonne, das der neue Herrscher mitgebracht hatte und das im Tempel bewahrt werden mußte. Sein Erlöschen brachte die Gefahr des Todes über das Volk. Weil die Menschen seinen strahlenden Anblick nicht ertragen konnten, verwandelte sich der Götterbote in einen Stein, der im Tempel in einer Schachtel neben den Knochen seiner Nachkommen – den Herrschern der Natchez – aufbewahrt wurde.

Die Natchez-Häuptlinge trugen den Titel „Große Sonne“, da der Kulturheros als Verwandter von Coyocop-

Chill galt. Seine Diener wurden als Coyocop-Théchou bezeichnet, und seine engere Familie als „Sonnen". Aus ihrem Kreis rekrutierte sich die gesamt zivile, religiöse und militärische Führungsschicht. Die Sonnen mußten ihre Ehepartner aus der untersten Volksklasse (den sogenannten „Stinkern") wählen, die bei ihrem Tod ebenfalls sterben mußten, um die Sonne ins Jenseits zu begleiten. Die Große Sonne genoß beinahe göttliche Verehrung. Jeden Morgen vollzog er stellvertretend für sein Volk die Begrüßung der Sonne durch ein Rauchopfer mit der Heiligen Pfeife.

Neben dem Staatskult, der sich auf die Sonnenverehrung konzentrierte, gab es auch inspirierte Ritualisten, die ihre Fähigkeiten durch neuntägiges Fasten von den unberechenbaren übernatürlichen Wesen der Luft erlangten, die einem von Coyocop-Chill besiegten Gegenspieler des Höchsten Wesens unterstanden. Unter den Ritualisten gab es Spezialisten für Regen, für schönes Wetter und für die Heilung verschiedener Krankheiten; aber auch die Große Sonne konnte durch Fasten Regen herbeiholen. Das Häuptlingstum der Natchez war also nicht allein „Sonnenkönigtum", sondern auch eine Form der Theokratie, in der ein Gott durch die Nachkommen seines Sendboten herrschte.

Als „theokratische" Gesellschaften hat man auch die Pueblos bezeichnet, obwohl sich ihre politische Ordnung grundlegend von jener der Natchez unterschied. Der Unterschied liegt jedoch in erster Linie in ihrer anderen Anschauung vom Verhältnis der Menschen zu den übernatürlichen Wesen. Alfonso Ortiz, der Tewa-Ethnologe, bot in seinem Buch *The Tewa World* (1969) eine Zusammenfassung der Weltsicht und Weltordnung vom Blickpunkt seines Heimatpueblos San Juan, die in ihren Grundzügen alle Pueblos charakterisiert.

Als die Vorfahren der Tewa aus der Unterwelt in ihren jetzigen Lebensraum aufstiegen, reiften sie endgültig zu richtigen Menschen, was gleichzeitig das Ende ihrer früheren nicht-menschlichen, also „heiligen" Existenz ohne Krankheit, Übel und Tod bedeutete: Sie wurden zu *Seh t'a*,

„Leuten der getrockneten Nahrung“. Als Führer bei ihrem Aufstieg dienten ihnen sechs mythische Zwillingspaare, die *Towa é*, „die Personen“. Die anderen mythischen Wesen blieben in der Unterwelt und damit „heilig“. Die „Leute der getrockneten Nahrung“ sind heute die gewöhnlichen Tewa, die kein politisches oder zeremonielles Amt innehaben und daher „unwissend“ sind. Nach ihrem Tod werden sie in der nicht-menschlichen Welt zu Ahnen, zu „Leuten der getrockneten Nahrung, die nicht mehr sind“. Über ihnen stehen die *Towa é*, die politischen Anführer, die mit den mythischen Zwillingen gleichgesetzt werden.

An der Spitze der irdischen Hierarchie stehen die *Patowa*, „Gemachte Leute“, die Mitglieder der verschiedenen Bünde, die über geheimes religiöses Wissen verfügen, das sie zum Teil befähigt, die in der Unterwelt zurückgebliebenen Jenseitswesen, die „Leute der getrockneten Nahrung, die niemals geworden sind“, im Ritual zu verkörpern. (Diese Jenseitswesen entsprechen den Kachinas, die bei den Hopi und Zuni von einem Bund verkörpert werden, der allen männlichen Stammesmitgliedern offensteht.) Die Zahl der *Patowa* ist relativ groß, denn es gibt insgesamt acht Bünde: zwei davon für die mit Sommer und Winter verbundenen Stammeshälften, einen Medizinbund, zwei Clownbünde, einen Jagdbund, einen Kriegerbund und einen Frauenbund. Es sind die Mitglieder der Hälftenbünde, die einander alle Jahre in der zeremoniellen Führung abwechseln und die aus dem Kreis der *Seh t'a* die *Towa é* wählen. Während die Bundmitgliedschaft, die man über eine mehrstufige Initiation erlangt, bis zum Lebensende währt, beträgt die Amtszeit der politischen Führer nur ein Jahr (kann aber verlängert werden). Die *Towa é* repräsentieren im Auftrag der *Patowa* die Dorfgemeinschaft und kümmern sich um die Kleinigkeiten des Lebens im Pueblo, während die Bundmitglieder gewissermaßen in kosmischem Auftrag die wichtigen Fragen regeln.

Das Natchez-Modell der „Theokratie“ zeigt eine Verwandtschaftsgruppe als Vertreter der vom Höchsten Wesen durch den Kulturheros eingesetzten Ordnung; ihr Anführer steht als Sonnenkönig im Vordergrund von Staatswesen und Kult. Das Tewa-Modell ist im Kern gar nicht so sehr anders, außer daß die kollektiven Repräsentanten einer kollektiven Götterwelt die Fäden im Hintergrund ziehen.

In beiden Fällen ist übrigens auch die militärische Organisation Teil der theokratischen Ordnung. Dies verweist auf den wichtigen religiösen Aspekt, der überall in Nordamerika mit der Kriegsführung verbunden ist. Dabei geht es nicht nur darum, daß übernatürliche Kräfte für die Kampfhandlungen mobilisiert oder Stammesheiligtümer (wie in Virginia das Abbild des Gottes Kiwasa) ins Feld geführt werden. Kriegsführung im indigenen Nordamerika war immer auch eine Begegnung mit den gefährlichen, unkontrollierbaren Kräften anderer Völker. Bei den Apache, Navajo oder Mohave (bei denen man durch entsprechende Träume zum Berufskrieger wurde) waren nach Rückkehr aus dem Krieg aufwendige Reinigungsrituale erforderlich, um die Krieger von der Kontamination durch die Kraft des Fremden zu befreien. Bei den Mohave waren Ohnmachtsanfälle und „verrücktes“ Betragen Symptome der „Feindkrankheit“ – Ausnahmezustände, wie sie sonst bei der Begegnung mit übernatürlichen Wesen auftreten. Kriegsgefangene Frauen verheiratete man hier nur an alte Männer, weil bei ihnen das Risiko durch den Kontakt mit dem Fremden kaum noch eine Rolle spielte.

Feinde waren schon allein deshalb keine vollwertigen Menschen, weil zu ihnen keine Verwandtschaftsbeziehungen bestanden, die einen freundlichen Austausch ermöglicht hätten. Umgekehrt war der geregelte Austausch ein mögliches Mittel, um soziale Beziehungen herzustellen und damit Krieg zu vermeiden. So gab es bei den Nomlaki, (einer Wintun-Gruppe in Zentralkalifornien) und ihren Nachbarn professionelle „Friedensmacher“, deren Aufgabe darin bestand, Feinde zur Annahme von Geschenken zu bewegen, die zu notwendigen Gegenleistungen und damit zum friedlichen Handel führen sollten. Weiter im Norden bei den Hupa wurde aus dieser Praxis ein zeremonieller Friedenstanz entwikkelt.

Die Idee der Adoption unter religiösen Auspizien stand im Mittelpunkt des sicher bekanntesten nordamerikanischen Friedensrituals, dem Kalumettanz. Diese Zeremonie wurzelt offenbar im voreuropäischen „Südlichen Zeremonialkomplex“ des südöstlichen Nordamerika und hat sich auf den Prärien und Plains teilweise durch Vermittlung der Pawnee verbreitet. Im Hako-Ritual der Pawnee ging es um die Herstellung einer zeremoniellen Verwandtschaftsbeziehung zwischen zwei Gruppen. Dazu wurden zwei lange Rohre (oder Pfeifenstiele) blau, bzw. grün bemalt, mit Vogelbälgen verziert und so mit Adlerfedern geschmückt, daß an jedem der beiden Rohre ein stilisierter Flügel in Form eines halbkreisförmigen Ornaments hing. Eine Delegation der „Adoptivväter“ begab sich mit den beiden Rohren zu den zu adoptierenden „Söhnen“. In der Zeremonie selbst tanzten zwei junge Männer als Vertreter der beiden Seiten mit je einem der Rohre in Nachahmung des Flugs zweier Adler und endeten, indem sie die beiden Rohre so zusammenführten, daß sie gemeinsam einen Federkranz als Symbol der Sonne bildeten. Die begleitenden Lieder bezogen sich auf den in himmlische Höhen strebenden Adlerflug und betonten damit den Wunsch nach übernatürlicher Segnung der neuen Allianz. Ein weiterer Hinweis auf die Gebetsnatur des Rituals ist eine gewisse Ähnlichkeit der federgeschmückten Rohre mit den Gebetsstäben der Pueblovölker.

Im Zuge seiner Verbreitung wurde das Ritual immer wieder umgestaltet und neu gedeutet. Eine häufige Ergänzung stellte die Anbringung von Pfeifenköpfen an den Rohren dar, wodurch zwei Tabakspfeifen entstanden, die ja ihrerseits bereits Medien der Kommunikation mit höheren Mächten waren. Die Bezeichnung „Kalumet“ (aus dem französischen *chalumeau*) bezieht sich eigentlich nur auf die Rohre. Die Bedeutung „Friedenspfeife“ ist im Grunde korrekt, denn in historischer Zeit wurden derartige Kalumets überwiegend zur Herstellung von Frieden zwischen Völkern durch gegenseitige Adoption verwendet.

Krieg wurde im indigenen Nordamerika nur selten um

Landgewinn oder zur politischen Unterwerfung des Gegners geführt. Häufiger ging es um den Raub von Frauen oder Nahrung, am häufigsten aber stand Vergeltung im Vordergrund. Bei den Irokesen betrachtete man Kriege als Ausdruck der Trauer um die Toten aus den eigenen Reihen. Die Frauen als Trägerinnen der Verwandtschaft in weiblicher Linie forderten die Männer zu Kriegszügen auf, um durch Adoption aus den Reihen der Kriegsgefangenen Ersatz für ihre verlorenen Männer, Brüder und Söhne zu schaffen. Die Gefangenen mußten vor der Adoption durch ein Spalier Spießruten laufen, um durch diese leichte Form der Marterung ihre übernatürlichen Kräfte zu stimulieren und ihre Eignung zur Aufnahme in die Verwandtschaft zu überprüfen. Danach wurde entscheiden, ob man die Männer zu Verwandten machen oder an den Marterpfahl stellen würde.

Die Frauen hatten aber bei den bodenbautreibenden Stämmen Nordamerikas noch einen anderen Grund, den Männern Kriegsleistungen abzufordern: Insbesondere im Südwesten galten die eingebrachten Skalps nämlich als wichtiges Mittel zur Förderung der Fruchtbarkeit. Bei den Mohave war das Skalpieren ausschließlich die Aufgabe des „Feindträumers", der durch seine Träume zum Umgang mit den potenten Trophäen befähigt war. Im Kampf suchte er nach einem Feind mit langem, schwerem Haar, dessen Skalp er nach Möglichkeit zu erlangen suchte. Ein anderer Spezialist, der „Tanzleiter", war der Bewahrer aller heimgebrachten Skalps, die er verzierte und an einer langen Stange befestigte. Frauen, teilweise als Krieger verkleidet, spielten eine Hauptrolle im viertägigen Skalptanz, der nach Rückkehr vom Kriegspfad abgehalten und zur Erntezeit wiederholt wurde. Dabei wurden Mais und Bohnen auf den Skalp geworfen, und der Tanzleiter ermahnte die jungen Leute zur Heirat und Fortpflanzung. Bei der Wiederholung fand der Tanz auf Einladung desjenigen statt, der die reichste Ernte eingebracht hatte.

In den Pueblos galten Skalps als belebte Wesen, die man verköstigte und die manchmal mit den Menschen sprachen.

Bei den Tewa nannte man Skalps „Nebel“ oder „leichter Regen“, und wenn die Skalps weinten, war dies ein Anzeichen, daß es bald regnen würde. Für die Hopi und Zuni waren sie Wasser- und Samenwesen, die darüber hinaus auch Reichtum und ein langes Leben versprachen. Ein Hopi-Krieger, der einen Skalp genommen hatte, wurde am Ende eines viertägigen Reinigungsrituals an den Schrein der Göttin Talautumsi geführt, die für Geburten zuständig war.

Im östlichen Nordamerika ist der Zusammenhang nicht so deutlich erkennbar, obwohl alle Skalptänze auf gemeinsame Wurzeln zurückzugehen scheinen. Immer wurden die Skalps an langen Stangen montiert und immer spielten die Frauen eine tragende Rolle. Bei den Cheyenne bezogen sich alle Einzeltänze des Skalptanzrituals auf Liebeswerbung. Der allgemeine Bezug von Schädeltrophäen (und von solchen leiten sich die Skalps ab) zur Fruchtbarkeit von Menschen und Feldern findet sich weltweit in Kulturen mit Pflanzbau. Der Grund dafür mag in dem beobachtbaren raschen Wachstum des Kopfhaars liegen, das damit ein geeignetes Symbol für das Wachstum der Pflanzen darstellt.

Jahresläufe: Wirtschaft und Welterneuerung

Vorindustrielle Gesellschaften werden in der Planung ihrer wirtschaftlichen und zeremoniellem Tätigkeiten deutlich vom Lauf der Jahreszeiten bestimmt. Die unterschiedlichen Möglichkeiten des Nahrungserwerbs im Jahreslauf stehen dabei im Mittelpunkt und bilden den Ansatzpunkt zur Entwicklung eines rituellen Festkalenders mit regelmäßig wiederkehrenden Zeremonien. Diese regelmäßige Wiederkehr der das Leben bestimmenden Ereignisse hat zu Vorstellungen über die Zeit als in sich geschlossenen Kreislauf geführt, ohne daß diese „zyklische“ Erfahrung der Zeit einen „linearen“ Zeitbegriff völlig unmöglich gemacht hätte.

Bei den stets auf Nahrungssuche befindlichen mobilen Familiengruppen der Jäger und Sammlerinnen gab es oft nur kurze Zeiträume, in denen ein reichlicheres Nahrungsangebot den längeren Aufenthalt in größeren Gruppen erlaubte. Für die Shoshone und Paiute im Großen Becken war dies der frühe Herbst, wenn die Piñonnußernte und gemeinsame Treibjagden auf Kaninchen bis zu dreiwöchige Zusammenkünfte der Familien ermöglichten. Zu dieser Zeit wurden neben Glücksspielen (deren religiöse Bedeutung allein schon durch die in Träumen gewonnene besondere Befähigung dazu dokumentiert wird) auch die Rundtänze abgehalten, denen man die Förderung von Regen, Pflanzenwachstum und allgemeinem Wohlbefinden zuschrieb. In der Subarktis waren es kurze Perioden im Sommer, in denen der Fischfang die Bevölkerungszahlen kurzfristig stabilisierte und in denen etwa eine Vorführung des Schüttelzeltrituals für Unterhaltung sorgte. Auf den Plains war es der Sommer, wenn die Bisonherden reiche Nahrung boten und die Familienverbände im gemeinsamen Zeltlager ihren Platz einnahmen.

Weil Seßhaftigkeit meist mit der Möglichkeit der Bevorratung von Nahrung verbunden war, standen hier oft die wirtschaftlich weniger wichtigen Zeiten im Vordergrund. An der Nordwestküste war es der Winter, wenn man von den im Frühjahr und Sommer angelegten Fischvorräten leben konnte, in dem man das große Winterzeremonial mit seinen dramatischen Maskentänzen abhielt. Im östlichen Waldland waren es der Mittwinter nach Ende der Winterjagd und vor allem der Sommer nach Einbringung der Ernte. Natürlich konnten auch zu anderen Zeiten religiöse Aktivitäten stattfinden, vor allem, wenn sie von kritischen Übergangssituation des Individuums oder der Gesellschaft bedingt waren.

Über den ausgefeiltesten Ritualkalender im ganzen indigenen Nordamerika verfügen bis heute die Pueblovölker, deren Ritualfunktionäre daher auch besonders häufig als „Priester“ bezeichnet werden. In den Tewa-Dörfern gab es acht vom Jahreslauf geprägte Aufgaben, die von den *Patowa* für die Dorfgemeinschaft ausgeführt wurden. Jede Aufgabe wurde von allen Bünden in der Reihenfolge ihrer Bedeutung in einer jeweils viertägigen Sitzung behandelt und nahm daher insgesamt 32 Tage in Anspruch. (Dazu kamen noch eine kürzere Zeremonie zur Einsetzung der auf die Zeit der spanischen Herrschaft zurückgehenden Dorfbeamten.) Der Zyklus begann Ende Januar mit einer Zeremonie „Um die Kälte zu mindern" und setzte sich fort mit „Die Knospen zum Leben bringen" (Ende Feber), „Die Blätter zum Leben bringen" (Ende März), „Die Blüten zum Leben bringen" (Ende April), die sich alle der Regenerierung der Natur am Ende des Winters widmeten. „Frühe Ernte" (Mitte August) stellte die Zeremonie der ersten Früchte dar, „Späte Ernte" (Ende September) beendete den jährlichen Anbauzyklus. Im Spätherbst wurde die Natur in „Von der Mitte des Gebäudes" zur Ruhe gelegt und ihr der schwierige Übergang vom Sommer zum Winter erleichtert. „Tagc der Sonne" (Mitte Dezember) war ein Ritual zum Zeitpunkt der Wintersonnenwende. Es unterschied sich von den anderen zeremoniellen Aufgaben durch seine insgesamt nur viertägige Dauer und durch die Tatsache, daß sich daran das ganze Dorf beteiligte.

Zu den genannten rituellen Aufgaben der Bünde, die sich im Geheimen abspielten, kamen noch zahlreiche öffentliche und geheime Rituale, die überwiegend zwischen das Ende der Ernte und den Beginn des Frühlings fallen. (Im Gegensatz dazu werden die Kachinatänze der Hopi zwischen Wintersonnenwende und Juli abgchalten.) Die wichtigsten öffentlichen Zeremonien bildeten das Resultat der Vorbereitung durch die geheimen Rituale der Bünde. In ihnen traten die *Patowa* als Planer und Leiter auf, die *Towa é* besorgten die praktischen Vorbereitungen, während die *Seh t'a* die Ausführenden waren. Die Zeremonien zwischen Frühlings- und Herbstbeginn waren dem Bodenbau gewidmet, die Feiern in der Winterhälfte der Jagd und dem Krieg.

In den öffentlichen Pueblo-Zeremonien im Zusammenhang mit der Jagd wurden die Tiere durch Tänzer dargestellt. Die Hirschtänzer trugen einen Kopfschmuck aus Geweih und hielten in ihren Händen kurze Stöckchen, auf denen aufgestützt sie die Bewegungen des Wilds imitierten. Sie wurden von den Hirschmüttern als ihren Eignern begleitet, und man erwartete, daß die Tänze die Vermehrung der Tiere förderten. Der für die Pueblos wirtschaftlich uninteressante Bison wurde im Ritual der Medizingesellschaften verkörpert, denn er galt als Tier, das Krankheiten mit sich fort nahm.

Auf den Plains besaß der Bison als wichtigstes Jagdtier eine ganz andere Stellung. Realistische oder symbolische Verkörperungen des Bisons waren hier nicht nur ein Privileg der Mitglieder bestimmter Kriegerbünde oder Altersklassen, die in diesem Akt eine Manifestation von Stärke und Kriegsmut sahen, sie spielten auch in Vermehrungs- und Anlockungsritualen eine herausragende Rolle. Derartige mit Heiligen Bündeln assoziierte Rituale bezogen sich oft auf Ursprungsmythen, in denen die Bisons ihre regelmäßige Wiederkehr von bestimmten zeremoniellen Leistungen abhängig gemacht hatten, die im Ritual erbracht wurden.

Der ranghöchste Frauenbund der Mandan, die „Weißen Bisonkühe“, hielt zur Zeit der kürzesten Wintertage eine Zeremonie ab, die der Anlockung von Bisonherden in die Flußtäler diente. Sie ging auf die Vision eines Mannes zurück, in der ihm eine Bison „zwei Kinder“ versprochen hatte, von denen eines davonlief, während das zweite in den Stamm aufgenommen wurde. Dieses Kind besuchten die Bisonmütter jedes Jahr im Winter, um zugleich am Fest der weißen Bisonkühe teilzunehmen, und dabei brachten sie auch die ganze Herde mit sich.

Die im Privateigentum befindlichen „Biberbündel“ der Blackfoot auf den nördlichen Plains enthielten unter anderem Ausrüstungsgegenstände für ein Bisonvermehrungsritual. Das ursprüngliche Bündel war das dankbare Geschenk eines Bibers an einen Mann, mit dessen Frau er ein Kind gezeugt hatte, das von seinem Stiefvater gut behandelt worden war. Das Ritual, in dem männliche und weibliche Tänzer mit Hörnerhauben, auf Schnüren gereihten Hufklauen und Bisonschwänzen das Paarungsverhalten der großen

Tiere imitierten, konnte in Notzeiten auch zur Anlockung verwendet werden.

Ein zeremonieller Beitrag der Frauen zur Großwildjagd fand sich auch im Waljagdritual der Eskimo von Nordalaska. Während die Mannschaft des Jagdboots unter Leitung des erfahrenen Kapitäns am Eisrand wartend den Wal durch bestimmte Lieder anzulocken versuchte, war die Frau des Kapitäns zu Hause strengen Verhaltensvorschriften unterworfen. Auf dem Boot war sie durch ihren linken Handschuh und ihren Gürtel symbolisch anwesend. Sie war es auch, die am Strand den toten Wal begrüßte, ihm Wasser zu trinken gab und ihm dafür dankte, daß er sich habe fangen lassen.

Die Cheyenne berichteten noch um die Jahrhundertwende von unterschiedlichen Ritualen im Zusammenhang mit der Treibjagd auf Gabelböcke. Mit Hilfe dieser nicht vererbbaren Fähigkeiten konnten Visionäre ganze Herden von Tieren in einen von Jägern gebildeten Kreis locken, wo sie sich müde liefen und leicht erlegt werden konnten. Die dabei zur Anwendung gelangenden Methoden verraten eine hervorragende Kenntnis des Verhaltens der Tiere und verbanden somit empirisches Wissen und übernatürliche Legitimation.

In einem anderen aus einer Vision stammenden Ritual der Cheyenne stand der Schädel eines vor langer Zeit erlegten Bisons im Mittelpunkt. Nach zeremonieller Reinigung in der Schwitzhütte konnte man durch Gebete und Rauchopfer an den Schöpfer und an den Schädel erreichen, daß der Bison wieder lebendig würde, um die Cheyenne zu ernähren und mit Zeltdecken zu versorgen.

Derartige Rituale schließen an die Praxis der subarktischen Jäger an, die den Arteignern der Tiere die Knochen des erlegten Wilds in zeremonieller Weise zurückgaben, um so ihre Wiederkehr zu garantieren. Bei den Cree legte man Geweihe von Elch und Ren, Tierschädel und jene Knochen, die nicht bei der Nahrungszubereitung zerstört wurden, in östlicher Ausrichtung auf Gerüsten oder in Bäumen aus.

Diese Überreste wurden oft säuberlich in Rinde oder Stoff eingepackt, mit bunten Bändern verziert oder bemalt. Respekt erwies man den Tieren und ihren Eignern aber auch, indem man keine Nahrungsreste übrig ließ. Feste, bei denen riesige Mengen von Nahrung vertilgt werden mußten, bezogen sich auf Mythen, die eine Versorgung durch die Arteigner von der Fähigkeit abhängig machte, daß alles gegessen wird, „was auf den Tisch kommt".

In materialistischer Sicht der Dinge ließe sich die volle Verwertung der Jagdbeute mit dem Fehlen von Möglichkeiten zur Aufbewahrung begründen, so wie das Fasten als notwendige Folge der Unberechenbarkeit des Jagderfolgs erscheint. Als religiöse Handlung ist die rituelle Völlerei jedoch ein Opfer, bei dem der Verzehr der Tiere eine Kommunion mit den mächtigen nicht-menschlichen Wesen darstellt, von denen man im Gegenzug eine größere Gegengabe erwartet. Wenn alles Fleisch aufgegessen ist, ist der Bedarf an Nachschub offensichtlich.

Erstlingsopfer am Beginn eines Jägerlebens und einer Jagdsaison, wie sie vor allem aus der Subarktis bekannt sind, besaßen herausragende Bedeutung, weil sie den Beginn eines solchen Kreislaufs von Opfern und Gaben darstellen. Etwas anders ist die Lage bei saisonalen Erstlingsopfern im Zusammenhang mit Sammelwirtschaft und Fischfang, die vor allem im äußersten Westen Nordamerikas auftraten, wo wildwachsende Pflanzen (Eicheln in Kalifornien) oder Lachse (an der Nordwestküste) in relativ kurzen Zeitabschnitten in größeren Mengen verfügbar wurden. Bei den Hupa in Nordwestkalifornien etwa stellte die Eichelernte einen so bedeutenden Einschnitt im Jahr dar, daß aus dem Erstlingsopfer für die Eicheln an den Vegetationsgott ein Art Neujahrsfest wurde. Aus diesem Anlaß wurde ein neues Feuer gebohrt und auch das allgemeine Wohlbefinden für das kommende Jahr beschworen. Die Hupa verbanden das Eichelfest mit einer ihrer großen Welterneuerungszeremonien, die bei den benachbarten Yurok und Karok mit den Erstlingsopfern für den Lachs zusammenfielen.

In noch höherem Ausmaß als bei den seßhaften Sammler- und Fischervölkern stellten Erstlingsopfer bei den Bodenbauern oft zentrale zeremonielle Ereignisse in der Gemeinschaft dar, die mit zahlreichen weiteren Bedeutungen verknüpft wurden. Im östlichen Nordamerika, wo neben dem Maisanbau die Jagd eine größere Rolle spielte als im Südwesten, hatten die Grünmaisfeste den Charakter von Neujahrs- oder Jahreserneuerungsfesten an der Schnittstelle pflanzerischer und jägerischer Lebenswelten. Freilich war es nicht die erste Reifung des Mais, die gefeiert wurde, sondern jene des noch grünen Mais aus dem letzten Anbau des Jahres, die das Ende der Tätigkeit auf den Feldern einleitete und am Beginn einer neuen Jagdsaison stand.

Bei den Creek und ihren Nachbarn im Südosten folgte das Grünmaisfest – ein vier- oder achttägiges Ritual, das je nach der lokalen Reifezeit des Mais im Juli oder August stattfand – einem grundsätzlich einheitlichen Schema. Das Fest fand am Zeremonialzentrum der „Städte" statt, wie die in Streulage angelegten Siedlungen der politischen Einheiten genannt wurden. Dieses Zentrum war ein quadratischer Platz, dessen Ränder früher die öffentlichen Gebäude der Stadt, später die Sonnendächer für die nach Sippen und Rängen angeordneten Teilnehmer säumten. Auch Gäste aus den umliegenden Städten hatte man rechtzeitig eingeladen. Das Ritual wurde von der Reparatur der Gebäude und der Reinigung des Platzes eingeleitet: Aus der abgehobenen obersten Erdschicht waren im Laufe der Zeit die niedrigen Wälle entstanden, die das Zeremonialzentrum umgaben.

Das Bedürfnis nach Reinheit der Teilnehmer ging so weit, daß am Beginn der nun folgenden Fastenperiode der Genuß des „Schwarzen Tranks" stand, eines Absuds aus Blättern der Stachpalme Ilex vomitoria, der als leichtes Brechmittel wirkte. Auch außerhalb des Grünmaisfests war der „Schwarze Trank" das beliebteste Zeremonialgetränk, das von Männern vor Beginn aller zivilen und religiösen Amtsgeschäfte sowie beim Besuch von Fremden in großen Mengen getrunken und erbrochen wurde. Jenseits der offensichtlich tiefgreifenden körperlichen Reinigungswirkung schrieb man seinem Genuß spirituelle Reinigungseffekte zu. Dies war auch seine Aufgabe beim Grünmaisfest, in dessen Verlauf überdies die „Kriegsmedizin“ eingenommen wurde, die eine noch stärker emetische und darüber hinaus eine sedative Wirkung besaß.

Fasten und Erbrechen stellten jenen Zustand der Reinheit her, auf dessen Grundlage das ganze Leben neu in Angriff genommen werden konnte. Während die Heiligtümer der Stadt (z. B. Heilige Bündel bei den Seminole, Kupferplatten bei den Unteren Creek) zur Schau gestellt wurden, führte man neue Würdenträger in ihr Amt ein, entließ Trauernde aus ihren Trauerpflichten und vergab alle Verbrechen des abgelaufenen Jahres (außer Mord). Mancherorts zerbrach man (wie im aztekischen Mexiko) die alten Töpfe und achtete peinlich darauf, daß alle Feuer gelöscht wurden. Das Fasten wurde am dritten Tag mit einer Opferung des grünen Mais und einem großen Fest beendet, an das sich in weiterer Folge unter anderem Tiertänze schlossen, in denen sich die kommende Jagdsaison ankündigte.

So war das Grünmaisfest als jährlicher Dank an die Früchte der Schöpfung auch Anlaß zur gesellschaftlichen Erneuerung. Es rückte damit in die Nähe der Welterneuerungszeremonien, in denen die durch menschliche Fehlerhaftigkeit in Unordnung geratene Welt wieder ins Gleichgewicht gebracht werden sollte. Die aufwendigen Veranstaltungen dieser Art, die seßhafte Bevölkerungen wie die Nordwestkalifornier oder die Mandan ausrichteten, bestanden aus der Rezitation oder Dramatisierung des Schöpfungsmythos – also aus einer Erneuerung der mythischen Schöpfung – und setzten eine ausgefeilte Organisation in der Hand von Spezialisten voraus.

In formaler und inhaltlicher Hinsicht wesentlich einfacher war der Sonnentanz der Plainsvölker, der traditionell im Sommer stattfand, wenn die gemeinsame Jagd auf die immensen Bisonherden die Ansammlung größerer Menschengruppen (im Idealfall des ganzen Stammes) ermöglichte. Durch Bitten um Fruchtbarkeit sollte dabei die kollektive Existenz gesichert werden. Den Rahmen bildete ein offener Zeremonialbau, an dessen Mittelpfosten (oft als Weltachse gedeutet) Opfergaben angebracht waren. Die äußere Umgrenzung bildeten 28 gegabelte Pfosten, in deren Gabelungen gelegte horizontale Stangen einen Kreis bildeten; bei manchen Völkern verbanden 28 weitere Stangen den äußeren Kranz mit dem Mittelpfosten, während bei den Lakota die Einfassung als Schattendach gestaltet war. Der Eingang in dieses stilisierte Abbild des Kosmos war nach dem Sonnenaufgang zu ausgerichtet, während die Eingänge zu den rundum aufgestellten Zelten sich zum Zentrum des Geschehens öffneten.

Die Veranstaltung stand unter Leitung eines religiösen Spezialisten, der von mehreren Helfen unterstützt wurde. Die Teilnehmer waren Personen, die im Verlauf des vergangenen Jahres in einer persönlichen Krisensituation als Gegenleistung für übernatürliche Hilfe ein persönliches Opfer gelobt hatten, das nun vollzogen wurde.

Bei den Lakota bestand (und besteht bis heute) dieses Opfer unter anderem in der Selbstmarterung der Teilnehmer am Ende der viertägigen Feier, in deren Verlauf ein strenges Fastengebot herrschte. Bei sommerlicher Hitze wurden tagsüber Tänze zur Begleitung von Trommelgesang durchgeführt, bei denen die Teilnehmer auf Adlerknochenpfeifen bliesen und gebannt in die hoch stehende Sonne starrten. (Daher rührt auch die Lakota-Benennung „In-die-Sonne-starren-Tanz“, von der die umgangssprachliche Bezeichnung Sonnentanz abgeleitet ist.) Während die Selbstmarterung der teilnehmenden Frauen sich auf das Herausschneiden kleiner Hautstückchen aus den Oberarmen beschränkte, wurden den Männern am letzten Tag vom Spezialisten kleine Holzspieße durch die Haut oberhalb der Brust gesteckt, an denen Seile oder Rohhautschnüre befestigt wurden, deren anderes Ende am Mittelpfosten angebracht war. In dieser Ausrüstung tanzten die Männer zum Pfahl hin und zurück, wobei die Schnüre so lange und stark gespannt wurden, bis die Holzspieße aus dem Fleisch rissen. Dieses blutige Selbstopfer war nicht verpflichtend, stellte aber die höchste Stufe der Entbehrung für die Teilnehmer dar.

Im Sonnentanz finden sich letztlich alle Elemente der Reinheit und Kasteiung wieder, die für die individuelle Visionssuche charakteristisch sind. Hier dienen sie allerdings – auch wenn Visionen als Folge der extremen Entbehrungen eintraten – nicht dem persönlichen spirituellen Gewinn der aktiven Teilnehmer, sondern werden in einem Jahresfest zu einem für die gesamte Gruppe wohltätigen Zweck zusammengefaßt.

5 Sinnkrisen

Die Navajo, die das Pferd im 17. Jh. von den Spaniern übernommen haben, erzählten in ihren Mythen von seiner Erschaffung durch Tsínihanoai (Sonne) oder seinen Sohn Békotsidi. Die Lipan Apache beschrieben wie einer der Zwillingskriegsgötter das Tier formte: die Zähne aus Hagelkörnern, ein Blitz in den feurigen Nüstern, Schwanz und Mähne aus Regen, ein Pfeil unter dem Huf aus einem Stück des Regenbogens.

In den Südstaaten und im Mississippital kannten im 19. Jh. verschiedene eingeborene Völker die Geschichte vom Ursprung der Rassen: Wie der Schöpfer sie aus Ton modellierte und – noch unerfahren – ihm beim ersten Brennen die Figur zu dunkel, beim zweiten zu hell geriet, bis endlich der Indianer als bestes Produkt im dritten Anlauf gelang; wie er seine Geschöpfe dann unter den besonderen Gaben wählen ließ und der Weiße das Schreibzeug und der Rote Pfeil und Bogen erhielten, für den Schwarzen endlich nur noch die Werkzeuge übrig blieben.

Diese Überlieferungen zeigen, in welchem Ausmaß es den Urbewohnern Nordamerikas gelang, die Veränderungen, die seit den Tagen des Kolumbus über sie hereingebrochen waren, zu verkraften und in ihr Weltbild einzupassen. Der erste Schrecken, es könnte sich bei den Weißen um höhere Wesen handeln (unbegreiflich blieben sie bis zuletzt), legte sich schnell, als man feststellte, daß sie nicht nur sterblich, sondern sogar sehr verwundbar waren. Die Eisengeräte, Tuchstoffe, Glasperlen, Pferde und Gewehre, der Alkohol und all die anderen neuen Dinge, die man von ihnen erhielt, trugen hingegen zu einem besseren Leben bei. Erst später wurde bewußt, daß man dafür ein Stück Unabhängigkeit eingetauscht hatte. „Wenn sie von ihren Ahnen reden“; berichtete im späten 18. Jh. der britische Pelzhändler David Thompson von den Cree, „wundern sich die alten Indianer, wie sie leben konnten, als der Biber klüger und der Bär stärker war als sie, und sie gaben zu, daß sie ohne Gewehr, nur mit Pfeil und Bogen, heute nicht mehr leben könnten.“ Je schneller der Wandel der eigenen Lebensverhältnisse erfolgte, desto schwieriger wurde die Behauptung, alles sei immer schon so gewesen wie heute.

Schlimmer noch waren die eingeschleppten Seuchen, die ganze Landstriche leer fegten, kaum ein Volk unberührt ließen und mit den hilflosen Heilern auch die übernatürlichen Mächte in Verruf brachten, die keinen Schutz mehr zu bieten vermochten. Für jene Völker, die von der Flut der weißen Siedler von ihrem alten Land abgedrängt wurden, war die unfreiwillige Trennung von der Welt ihrer Ahnen schwierig genug. Für jene, deren Existenzgrundlage durch die Ausrottung der Bisonherden innerhalb kürzester Zeit zerstört wurde, stellte sich die Frage, warum die stets verläßlichen Anlockungs- und Vermehrungsrituale nicht mehr den gewünschten Erfolg zeitigten. Verlorene Kriege, verlorenes Land, verlorene Freiheit und verlorene Würde ließen viele an Weg und Ziel zu zweifeln beginnen.

Nicht alle indigenen Völker waren in gleicher Weise und in gleichem Maß von der Sinnkrise betroffen, die dem Kontakt mit den neuen Herren des Landes entsprang, doch kaum eines von ihnen konnte sich ihr gänzlich entziehen. Auf diese Herausforderung der alten Religionen gab es keine eindeutige Antwort, und nicht alle Lösungsversuche führten zu einem greifbaren Erfolg. In ihrer Bandbreite dokumentieren diese Versuche die Vielfalt der Kulturen selbst im Zustand radikaler Veränderung.

Rote Christen

Eine wichtige, aber auch zwiespältige Rolle in der Geschichte des europäisch-amerikanischen Kulturkontakts der vergangenen 600 Jahre kam dem Christentum und seinen Kirchen zu. In seinem gleichermaßen erfolgreichen wie polemischen Erstlingswerk *Custer Died For Your Sins* (1969), dessen Titel dem selbstverschuldeten Tod des ruhmsüchtigen Generals George Armstrong Custer in der Schlacht am Little Bighorn einen biblischen Akzent verleiht, widmete Vine Deloria ein Kapitel „den Missionaren" (und ein anderes „den Ethnologen"). Den Missionaren warf er neben einem halben Jahrtausend Erfolglosigkeit und einer ungebrochen paternalistischen Einstellung gegenüber den indigenen Völkern vor, sie hätten die Rechtfertigung der euroamerikanischen Landnahme in der Neuen Welt ebenso zu verantworten wie die Unterwanderung der spirituellen Grundlage der traditionellen Kulturen und die Verschwendung von Unsummen für zweifelhafte Bekehrungen. Delorias Rundumschlag führte zu umgehenden Reuebekenntnissen etlicher Kirchen und zur massiven finanziellen Unterstützung der radikalen Indianerbewegung durch den *National Council of Churches*.

Indirekt bewirkte die vor allem von der stadtindianischen Basis rasch verinnerlichte Kritik auch ein wachsendes Interesse der Forschung an der bislang weitgehend der kircheneigenen Selbstdarstellung überlassenen Geschichte des Beziehungen zwischen christlichen Missionaren und den ersten Amerikanern. Der neue Forschungsansatz sah die Missionare nicht mehr nur als entweder heroische Vorboten (und oft genug Märtyrer) des wahren Glaubens oder als des Ethnozids verdächtige Agenten des kapitalistischen Weltsystems. Realistischer erkennt man heute in ihnen Akteure in dem personenreichen und bis heute nicht abgeschlossenen Drama der Begegnung zwischen Alter und Neuer Welt, deren Handlungen aus ihrem spezifischen kulturellen Hintergrund erklärbar sind. So wenig wie „die Indianer" waren „die Missionare" eine homogene Gruppe – jenseits persönlicher Faktoren unterschiedlich geprägt durch Konfession, Ordenszugehörigkeit und Nationalität. Entsprechend differenziert ist das Ergebnis ihrer Bemühungen zu sehen.

Unbestritten ist, daß das christliche Missionsgebot von den europäischen Kolonialmächten gerne vorgezeigt wurde, wenn es um die Rechtfertigung der Landnahme der Neuen Welt ging. Nicht immer folgten den Worten entsprechende Taten. Die Propaganda für die Kolonisation von Virginia, der von einer privaten Investorengruppe finanzierten ersten permanenten englischen Kolonie in Nordamerika, entwarf das Bild des Austauschs als Grundlage der Landnahme Amerikas. Briten wie Indianer gäben dabei das, was sie im Überfluß besaßen, gegen das, was ihnen am meisten fehlte: Chistentum gegen Land. Während aber das Land rasch den Besitzer wechselte und nach 70 Jahren die ursprünglichen Bewohner als kleine Minderheit auf ebenso kleine Reservationen abgedrängt worden waren, blieb die berühmte Häuptlingstochter Pocahontas lange Zeit die einzige getaufte Indianerin in der Kolonie.

Auch die Puritaner in Neuengland, die anfangs ohne Hilfe ihrer eingeborenen Nachbarn kaum überlebt hätten, warteten zu, bis Seuchen und Kriege die lokalen Algonquinvölker auf ein handliches Maß reduziert und in weitgehende politische Abhängigkeit gebracht hatten. Die danach durch den Prediger John Eliot eingerichteten Musterkolonien von „roten Puritanern“ waren nur so lange ein Erfolg, bis ein Aufstand der nicht bekehrten Gruppen zur pauschalen Verurteilung aller Indianer als potentielle Mordbuben und Teufelsanbeter führte. Einerseits wurde Eliots Erfolg durch seine Übersetzungen von Bibel und Gebetbüchern in die Sprache der Natick gefördert; andererseits trug der Überlebenswillen der verbliebenen Stammesreste dazu bei, denen die „Betstädte“ die Fortführung ihres Gemeinwesens ermöglichten, während ihre Konversion die notwendige Anbindung an die herrschende Gesellschaft mit sich brachte.

Die Rekollekten und Jesuiten in Neufrankreich standen vor einer schwierigeren Aufgabe, da die von ihnen zu bekehrenen Völker weitgehend unbesiegt und wenig an einem neuen Gott interessiert waren, solange ihre bisherige Religion ihre materiellen und spirituellen Bedürfnisse befriedigte. Bei den Huronen wurden Erfolge erst nach Ausbruch der großen Seuchen und der damit einhergehenden Verunsicherung hinsichtlich der Effektivität der traditionellen Heiler möglich. Auch wenn man die Missionare gelegentlich im Verdacht hatte, als Besitzer unkontrollierbarer fremder Kräfte selbst die Urheber der Seuchen zu sein, schienen sie aus dem selben Grund auch eine mögliche Quelle der Abhilfe zu sein. Die Verknüpfung von Heilungs- und Heilserwartung blieb wie die Konfrontation zwischen Missionaren und „Medizinmännern" bis weit ins 19. Jh. ein wiederkehrendes Thema der Auseinandersetzung zwischen Christentum und indigenen Völkern. Auch zur Lösung der sozialen Probleme, die durch den plötzlichen Zugang zu alkoholischen Getränken entstanden, erhofften sich viele der Betroffenen Hilfe aus dem Umfeld derer, die den Alkohol ins Land gebracht hatten.

Noch schwerer taten sich die spanischen Missionare im Südwesten. Die Bekehrung der nomadisierenden Apache und Navajo gestaltete sich als problematisch, weil die Spanier ein Mindestmaß an Zivilisation (wie das Vorhandensein dauerhafter dörflicher Gemeinschaften) als Voraussetzung für die Konversion ansahen, das diesen Athapasken fehlte. Da die spanischen Missionare (anders als die französischen Jesuiten, die den jägerischen Gruppen der Subarktis in ihre Jagdlager folgten) einer solchen nomadisierenden Missionierung keinen Reiz abgewinnen konnten, war es den Apachen und Navajo möglich, sich einfach zurückzuziehen, sobald ihre Neugierde bezüglich des Angebots der Missionare gestillt war. So konzentrierte sich deren Bemühung auf die seßhaften Pueblos, deren theokratische Organisation allerdings ein besonders schweres Hindernis beim Versuch darstellte, die Notwendigkeit einer neuen Religion zu begründen. Der Einsatz von militärischer Gewalt bei der Durchsetzung der Christianisierung und die Hinrichtung religiöser Anführer führte zur kurzfristigen Vertreibung der Spanier und prägte auch nach ihrer Wiederkehr den Charakter des aufgezwungenen Pueblo-Christentums.

Allzu große Nähe der Missionare zur staatlichen Autorität, die ja so gut wie immer den indigenen Interessen abträgliche politische Ziele verfolgte, war für einen Bekehrungserfolg selten nützlich. Das erfuhren auch die orthodoxen Popen im russischen Alaska, wo die Tlingit erst Jahrzehnte nach Ende der russischen Herrschaft in der Orthodoxie einen wichtigen Teil ihres Erbes sahen, das etwa im Totenritual ohne Schwierigkeit mit den eigenen Vorstellungen verbunden werden konnte. Die Distanz zum ungeliebten Staat half im 19. Jh. auch den meist aus Europa stammenden katholischen Missionaren in den papstfeindlichen USA, deren Regierung lange Zeit den protestantischen Kirchen den Vorzug bei der Zuweisung von Mitteln für Programme zur „Zivilisierung“ der indigenen Völkern gab. So fiel es den Katholiken auch erheblich leichter, sich kritisch über die amerikanische Indianerpolitik zu äußern und eingeborene Standpunkte zu verteidigen.

Für Völker, denen die Idee der Übertragbarkeit des Glaubens an fremde Götter weitgehend fremd war, mußte es bei aller kultureller Verschiedenheit handfeste Gründe für eine Bekehrung geben. Neben der Hoffnung auf Heilung, besseren Zugang zu den mit der Zivilisation verbundenen Gütern und Kenntnissen, leichtere Integration in die herrschenden Gesellschaft oder besseren Schutz vor ihr spielte natürlich auch die Vermutung eine Rolle, die „Schwarzröcke“ könnten im Besitz besonderer übernatürlicher Kräfte und Fähigkeiten sein. Eine Trockenperiode in den ersten Jahren der Kolonie Virginia ließ die lokalen Algonquin nach dem englischen Pastor rufen, nachdem die eigenen Spezialisten beim Regenmachen versagt hatten. (Insgesamt war allerdings der umgekehrte Ruf weit häufiger.) Und warum sollte, fragten sie, die Macht des Gottes der Engländer nicht der des ihren ebenso überlegen sein, wie es die Gewehre ihren Bögen und Pfeilen waren?

Es hing oft vom Geschick der Missionare ab, ob sie die christliche Botschaft in Einklang mit den zentralen Bedürfnissen oder auch Formen bringen konnten, die von den bisherigen religiösen Praktiken erfüllt oder in denen sie dargeboten worden waren. Die enge Verbindung zwischen den aus Traum- und Visionserlebnissen abgeleiteten Kräften und materiellen Gegenständen führten oft zur begeisterten Übernahme von Rosenkränzen, geweihten Medaillen, Kreuzen oder Heiligenbildchen durch die Bekehrten. Auch wenn die Protestanten sich immer wieder über derartigen Aberglauben erregten, sahen auch manche ihrer Konvertiten eher in der physischen Bibel als in dem in ihr enthaltenen Wort den Ort, an dem sich das Wirken übernatürlicher Kraft offenbarte. Andererseits mögen Parallelen zwischen den traditionellen Formen der eigenen religiösen Erfahrungen und den ekstatischen Aspekten der protestantischen Erweckungsbewegungen des 18. Jh. die Narragansett von Rhode Island zur Annahme dieser Form des Christentums bewegt haben.

Der gemeinschaftsbezogene Charakter traditioneller Religionen verhalf jenen Missionaren zu besonderen Erfolgen, die sich intensiv mit ihren Gemeinden identifizierten, ihr Vertrauen gewannen und ihnen als Mittler über die Grenzen der eigenen Kultur und Gesellschaft hinaus zur Verfügung standen. Gleichzeitig war natürlich jede Bekehrung in erster Linie auch ein persönlicher Entschluß, der nur zum Teil unter Rücksichtnahme auf die Gemeinschaft erfolgte. Das konnte dazu führen, daß besonders gesellschaftlich schwächere Personen oder Gruppen im Christentum eine Alternative zu einem System sahen, das sie benachteiligt hatte. So sehr die auf Erfolge hoffenden Missionare für solche Neophyten dankbar waren, so wenig förderlich war deren Außenseiterrolle für weitere Bekehrungen. Die Bekehrung eines Häuptlings hingegen zog regelmäßig auch dessen Anhänger in den Bannkreis der Mission.

Die meisten Missionare hatten ihrerseits Mittler nötig, vor allem wenn es um die Kommunikation mit ihren fremdsprachigen Gemeinden ging. Schon John Eliot hatte sich der Hilfe indigener Prediger und Katecheten bedient, und die Praxis blieb bis ins 19. Jh. trotz der offensichtlichen Gefahr bestehen, die angelernten Missionshelfer könnten im Zuge der freien Übersetzung von Glaubenswahrheiten in ernsthafte Häresien verfallen. Unter den Katecheten, welche die vorwiegend deutschen Jesuiten unter den Lakota um 1900 beschäftigten, war auch jener Nicholas Black Elk, dessen von Weißen aufgezeichneten Bücher *Black Elk Speaks* (1932) und *The Sacred Pipe* (1953) lange Zeit als wichtigste Quellen einer authentischen „indianischen" Spiritualität galten. So wie die Bücher unverkennbar christliche Einflüsse verraten, blieben wohl auch die Belehrungen, die er den Lakota erteilte, nicht ungetönt durch die Visionserfahrungen, die er vor seiner Bekehrung gemacht hatte.

Die Unwägbarkeiten, die sich aus der Biographie solcher Vermittler oder den spezifischen kulturellen Umständen im Rahmen des Bekehrungsprozesses ergaben, hatten mehr als nur gelegentlich Einfluß auf das Ergebnis der Missionsbemühungen. Nur selten entsprach das Resultat genau den Zielen der christlichen Sendboten. Der Vorwurf der Zerstörung der indigenen Kulturen durch die Missionare geht gerade deshalb am Ziel vorbei, weil keine Konversion ohne aktive Beteiligung der Konvertiten erfolgte.

Bei aller Vielfalt der Voraussetzungen lassen sich in den Ergebnissen der christlichen Missionstätigkeit einige wiederkehrende Muster feststellen.

Ein vor allem in den frühen Perioden des Kontakts weit verbreitetes Resultat war das der vollständigen Zurückweisung des Missionsangebots. Solange das Christentum oder seine Vertreter keine den eigenen Bedürfnissen angemesseneren spirituellen Lösungen anzubieten hatten, gab es wenig Gründe, ihrem Ansinnen näherzutreten. Bei fortgeschrittenem Kontakt zwischen den Kulturen konnte eine Ablehnung der Religion der Weißen aber auch das Resultat nativistischer Bewegungen sein, auf die gleich noch einzugehen sein wird. Es gibt auch Fälle, in denen sich bereits bekehrte

Gruppen wieder vom Christentum ab- und einer (meist veränderten) Form der alten Religion zuwandten.

Ein zweites Modell ist das der Verschmelzung von indigenen und christlichen Traditionen und Praktiken. Einige dieser synkretistischen Neureligionen werden ebenfalls noch zu beschreiben sein. Gleichzeitig haben solche Verschmelzungsprozesses auch zur Entstehung eigenständiger Varianten eines „indianischen Christentums" geführt. Die Kirchen und ihre eingeborenen Kirchgänger haben dazu gleichermaßen beigetragen. So ist der Gebrauch der Heiligen Pfeife im Rahmen katholischer Messen auf Lakota-Reservationen eine von den Priestern eingeführte Neuerung, die von alten Lakotas mitunter als Beleg für die Richtigkeit ihres eigenen Wegs gesehen wird.

Indigenen Ursprungs ist hingegen eine neue Form des „Prophetismus" bei den Dogrib und anderen Athapasken der westlichen Subarktis, bei denen seit jeher visionäre Erfahrungen zum Gewinn von *ink'on* („Wissen, Kraft", aber auch seine Spender und Empfänger) üblich waren. Schon beim Kommen der ersten katholischen Missionare im späten 19. Jh. traten ihnen athapaskische Visionäre entgegen, die von einem schwarzen, einem grauen und einem weißen Himmel kündeten, von denen einer heiliger sei als der vorhergehende, und die mit Gott persönlich gesprochen haben wollten. Diese direkte Kommunikation mit Gott (und nicht irgendwelchen Naturgeistern) zeichnet auch die modernen Dogrib-Propheten aus. Allerdings ist es nun der Christengott, der den Propheten zur Bedingung macht, sie müßten ihr *ink'on* ablegen, bevor sie zu predigen beginnen. Gottes Botschaft fordert von den Menschen eine allgemeine moralische Besserung, insbesondere aber den Verzicht auf Kartenspiel und Alkoholgenuß, die als Hauptlaster der Dogrib angesehen werden. Solange nicht – was manchmal geschieht – die Veranstaltungen dieser Propheten durch Singen erträumter Lieder und rituelle Handlungen Züge eines eigenständigen Kults annehmen, finden die Predigten die volle Billigung der katholischen Priester.

Das dritte Muster wird etwas umständlich als „Kompartmentalisierung" bezeichnet und betrifft jene Fälle, in denen sowohl die traditionelle Religion wie das Christentum als vollgültige Systeme für die gesamte Gemeinde nebeneinander existieren, ohne einander zu beeinflussen. Die Pueblos am Rio Grande in New Mexico waren nach der Rückkehr der kurzfristig vertriebenen Spanier in Jahr 1692 endgültig zur Annahme des Christentums gezwungen worden, führten aber ihre alten Zeremonien weiterhin im Geheimen durch – kein großes Problem angesichts der Tatsache, daß ihre Priesterschaften ohnedies in Geheimbünden organisiert waren. Heute, wo kein Zwang zum Kirchenbesuch mehr gegeben ist, erweist sich das Pueblo-Christentum als Teil einer lebendigen Tradition. Man begründet die Kirchentreue auch mit dem Respekt vor den Vorfahren, deren Mühe beim erzwungenen Bau der Kirchen sonst umsonst gewesen wäre.

Ähnlich gehen heute im östlichen Oklahoma die Creek während des Winters regelmäßig in die Kirche und pilgern im Sommer statt dessen zu den Grünmaiszeremonien und den sie vorbereitenden Tänzen. Umgekehrt besuchen die Cree in Quebec den Gottesdienst während ihres Aufenthalts im Sommerlager, während auf der Winterjagd die auf die Jagd bezogenen alten Vorstellungen und Praktiken (mit einigen christlichen Verbrämungen) weiterhin lebendig sind.

Ein viertes Muster bildet die Substitution. Hier wurden traditionelle religiöse Bedeutungen und Funktionen zur Gänze vom Christentum verdrängt, das damit zur „Stammesreligion" mutierte. Im Küstenland von Virginia wurden die niemals missionierten Algonquin seit dem späten 18. Jh. aus freien Stücken Baptisten. Die weitgehende Autonomie der lokalen Kirchengemeinden erlaubte ihnen auf diese Weise die Aufgaben der offiziell teilweise nicht mehr existierenden Stämme weiter wahrzunehmen und die Identität der Gemeinschaft zu pflegen. Ähnlich nutzten die Micmac in Nova Scotia die in der französischen Kolonialzeit errichteten katholischen Sodalitäten als politische Organe, wobei sie ihr Katholizismus überdies vom Protestantismus ihrer zunehmend angelsächsischen Nachbarn abhob. In derartigen Fällen läßt sich vermuten, daß manche der alten religiösen Bedeutungen unter dem Deckmantel der christlichen Formen wenigstens mitschwingen.

Das häufigste Resultat der Missionsbemühungen stellt aber zweifellos der religiöse Pluralismus dar, der sich vor allem in der Vergangenheit oft im Widerstreit christlicher und „heidnischer“ Parteien bemerkbar machte. Wegen der engen Bindung religiöser Werte und Vorstellungen an die Identität eines Volkes war religiöser Pluralismus in voreurpäischer Zeit so gut wie unbekannt. Die meist nur partiellen Bekehrungserfolge der Missionare trieben nun in der Tat einen Keil in die einstige Gemeinschaft. War die christliche Fraktion klein, zog sie (wie z. B. bei den Irokesen) in eigene Missionsdörfer; war sie groß, veranlaßte ihre Dominanz die Traditionalisten zur Abwanderung. Je größer im Laufe der Zcit dic religiösen Wahlmöglichkeiten wurden, desto vielfältiger konnte auch die Parteienbildung sein.

Um die Mitte unseres Jahrhunderts wurden bei den Menominee vier etwa gleich große Fraktionen festgestellt, die sich in ihrer religiösen Orientierung, aber auch in ihren Einkommensverhältnissen voneinander unterschieden. An der Spitze der ökonomischen Skala standen die gut an die Mehrheitsgesellschaft angepaßten Katholiken, gefolgt von eine Gruppe ohne ausgeprägtes religiöses Zugehörigkeitsgefühl. An dritter Stelle rangierten die Anhänger der panindianischen Peyote-Religion, während das Schlußlicht die Traditionalisten bildeten, die der Medizingesellschaft oder dem Trommeltanz (einer anderen Neureligion) die Treue hielten.

Alte Pfade, neue Wege

Um die Mitte des 19. Jh. erzählten Ojibwa und Ottawa die Geschichte von einem christlichen Indianer, der nach seinem Tod an der Pforte zum Himmel von Petrus abgewiesen wurde, weil er ein Indianer war, und dem als Christ der Zugang zu den ewigen Jagdgründen versperrt blieb. Notgedrungen auf die Erde zurückgekehrt, legte er sein Christentum ab, weil er kein Weißer werden konnte. Die Erzählung macht die Enttäuschung darüber anschaulich, daß soziale Ausgrenzung auch den konvertierten Eingeborenen den unbeschränkten Zugang zur amerikanischen Gesellschaft verwehrte. Gleich, ob man zu alten Traditionen zurückkehren oder einen dritten Weg zwischen Stammes- und Weltreligion suchen wollte – eine eigene Lösung mußte gefunden werden.

Religiöse Erneuerungsbewegungen waren die unmittelbare Folge des Kulturkontakts, der vor allem von den Traditionshütern rasch als gefährlich für den Bestand der Ordnung erkannt wurde. Erste Belege für nativistische Bewegungen, die in der Abkehr von Lebensart und Glauben der Weißen das Heil sahen, gibt es bereits aus dem frühen 17. Jh. Im Küstenland von Virginia predigte Nemattanow, ein in ein auffälliges Vogelkostüm gekleideter Krieger, den Widerstand gegen die Engländer und versprach, die eigene Unverwundbarkeit durch Gewehrkugeln auch an andere weitergeben zu wollen. Die ersten Opfer eines Aufstands gegen die Kolonisten, der 1622 ausbrach, waren die wenigen, die sich um die Bekehrung ihrer roten Nachbarn bemüht hatten.

Mitte des 18. Jh., als die Zahl der Weißen in Nordamerika erstmals die der eingeborenen Bevölkerung überstieg, kam es unter den aus ihrer alten Heimat an der Atlantikküste in das Ohiotal abgedrängten Delaware zum Auftreten gleich mehrerer Propheten und Reformer. Sie hatten die von ihnen verbreitete Lehre von der Wiederkehr der guten alten Zeit unmittelbar vom Großen Geist erhalten und in bilderschriftlichen Dokumenten festgehalten, die sie bei ihren Predigten vorzeigten. Obwohl sie besonders gegen die Missionare agitierten, hatten sie doch neben der Idee der Glaubensverbreitung selbst auch viele Werthaltungen von ihren Gegenspielern übernommen. Dazu zählten ihre Forderungen nach strikter Monogamie, Abkehr von den dem Bösen Geist unterstehenden Medizingesellschaften und Abstinenz von Alkohol (sowie der Verzicht auf andere Güter der Weißen). Eine stammesübergreifende Tendenz verrät die Lehre, der Krieg zwischen den Stämmen entspräche nicht dem Willen des Großen Geists. Diese Doktrin wurde 1763 von dem Ottawa-Häuptling Pontiac bei seinem Versuch, an der Spitze einer Stammesallianz die Briten aus dem Seengebiet zu vertreiben, praktisch angewandt. Das Scheitern dieses Versuchs schwächte auch die Prophetenbewegung, die dasselbe Ziel freilich nur durch zweimaliges Gebet am Tag zu erreichen suchte.

Der Sieg der amerikanischen Revolutionäre über den britischen König und die folgende rasche Expansion der USA erhöhte die Verunsicherung der indigenen Bevölkerungen hinsichtlich ihres ferneren Schicksals. Besonders betroffen waren die Irokesen, denen der amerikanische Unabhängigkeitskrieg die Spaltung ihrer einst so mächtigen Stammeskonföderation und das Absinken in wirtschaftliches Elend sowie politische und militärische Bedeutungslosigkeit gebracht hatte. Alkoholmißbrauch beherrschte das Leben in den Dörfern, in denen Quäkermissionare und Traditionalisten um die Gunst der Irokesen buhlten. Im desolaten Umfeld dieser „Slums in der Wildnis" erschienen im Jahr 1800 dem Seneca Handsome Lake, einem invaliden Trinker, in einer Vision vier Engel als Boten des Großen Geists und überbrachten die neue Lehre des „Guten Wegs". Mit dem strengen Verbot der vier Erzübel Trunkenheit, Hexerei, Liebeszauber und Abtreibung sollten auch die aus ihnen entspringenden Laster ausgemerzt werden: Ehestreit, Gattenmißhandlung, Promiskuität, Karten- und Geigenspiel, Geiz, Treulosigkeit, Unglauben und Mord. Da die Sünde das Gerüst der Welt zum Einsturz brächte, seien Reue und Umkehr die einzige Abhilfe.

Handsome Lakes missionarisch unter den Irokesen verbreitete Lehre ergänzte das alte Weltbild durch Himmel und Hölle, einen personifizierten Schöpfergott und einen Teufel mit Hörnern, Schwanz und Hufen sowie die vier Botenengel. Sie drängte mit dem Verbot des privaten Gebrauchs der „Medizin" die individuelle Beziehung zu höheren Mächten gegenüber einem gemeinsamen Kult in den Hintergrund; sie stärkte die Kernfamilie gegenüber der traditionellen Großfamilie; sie forderte von den Männern Pflugbau und Viehzucht statt Jagd und Krieg. Trotz Übernahme vieler christlich-abendländisch inspirierter Neuerungen war die Lehre als Anweisung des Großen Geists an die Irokesen Grundlage einer Stammesreligion, in der die Abgrenzung von den Weißen betont wurde. Obwohl nach Handsome Lakes Tod im Jahr 1815 die Lehre kodifiziert wurde, überlebten die Medizinbünde und andere ältere Einrichtungen die Reform und verbanden sich mit dem „Guten Weg“ zur Langhausreligion als heute „traditioneller“ irokesischer Religion.

Im Gegensatz zu Handsome Lakes Reformen einer Stammesreligion knüpften die fast gleichzeitigen Lehren des Shawnee Tenskwatawa an den panindianischen Charakter der Delaware-Propheten an. Der als eher dümmlich eingeschätzte Bruder des berühmten Tecumseh, der sich als Kind mit seinem eigenen Pfeil ein Auge ausgestochen hatte, hatte eine Karriere als exzessiver Trinker hinter sich, als er eines Tages im Jahr 1805 beim Anzünden seiner Pfeife zu Boden fiel und für tot gehalten wurde. Als man ihn schon begraben wollte, erhob sich der Scheintote und verkündete, er sei von zwei Männern an die Grenzen des Jenseits gebracht worden, wo er die Anweisungen des Großen Geists erhalten habe, die uns in den Grundzügen mittlerweile vertraut geworden sind: Abkehr von Hexerei und „Medizin“ (Gebrauch von Heiligen Bündeln), Abkehr von Alkohol, Rückkehr zum Gemeineigentum der Vergangenheit, Respekt für die Alten und Schwachen, Tötung aller Hunde, Verbot der Vermischung mit den Weißen und Verzicht auf ihre Handelsgüter. Wie bei den Delaware-Propheten schloß sich daran das Versprechen, daß bei Einhaltung der Gebote die weißen Eindringlinge innerhalb kurzer Zeit verschwinden würden.

Die Lehre gewann rasch Anhänger weit über die Grenzen der Shawnee hinaus und bildete den Unterbau für Tecumsehs panindianische politische und militärische Pläne. Obwohl Tenskwatawa den besonderen Schutz des Großen Geists für die Krieger in den Schlachten gegen die Weißen versprach, blieb der militärische Widerstand erfolglos, und Tecumseh fiel 1812 im Kampf. Auch wenn Tenskwatawas Botschaft damit wegen offensichtlicher Erfolglosigkeit ihre Anhänger so schnell verlor, wie sie sie gewonnen hatte, regte sie weitere ähnliche Lehren an.

Die des Kickapoo-Propheten Känakuk zielte allerdings nicht auf Konfrontation, sondern auf Ausgleich mit den Weißen. Die Befolgung der Anweisungen des Großen Geists (nicht streiten, nicht stehlen, nicht lügen, nicht morden, Verbrennen der Medizinbündel) sollte es den Indianern ermöglichen, einst ins Jenseits zu gelangen, und den Schöpfer daran hindern, die Welt wegen ihrer Schlechtigkeit zu zerstören. Die rituellen Anweisungen beinhalteten vormittägliches Fasten und zahlreiche Gebete, bei denen auch als Merkhilfen mit Ritzzeichnungen versehene Gebetsbrettchen verwendet wurden. Sonntags gab es Gottesdienste mit gemeinsamem peripathetischem Gebet und zeremoniellem Händeschütteln als Freundschaftsbezeugung.

Als Erfolg der Lehre galt das Verschwinden der Trunkenheit bei Känakuks Anhängern, die sich selbst als eine Art indianischer Christen sahen. Neben einem Teil der Kickapoo bekehrten sich auch viele Potawatomi zu der neuen Religion, die nach dem Tod des Begründers 1852 stark an Vitalität verlor.

Während bei den prophetischen Reformbewegungen des östlichen Waldlands der Kampf gegen den Alkoholmißbrauch eine zentrale Stellung einnahm, reicht der „Prophetentanz“ des Plateaugebiets in eine Zeit zurück, in der Alkohol noch keine große Rolle spielte. Auch wenn heute allgemein angenommen wird, daß sich diese Bewegung schon im 18. Jh. – also noch vor der direkten Berührung mit den Weißen – ausbreitete, wurden sie doch durch die Veränderungen ausgelöst, die von der europäischen Eroberung Amerikas bewirkt worden waren. Die plötzliche Verfügbarkeit von Pferden und der dramatische Bevölkerungsrückgang durch Seuchen galten als Anzeichen noch größerer kommender Veränderungen. Visionäre, von denen manche an den Seuchen „gestorben“ und wieder zum Leben erwacht waren, berichteten aus dem Jenseits von Himmel und Hölle, Engeln und einem neuen Volk mit wundersamen Geräten, dessen Kommen die Welt verändern würde. Bei Rundtänzen sang man die vom Propheten gelehrten Lieder, um diese Endzeit herbeizubeten. Trotz des häufigen Nichteintreffens der Voraussagen wurde diese Bewegung immer wieder durch neue Propheten belebt.

Der Prophetentanz bereitete nicht allein den im 19. Jh. eintreffenden katholischen Missionaren den Weg und trug damit zur Entstehung lokaler Spielarten des indianischen Christentums bei, er führte später auch zur Herausbildung von Neureligionen, in denen sich die visionären Lehren von Propheten mit nativistischer Heilserwartung und christlichen Elementen vermengten. Die meist sonntags in Firstdachzelten oder „Langhäusern“ stattfindenden Gottesdienste der Washat-Religion am Columbia River bestanden aus einem Stehtanz mit Gesang der nach Geschlechtern getrennten Kongregation, Glockengeläut und gemeinsamem Essen. Die spontanen Predigten der Alten betonten die Notwendigkeit der gegenseitigen Hilfe und damit der Stärkung des Gemeinschaftsgefühls. Wasser und Erde waren als Lebensspender zentrale Symbole dieser Religion.

Bei den Salish an der Küste von Washington entstand aus den selben Wurzeln 1882 die (indianische) Shaker-Kirche. Ihr Gründer John Slocum war ebenfalls „gestorben“ und hatte im Himmel Gottes Heilsbotschaft erhalten. Das Geschenk Gottes an die Salish machte sich in einem Zittern der während des Gottesdiensts ergriffenen Teilnehmer und der damit verbundenen Heilkraft bemerkbar. Kreuze, Glokkengeläut, Meßkleidung, Heiligenbildchen und Gebete verraten christlichen Einfluß. Weil die heute bei vielen Gruppen im Plateaugebiet verbreiteten Shaker-Kirchen lokal unabhängig sind, zeigt ihre Lehre und Kultpraxis auch große

Variation, etwa hinsichtlich der Anerkennung der Bibel als Autorität. Mancherorts wird die Jungfrau Maria als gleichrangige Gottheit neben Jesus Christus verehrt.

Die Ursprungsmythe der Trommeltanz-Religion (früher oft als Traumtanz bezeichnet) erzählt von einem Dakota- oder Lakotamädchen, das als einziges Mitglied ihrer Gruppe einen Angriff der amerikanischen Armee unter General Custer überlebte, weil es sich im Schilf versteckt hatte. Nach vier Tagen des einsamen Hungerns rettete sie ein Mann, der sich ihr später als der Große Geist offenbarte und die neue Lehre verkündete, die sich um den rituellen Gebrauch einer heiligen Trommel rankte. Diese Trommel war nicht nur aufgeladen mit der Kraft aller guten übernatürlichen Wesen, sie war selbst ein lebendes Wesen und wurde daher regelmäßig mit Nahrung und Tabak versorgt. Sie war auch wichtigstes Bindeglied zwischen Gott und den Menschen und Mittel zur Verbreitung der neuen Religion, in der das friedliche Zusammenleben aller Menschen einen besonderen Wert darstellt. Dem Mythos nach begann die Visionärin ihre Mission bei den Ojibwa, den Erzfeinden der Dakota, von wo sie sich zu vielen Völkern im westlichen Seengebiet jeweils durch Weitergabe einer Trommel verbreitete.

Was die Menschen zur Trommel sagten, hörte Gott im Himmel auf dem Original, von dem alle anderen Trommeln abstammten. Im Ritus (der aus kleineren wöchentlichen und größeren vierteljährlichen Zeremonien bestand) symbolisierte die Trommel die Welt, während die Tänzer die übernatürlichen Wesen und den Großen Geist selbst verkörperten. Neben Engeln trat manchmal ein Mädchen als Jungfrau Maria auf. Zu den heiligsten Tänzen des Ritus zählte der Pfeifentanz, bei dem wie im Kalumettanz nur ein mit Federn verzierter Pfeifenstiel verwendet wurde.

Tatsächlich hat die Trommeltanz-Religion bei den Lakota und Dakota niemals Eingang gefunden, geht aber in vielen ihrer rituellen Einzelheiten auf den Grastanz der Lakota zurück, einen Kriegertanz, der letztlich von den Omaha und Pawnee herrührte. Durch Verbindung mit Zügen des Kalumetrituals und des Christentums entstand freilich eine gänzlich neue Religion, die dem Reservationsleben nach Ende der Indianerkriege angemessen war, pantribale Freundschaft förderte und den Ausgleich mit den Weißen suchte.

Grundsätzlich ähnliche Ziele verfolgte die Peyotereligion, der aber ein unvergleichlich größerer Erfolg beschieden war, als dem nur regional bedeutsamen Trommeltanz. Peyote ist der knopfartige oberirdische Teil eines Kaktus, dessen natürliches Vorkommen sich auf Teile Nordmexikos und ein kleines Gebiet nördlich der amerikanischen Grenze beschränkt. In reifen Pflanzen enthält der Peyote „knopf" verschiedene Wirkstoffe mit widersprüchlicher Wirkung, die bei Genuß zu einer Serie von Bewußtseinsveränderungen führen, die von Enthemmung über Halluzinationen bis zu Angstzuständen reichen. Vor allem in Nordwestmexiko wurde Peyote in voreuropäischer Zeit in Ritualen von Spezialisten zur Sicherung von Feldfruchtbarkeit, Jagderfolg und Kriegsglück gebraucht, nicht-rituell aber auch zur Bekämpfung von Hunger, Durst und Ermüdung, zum Hellsehen und zur Krankenheilung eingesetzt.

Um 1870 gelangte der Gebrauch von Peyote zu Völkern im Grenzgebiet zu Mexiko, wie den Tonkawa oder Lipan-Apache, wo die Droge im Rahmen der traditionellen Religionen Anwendung fand. Die Entstehung einer neuen Religion, in deren Mittelpunkt der sakramentale Genuß von Peyote stand, vollzog sich wenig später bei den Kiowa und Comanche im westlichen Oklahoma, die kurz zuvor auf eine Reservation eingewiesen worden waren und auch wegen des Endes der Bisonjagden und Kriegszüge vor einer schweren Existenzkrise standen. Vorrangiger Zweck des neuen Rituals, das nachts in Zelten abgehalten wurde, war die Krankenheilung und der Erwerb spiritueller Kräfte im Rahmen eines gemeinschaftlichen Rituals. In der Mitte des Zelts wurde hinter dem zentralen Feuer ein niedriger mondsichelförmiger Erdaltar errichtet, auf dem ein „Vater Peyote" in der Mitte des Pfads ruhte, der von der Geburt zum Tod führte. Gemeinsames Rauchen und Gebet wurden durch Gesänge in einem charakteristischen Stil zur Begleitung einer Wassertrommel und den oft nur symbolischen Genuß des Kaktus ergänzt.

Von den südlichen Plains aus verbreitete sich die neue Religion im späten 19. und frühen 20. Jh. wie ein Lauffeuer über die Grasländer bis ins südliche Kanada, ins westliche Seengebiet, ins Große Becken und an die Grenzen des Pueblogebiets. Die Missionierung erfolgte durch die Zeremonialleiter („road men"), die neben dem Ritual auch den dazu benötigten Peyote verbreiteten. Auf den Plains wurde der große Erfolg sicher auch durch den visionären Aspekt der neuen Religion bewirkt, der einen Ersatz für die nach und nach außer Gebrauch geratenen alten Visionstechniken darstellte. Die allgemeine Krise der Kulturen förderte die Aufnahmebereitschaft für eine Religion, die ein neues, weiter gefaßtes Identitätsgefühl vermittelte. Daß Krisen die Aufnahmebereitschaft für religiöse Neuerungen fördern, zeigt das Beispiel der Navajo, die bis in die dreißiger Jahre von Peyote nichts wissen wollten; erst die Bedrohung wichtiger Werte durch ein Regierungsprogramm zur Notschlachtung ihrer Schafherden führte zu einem plötzlichen Interesse an der neuen Religion. Völker mit starken und funktionsfähigen Religionen, wie die Pueblos oder die Irokesen, waren gegen das Vordringen der Peyotereligion weitgehend immun. Mit zum Erfolg trug die alkoholfeindliche Haltung der Religion bei. Zwar ist die von den „road men" behauptete körperliche Unverträglichkeit von Alkohol und Peyote eine Fiktion, zur erfolgreichen Eindämmung des Alkoholmißbrauchs reichte aber die Behauptung der Unverträglichkeit vollständig aus.

Im Zuge ihrer weiteren Verbreitung entstanden zahllose Spielarten der Peyotereligion, die in unterschiedlichem Maß christliche Elemente in sich aufnahmen, die ursprünglich gänzlich gefehlt hatten. Dabei wurden etwa die drei wichtigsten Funktionäre des Rituals mit der Trinität assoziiert, der geschmückte Zeremonialstab zum Stab des guten Hirten und der Peyote selbst zum hostienartigen Symbol Christi.

Obwohl diese Vermischung keineswegs allgemein war, betrachteten sich viele Peyotisten als indianische Christen, wurden indes von den etablierten Kirchen ebenso abgelehnt wie von den Anhängern der traditionellen Religionen.

Amerikanische Bundes- und Staatsregierungen bzw. manche ihrer Vertreter machten sich diese Ablehnung zu eigen und versuchten bis in jüngste Zeit, die freie Religionsausübung durch Anwendung von Suchtgiftgesetzen zu unterbinden, obwohl Peyote kein Suchtgift ist und selbst bei anhaltendem Gebrauch keine Gesundheitsschäden feststellbar sind, die mit jenen nach Alkohol- oder Nikotinkonsum vergleichbar wären. Als Reaktion gegen die gezielte Verfolgung kam es 1918 zur Gründung der *Native American Church* als kirchlicher Organisation, die bis heute als *Native American Church of North America* besteht, in der aber nur ein Teil der wohl mehreren hunderttausend Peyotisten förmliche Mitgliedschaft besitzt. Obwohl exakte Zahlen fehlen, kann die Peyotereligion gegenwärtig als größte indianische Glaubensgemeinschaft in Nordamerika angesehen werden.

Eine andere religiöse Bewegung, deren rasche Verbreitung im späten 19. Jh. durch die kulturelle, soziale und wirtschaftliche Krise der Plainsvölker bewirkt wurde, war der Geistertanz. Seine Wurzeln liegen im Prophetentanz des Plateaus, von wo aus sich die Vorstellung einer endzeitlichen Welterneuerung 1869/70 ins Große Becken und nach Kalifornien verbreitete, wo damals massiver Bevölkerungsrückgang existenzielle Ängste ausgelöst hatte. Dieser erste Geistertanz beruhte auf Visionen des nördlichen Paiute Wodziwob und bestand aus Rundtänzen und Gesängen, durch die eine Wiederherstellung der traditionellen Nahrungsquellen und eine Auferstehung der verstorbenen Vorfahren bewirkt werden sollte. Die Versuche wurden aber schon nach drei Jahren mangels Erfolgs wieder aufgegeben.

Am Neujahrstag 1889, an dem in Nevada eine totale Sonnenfinsternis herrschte, verlor der krank in seiner Strauchwerkhütte liegende nördliche Paiute Wovoka (auch als Jack Wilson bekannt) das Bewußtsein. Er sah Gott im Kreis der verstorbenen Paiute, die sich in ewiger Jugend und voller Glück ihren traditionellen Beschäftigungen hingaben. Gottes Botschaft an die Menschen war, sie sollten gut sein, einander lieben, nicht streiten und im Frieden mit den Weißen leben; sie sollten arbeiten, nicht lügen, nicht stehlen und alle alten Bräuche aufgeben, die an Krieg erinnerten, um eines Tages mit ihren Verwandten in der anderen Welt vereint zu werden. Ein Rundtanz – regelmäßig über fünf Tage hinweg ausgeführt – sollte die Vereinigung mit den Vorfahren beschleunigen. Ferner schenkte Gott Wovoka die Gabe der Unverwundbarkeit durch Gewehrkugeln sowie die Gewalt über das Wetter (die schon sein Vater besessen hatte) und machte ihn zum Ko-Präsidenten der Vereinigten Staaten.

Wovokas Botschaft fand Aufmerksamkeit nicht nur bei den indigenen und weißen Nachbarn in Nevada, die unter einer jahrelangen Trockenperiode litten und von Wovokas Regenmachergabe zu profitieren hofften. Einige Mormonen hielten es für möglich, Wovoka könnte der von ihrem Propheten Joseph Smith angekündigte neue Messias sein. Vor allem die östlichen Shoshone, die noch dem Geistertanz von 1869 anhingen, deuteten Wilsons Vision als Unterstützung ihrer Hoffnung auf Rückkehr der Toten und Vertreibung der Weißen. Auf diese Nachricht hin kamen zahlreiche Delegierte von Plainsvölkern nach Nevada, um selbst mit dem Propheten zu sprechen. Trotz seiner Beteuerung, Gottes Wunsch sei es gewesen, daß die Menschen in Frieden lebten, um im Jenseits glücklich mit den Ahnen vereint zu werden, setzte sich auf den Plains die Auffassung von der sofortigen Rückkehr von Vorfahren und Bisons und dem Verschwinden der Amerikaner durch.

Was bei den Paiute noch Rundtanz hieß, wurde in der Übersetzung der Lakota zum „Geistertanz“, denn die Tänzer sahen in der Trance, in die sie sich steigerten, ihre verstorbenen Verwandten in der Gemeinschaft des Messias, der diesmal gekommen war, um die Indianer zu retten. Sie brachten Fleisch aus der Geisterwelt zurück und trugen Hemden, oft aus Sackleinwand, an denen die Kugeln der

Weißen abprallen würden. Im nächsten Frühjahr, so hieß es, würde sich die Welt erneuern und die Toten würden auferstehen. Die verunsicherten Indianeragenten auf den Lakota-Reservationen glaubten, daß ihre Schützlinge einen Aufstand zur Vertreibung der Weißen planten und holten die Armee zur Hilfe. Das Blutbad, das die Armee am 29. Dezember 1890 unter unschuldigen Lakotas auf der Pine Ridge Reservation anrichtete, ist als Massaker von Wounded Knee notorisch geworden und bedeutete das schnelle Ende der Geistertanzbewegung als Massenphänomen.

So erfolgte das Ende der Indianerkriege anders, als es sich Jack Wilson vorgestellt hatte. Wovoka starb 1932, nachdem er über vier Jahrzehnte unverdrossen seine Lehre verkündet hatte. Nicht genügend Indianer schienen den Tanz ernsthaft genug zu tanzen, um die Welt zu erneuern, aber noch dreißig Jahre später wurde seine Lehre als „Neue Botschaft" bei den Wahpeton Dakota auf den nördlichen Plains im kanadischen Saskatchewan praktiziert.

Die militante Indianerbewegung, die 1973 Wounded Knee als Protest gegen die Politik der Stammesregierung und der Bundesregierung besetzte, berief sich auf das Erbe des Geistertanzes, wie es durch Nicholas Black Elk dem Staatsdichter von Nebraska, John Neihardt, überliefert worden war. So wurde selbst hier am Ende die Kraft der persönlichen Vision durch die Autorität der Überlieferung abgelöst.

Nachwort

Der Text dieses Buchs ist überwiegend in der Vergangenheitsform abgefaßt. Damit soll keineswegs angedeutet werden, daß die Religionen des indianischen Nordamerika heute nicht mehr lebendig seien. Wie das letzte Kapitel gezeigt hat, sind indigene Glaubensvorstellungen in den letzten 500 Jahren großen Veränderungen unterworfen gewesen, ohne daß ihre Vielfalt entscheidend darunter gelitten hätte.

Allerdings gehören viele der Vorstellungen und Praktiken, von denen hier berichtet wurde, tatsächlich der Vergangenheit an, aus der auch die heute noch bestehenden „traditionalen" Religionen überliefert worden sind. Die Betonung des historischen Charakters der indigenen Religionen Nordamerikas ermöglicht eine distanziertere Betrachtung, als sie in den Augen der Gläubigen der persönlich erfahrenen Religion der Gegenwart angemessen wäre. Auch weil sich immer wieder bereits als abgestorben geltende Zeremonien als durchaus lebendig herausstellen oder erfolgreich wiederbelebt werden, wurde hier versucht, definitive Aussagen über den heutigen Zustand der indigenen Religionen zu vermeiden.

Literatur

Kulturen und Geschichte des indianischen Nordamerika

Driver, Harold E.
1969 *Indians of North America.* 2. Aufl. Chicago.

Feest, Christian F.
1976 *Das rote Amerika. Nordamerikas Indianer.* Wien.
1987 (Hg.) *Indians and Europe, An Interdisciplinary Collection of Essays.* Aachen.

Hodge, Frederick W.
1907–1910 (Hg.) *Handbook of American Indian North of Mexico.* 2 Bände. Bureau of American Ethnology, Bulletin 30. Washington.

Kehoe, Alice B.
1981 *North American Indians. A Comprehensive Account.* Englewood Cliffs.

Leacock, Eleanor B. – Nancy O. Lurie
1971 (Hg.), *North American Indians in Historical Perspective.* New York.

Lindig, Wolfgang
1985 *Nordamerika. Von der Beringstraße bis zum Isthmus von Tehuantepec.* 3. Aufl. München.

Oswalt, Wendell H. – Sharlotte Neely
1996 *This Land Was Theirs. A Study of North American Indians.* 5. Aufl. Mountain View.

Sturtevant, William C.
1978– (Hg.) *Handbook of North American Indians.* Geplant auf 20 Bände. Washington.

Trigger, Bruce G. – Wilcomb E. Washburn
1996 (Hg.) *Cambridge History of the Native Peoples of North America.* 2 Bände. Cambridge.

Religionen des indianischen Nordamerika

Aberle, David F.
1966 *The Peyote Religion Among the Navajo*. Viking Fund Publications in Anthropology 42. New York.

Applegate, Richard B.
1978 *Atishwin: The Dream-Helper in South-Central California*. Ballena Press Anthropological Papers 13. Socorro.

Axtell, James
1985 *The Invasion Within. The Contest of Cultures in Colonial North America*. New York, Oxford.

Bean, Lowell John
1992 (Hg.) *California Indian Shamanism*. Menlo Park.

Benedict, Ruth
1923 *The Concept of the Guardian Spirit in North America*. American Anthropological Association, Memoir 19. Menasha.

Berkhofer, Robert F., Jr.
1965 *Salvation and the Savage. An Analysis of Protestant Missions and American Indian Response, 1787–1862*. New York.

Boas, Franz
1897 The Social Organization and the Secret Societies of the Kwakiutl Indians. *U. S. National Museum Report for 1895*: 311–738.
1966 *Kwakiutl Ethnography*. Helen Codere, ed. Chicago, London.

Bolz, Peter
1991 Der Sonnentanz der Lakota. Historische Entwicklung und kulturelle Erneuerung. *Mitteilungen der Berliner Gesellschaft für Anthropologie, Ethnologie und Urgeschichte* 12: 55–67.

Bowden, Henry Warner
1981 *American Indians and Christian Missions. Studies in Cultural Conflict*. Chicago.

Bowers, Alfred W.
1950 *Mandan Social and Ceremonial Organization*. Chicago. [Moscow 1991.]

Brightman, Robert
1993 *Grateful Prey: Rock Cree Human-Animal Relationships*. Berkeley.

Brown, Joseph Epes
1853 *The Sacred Pipe*. Norman.

Bucko, Raymond A.
1998 *The Lakota Ritual of the Sweat Lodge*. Lincoln.

Clark, LaVerne Harrell
1966 *They Sang For Horses. The Impact of the Horse on Navajo and Apache Folklore*. Tucson.

Cooper, John M.
1933 The Northern Algonquian Supreme Being. *Primitive Man* 6 (3–4): 41–111.

Deloria, Vine, Jr.
1969 *Custer Died For Your Sins*. New York, NY.
1973 *God is Red*. New York.

DeMallie, Raymond J.
1984 (Hg.) *The Sixth Grandfather. Black Elk's Teachings Given to John Neihardt*. Lincoln.

DeMallie, Raymond J. – Douglas R. Parks
1987 (eds.) *Sioux Indian Religion: Tradition and Innovation*. Norman.

Drucker, Philip
1951 *The Northern and Central Nootkan Tribes*. Bulletin of the Bureau of American Ethnology 144. Washington.

Dugan, Kathleen M.
1985 *The Vision Quest of the Plains Indians: Its Spiritual Significance*. Studies in American Religion 13. Lewiston.

Eliade, Mircea
1964 *Shamanism. Archaic Techniques of Ecstasy*. Bollingen Series 76. Princeton.

Farella, John R.
1984 *The Main Stalk. A Synthesis of Navajo Philosophy*. Tucson.

Feest, Christian F.
1986 *Indians of Northeastern North America*. Iconography of Religions X, 7. Leiden.

Fenton, William N.
1987 *The False Faces of the Iroquois*. Norman.

Fletcher, Alice C.
1904 *The Hako: A Pawnee Ceremony*. 22nd Annual Report of the Bureau of American Ethnology, part 2. Washington.

Fogelson, Raymond D. – Richard Adams
1977 (Hg.) *The Anthropology of Power*. New York.

Feraca, Stephen E.
1998 *Wakinyan. Lakota Religion in the Twentieth Century*. Lincoln.

Geertz, Armin W.
1994 *The Invention of Prophecy. Continuity and Meaning in Hopi Indian Religion*. Berkeley, Los Angeles.

Gerber, Peter
1979 *Die Peyote-Religion. Nordamerikanische Indianer auf der Suche nach einer Identität*. Ethnologische Zeitschrift Zürich II, 1979. Zürich.

Gill, Sam
1981 *Sacred Words: A Study of Navajo Religion and Prayer*. Westport.
1982 *Native American Religions. An Introduction*. Belmont.
1987 *Mother Earth: An American Story*. Chicago.

Goldman, Irving
1975 *The Mouth of Heaven: An Introduction to Kwakiutl Religious Thought*. New York.

Grant, John Webster
1984 *Moon of Wintertime. Missionaries and the Indians of Canada in Encounter Since 1534*. Toronto.

Grinnell, George Bird
1923 *The Cheyenne Indians*. 2 Bände. New Haven.

Gugel, Liane
1997 *Frauenbünde der Indianer Nordamerikas*. Wyk.

Haase, Evelin
1987 *Der Schamanismus der Eskimos*. Acta culturologica 3. Aachen.

Hall, Robert L.
1997 *An Archaeology of the Soul. North American Indian Belief and Ritual*. Champaign.

Hallowell, A. Irving
1926 Bear Ceremonialism in the Northern Hemisphere. *American Anthropologist* 28: 1–175.
1942 *The Role of Conjuring in Saulteaux Society*. Publications of the Philadelphia Anthropological Society 2. Philadelphia.
1955 *Culture and Experience*. New York.
1976 *Contributions to Anthropology. Selected Papers of A. Irving Hallowell*. Chicago.

Harrington, Mark R.
1921 *Religion and Ceremonies of the Lenape*. Indian Notes and Monographs. New York.

Harrod, Howard
1987 *Renewing the World. Plains Indian Religion and Morality*. Tucson.

Hartmann, Horst
1978 *Kachina-Figuren der Hopi-Indianer*. Berlin.

Helm, June
1994 *Prophecy and Power Among the Dogrib Indians*. Lincoln.

Hewitt, J. N. B.
1902 Orenda and a Definition of Religion. *American Anthropologist, n.s.* 4:33–46.

Hittman, Michael
1982 *Wovoka and the Ghost Dance*. Yerington.

Howard, James H.
1981 *Shawnee! The Ceremonialism of a Native American Tribe and Its Cultural Background*. Athens.
1984 (with Willie Lena) *Oklahoma Seminoles. Medicines, Magic, and Religion*. Norman.

Hudson, Charles
1984 *Elements of Southeastern Indian Religion*. Iconography of Religions X, 1. Leiden.

Hudson, Travis – Ernest Underhay
1978 *Crystals in the Sky: An Intellectual Odyssey Involving Chumash Astronomy, Cosmology and Rock Art*. Ballena Press Anthropological Papers 10. Socorro.

Hultkrantz, Åke
1953 *Conceptions of the Soul among North American Indians*. Statens Etnografiska Museum, Monograph Series 1. Stockholm.
1979 *The Religions of the American Indians*. Berkeley, Los Angeles.
1981 *Belief and Worship in Native North America*. C. Vecsey (Hg.). Syracuse.
1983 *The Study of Native American Religions*. Studies in Religion 29. New York, Chicago.
1987 *Native Religions of North America*. San Francisco.
1992 *Shamanic Healing and Ritual Drama. Health and Medicine in Native North American Religious Traditions*. New York.

Irwin, Lee
1994 *The Dream Seekers. Native American Visionary Traditions of the Great Plains*. Norman

Jones, William
1905 The Algonkin Manitou. *Journal of American Folklore* 18: 183–190.

Jorgensen, Joseph
1972 *The Sun Dance Religion. Power for the Powerless*. Chicago.

Kehoe, Alice Beck
1989 *The Ghost Dance. Ethnohistory and Revitalization.* Fort Worth.

Kelley, Klara Bonsack – Harris Francis
1994 *Navajo Sacred Places.* Bloomington, Indianapolis.

Kilpatrick, Alan
1997 *The Night Has a Naked Soul. Witchcraft and Sorcery Among the Western Cherokee.* Syracuse.

Kluckhohn, Clyde
1944 *Navaho Witchcraft.* Peabody Museum Papers in American Archaeology and Ethnology 22(2). Cambridge.

Kohl, Johann Georg
1859 *Kitschi-Gami oder Erzählungen vom Obern See.* Bremen.

Kroeber, Alfred L.
1902–1907 *The Arapaho.* Bulletin of the American Museum of Natural History 18(1), (2), (4). New York.
1925 *Handbook of the Indians of California.* Bulletin of the Bureau of American Ethnology 78. Washington.

Kroeber, Alfred L. and E. W. Gifford
1949 *World Renewal: A Cult System of Native Northwest California.* University of California, Anthropological Records 13.

La Barre, Weston
1989 *The Peyote Cult.* 5. Aufl. Norman.

Lafitau, Joseph François
1724 *Mœurs des Sauvages Ameriquains, comparées aux premiers temps.* Paris. (Übersetzung: *Sitten der amerikanischen Wilden im Vergleich zu den Sitten der Frühzeit* [Nachdruck Leipzig 1987].)

Lahontan, Louis Armand
1703 *Nouveau Voyages de Mr. le Baron de Lahontan, dans l'Amérique septentrionale.* 3 Bände. La Haye 1703: Frères l'Honoré. (Übersetzung: Band 1–2: *Neueste Reisen nach dem mitternächtlichen Amerika.* Berlin 1982; Band 3: *Gespräche mit einem Wilden.* Frankfurt 1982.)

Levy, Jerrold E.
1997 *In the Beginning. The Navajo Genesis.* Berkeley, Los Angeles.

Lewis, Thomas H.
1991 *The Medicine Men: Oglala Sioux Ceremony and Healing.* Norman.

Lindig, Wolfgang
1970 *Geheimbünde und Männerbünde der Prärie- und Waldlandindianer Nordamerikas.* Studien zur Kulturkunde 23. Wiesbaden.

Loeb, E. M.
1932 The Western Kuksu Cult. *University of California Publications of American Archaeology and Ethnology* 33: 1–137.

Lowie, Robert H.
1922 The Religion of the Crow Indians. *American Museum of Natural History, Anthropological Papers* 25: 311–444. New York.
1924 *Primitive Religion*. New York, NY: Boni Liveright.

Malotki, Ekkehart – Michael Lomatuwayma
1987 *Maasaw: Profile of a God*. American Tribal Religions 11. Lincoln.

McCaskill, Don
1988 (Hg.) *Amerindian Cosmology*. Cosmos 4. Edinburgh.

Meighan, Clement W. – Francis A. Riddell
1972 *The Maru Cult of the Pomo Indians. A California Ghost Dance Survival*. Southwest Museum Papers 23. Los Angeles.

Merkur, Daniel
1985 *Becoming Half Hidden: Shamanism and Initiation among the Inuit*. Stockholm Studies in Comparative Religion 24. Stockholm.
1991 *Powers Which We Do Not Know. The Gods and Spirits of the Inuit*. Moscow.

Mills, A. – Richard Slobodin
1994 (eds.) *Amerindian Rebirth*. Toronto.

Mooney, James
1896 The Ghost-Dance and the Sioux Outbreak of 1890. *14th Annual Report of the Bureau of American Ethnology*, part 2: 641–1136.

Müller, Johann Georg
1855 *Geschichte der Amerikanischen Urreligionen*. Basel.

Müller, Werner
1955 *Weltbild und Kult der Kwakiutl-Indianer*. Studien zur Kulturkunde 15. Wiesbaden.
1956 *Die Religionen der Waldlandindianer Nordamerikas*. Berlin.
1961 Die Religionen der Indianervölker Nordamerikas. In: *Die Religionen des Alten Amerika* (Die Religionen der Menschheit 7; Stuttgart: Kohlhammer), 171–267.
1970 *Glauben und Denken der Sioux*. Berlin.
1981 *Neue SonneNeues Licht: Aufsätze zu Geschichte, Kultur und Sprache der Indianer Nordamerikas*. Berlin.

Murie, James R.
1981 *Ceremonies of the Pawnee*. D. R. Parks, Hg. Smithsonian Contributions to Anthropology 27. Washington.

Neihardt, John G.
1932 *Black Elk Speaks*. New York.

Ortiz, Alfonso
1969 *The Tewa World. Space, Time, Being Becoming in a Pueblo Society*. Chicago.
1972 (Hg.) *New Perspectives on the Pueblos*. Albuquerque.

Park, Willard Z.
1938 *Shamanism in Western North America: A Study of Cultural Relations*. Northwestern University Studies in the Social Sciences 2. Evanstown.

Parker, Arthur C.
1913 *The Code of Handsome Lake, the Seneca Prophet*. Bulletin of the New York State Museum 163.

Parsons, Elsie Clews
1939 *Pueblo Indian Religion*. Chicago.

Post, Franz-Josef
1996 *Schamanen und Missionare. Katholische Mission und indigene Spiritualität in Nouvelle-France*. Münster.

Powell, Peter J.
1969 *Sweet Medicine*. Norman.

Powers, William K.
1975 *Oglala Religion*. Lincoln.
1982 *Yuwipi. Vision Experience in Oglala Ritual*. Lincoln.
1986 *Sacred Language. The Nature of Supernatural Discourse in Lakota*. Norman.

Radin, Paul – Karl Kerényi – C. G. Jung
1954 *Der göttliche Schelm*. Zürich. (*The Trickster*. London 1956.)

Reichard, Gladys A.
1950 *Navaho Religion. A Study of Symbolism*. Bollingen Series 18. Princeton.

Ross, Sonja B.
1989 *Das Menschenopfer der Skidi-Pawnee*. Völkerkundliche Arbeiten 1. Bonn.

Rostkowski, Joëlle
1998 *La Conversion inachevée. Les Indiens et le christianisme*. Paris.

Schlesier, Karl H.
1985 *Die Wölfe des Himmels. Welterfahrung der Cheyenne*. Köln.

Schoolcraft, Henry Rowe
1851–1857 *Information Respecting the History, Condition and Prospects of the Indian Tribes of the United States*. 6 Bände. Philadelphia.

Schuster, Meinhard
1964 Zur Frage der Erste-Früchte-Riten in Nordamerika. In: *Festschrift für Ad. E. Jensen* (München), 611–619.

Speck, Frank G.
1919 *Penobscot Shamanism*. American Anthropological Association, Memoirs 6. Lancaster.
1935 *Naskapi. The Savage Hunters of the Labrador Peninsula*. Norman.

Steinmetz, Paul B.
1980 *Pipe, Bible and Peyote Among the Oglala Lakota*. Stockholm Studies in Comparative Religion 19. Stockholm.

Stewart, Omer C.
1987 *Peyote Religion. A History*. Norman.

Sullivan, Lawrence E.
1989 (Hg.) *Native American Religions. Selection from The Encyclopedia of Religion*. New York, London.

Swanton, John Reed
1911 *Indian Tribes of the Lower Mississippi Valley and the Adjacent Coast of the Gulf of Mexico*. Bulletin of the Bureau of American Ethnology 43. Washington.
1925 Religious Beliefs and Medical Practices of the Creek Indians. *42nd Annual Report of the Bureau of American Ethnology*: 473–672.

Tanner, Adrian
1979 *Bringing Home Animals. Religious Ideology and Mode of Production of the Mistassini Cree Hunters*. London.

Taylor, Colin F.
1997 *Catlin's O-kee-pa. Mandan Culture and Ceremonial/Kultur und Zeremonialismus der Mandan*. Wyk.

Tooker, Elizabeth
1970 *The Iroquois Ceremonial of Midwinter*. Syracuse.

Turner, Harold W.
1978 *Bibliography of New Religious Movements in Primal Societies. Volume II: North America*. Boston.

Underhill, Ruth
1946 *Papago Indian Religion*. New York.
1965 *Red Man's Religion*. Chicago.

Vennum, Thomas Jr.
1982 *The Ojibwa Dance Drum. Its History and Construction.* Smithsonian Folklife Studies 2. Washington.

Vecsey, Christopher
1983 *Traditional Ojibwa Religion and Its Historical Changes.* American Philosophical Society, Memoirs 152. Philadelphia.
1990 (Hg.) *Religion in Native North America.* Moscow.
1991 (Hg.) *Handbook of American Indian Religious Freedom.* New York.
1996 *On the Padres Trail. American Indian Catholics I.* Notre Dame.
1997 *The Paths of Kateri's Kin. American Indian Catholics II.* Notre Dame.

Voget, Fred W.
1984 *The Shoshoni-Crow Sun Dance.* Norman.

Walker, Deward E., Jr.
1989 (Hg.) *Witchcraft and Sorcery of the American Native Peoples.* Moscow.

Walker, James R.
1980 *Lakota Belief and Ritual.* R. J. DeMallie, E. A. Jahner, Hg.. Lincoln.

Wallace, Anthony F. C.
1958 Dreams and the Wishes of the Soul: A Type of Psychoanalytic Theory among the Seventeenth-Century Iroquois. *American Anthropologist* 60: 234–248.
1969 *The Death and Rebirth of the Seneca.* New York.

Whiting, Beatrice B.
1950 *Paiute Sorcery.* Viking Fund Publications in Anthropology 15. New York.

Williams, Roger
1643 *A Key into the Language of America.* London.

Wissler, Clark
1912 Ceremonial Bundles of the Blackfoot Indians. *Anthropological Papers of the American Museum of Natural History* 7: 65–289.
1921 (Hg.) *The Sun Dance of the Plains Indians.* Anthropological Papers of the American Museum of Natural History 16. New York.

Witthoft, John
1949 *Green Corn Ceremonialism in the Eastern Woodlands.* University of Michigan Museum of Anthropology, Occasional Contributions 13. Ann Arbor.